ALBERT MÉTIN

Professeur à l'École Normale Supérieure d'Enseignement primaire de Saint-Cloud

Cours d'Histoire

à l'usage des

ÉCOLES PRIMAIRES SUPÉRIEURES

DEUXIÈME ANNÉE

Histoire de France depuis 1789 jusqu'à nos jours.

150 Gravures et Cartes

Librairie Armand Colin

Paris, 5, rue de Mézières

Prix : 2 francs.

Cours d'Histoire

DEUXIÈME ANNÉE

LIBRAIRIE ARMAND COLIN

COURS ALBERT MÉTIN

Cours d'Histoire à l'usage des Écoles primaires supérieures, par Albert Métin.

Première année : *Histoire de France depuis le début du XVIe siècle jusqu'en 1789.* In-12, 153 gravures et cartes, cartonné . . . . 2 fr.

Deuxième année : *Histoire de France depuis 1789 jusqu'à nos jours.* In-12, 150 gravures et cartes, cartonné. . . . . 2 fr.

Troisième année : *Tableau politique et économique du Monde contemporain.* In-12, cartonné. . . . . » »

25-07. — Coulommiers. Imp. Paul BRODARD. — 9-07.

ALBERT MÉTIN

Professeur à l'École Normale Supérieure d'Enseignement primaire de Saint-Cloud.

Cours d'Histoire

à l'usage des

ÉCOLES PRIMAIRES SUPÉRIEURES

DEUXIÈME ANNÉE

Histoire de France depuis 1789 jusqu'à nos jours.

150 Gravures et Cartes

Librairie Armand Colin

Paris, 5, rue de Mézières

1907

HISTOIRE DE FRANCE

DE 1789 A NOS JOURS

CHAPITRE I

LES DÉBUTS DE LA RÉVOLUTION

Causes générales de la Révolution. — Au XVIIIe siècle, des écrivains qu'on appelait les philosophes et les économistes avaient critiqué l'ancien régime et demandé des réformes (*1re Année*, p. 267). Ils réclamaient une administration plus simple et moins coûteuse, la fin des privilèges qui divisaient les hommes en classes distinctes, l'égalité devant l'impôt, la liberté de penser, de parler, d'écrire.

Les plus hardis demandaient que les Français pussent faire contrôler le gouvernement par des représentants élus ; ils voulaient que ce droit fût reconnu aux citoyens par une *constitution* écrite.

A cette époque, seul en Europe, le royaume d'Angleterre avait un Parlement élu qui votait les impôts et faisait les lois. De plus les habitants de ce pays avaient des libertés plus étendues que ceux des autres royaumes. Aussi l'Angleterre était-elle très admirée par les réformateurs, et plusieurs de ses institutions furent-elles imitées pendant la Révolution.

Les États-Unis d'Amérique s'étaient constitués en république indépendante (1776) avec l'appui de la France (*1re Année*, p. 289). Les fondateurs de cette république avaient rédigé une constitution d'après les principes philosophiques du XVIIIe siècle : leur œuvre était fort admirée des gens éclairés en France ; on en imita plusieurs parties quand on fit la constitution de 1791 (p. 21).

Les monarques de l'Europe continentale ne voulaient pas donner de Constitution à leurs sujets ; mais la plupart d'entre eux avaient réformé l'administration, la justice, les impôts, encouragé le commerce et l'industrie, sans toutefois consulter leurs sujets ni leur accorder la moindre liberté. C'est ce qu'on appelait le despotisme éclairé (*1re Année*, p. 276).

Éveil de l'opinion publique. — En France Louis XVI, à son avènement, choisit des ministres réformateurs dont le plus connu fut Turgot (1774). On crut que le temps du despotisme éclairé était venu pour la France en attendant mieux (*1re Année*, p. 286). Mais Louis XVI, très faible, écouta la cour qui ne voulait pas de réformes et renvoya Turgot en 1777.

Les gens éclairés furent déçus et mécontents. Sous Louis XVI tous les gens instruits, même parmi les *fonctionnaires* du roi, même parmi les *privilégiés*, c'est-à-dire les nobles et les prêtres, étaient partisans des idées nouvelles. Tous pensaient que l'ancien régime ne pouvait durer parce qu'il ne s'accordait pas avec les vœux de l'opinion publique. Ils n'attendaient qu'une occasion pour « régénérer la France », comme on disait alors. La détresse financière fournit cette occasion.

Causes financières de la Révolution. — Depuis la fin de la guerre d'Amérique (1783), le budget de la France était en déficit. Les ministres de Louis XVI avaient essayé, pour rétablir l'ordre dans les finances, de créer un *impôt* nouveau qui serait payé par les nobles et le clergé comme par le Tiers-État. Mais le Parlement de Paris, composé de nobles de robe (*1re Année*, p. 113), qui étaient exempts d'impôts, avait refusé d'enregistrer (*1re Année*, p. 108) les édits établissant de nouveaux impôts. Les ministres du roi s'étaient alors adressés à une *Assemblée des notables*, c'est-à-dire à des personnages importants désignés et convoqués par le roi ; les notables, qui étaient presque tous des privilégiés, ne payant pas d'impôts, avaient à leur tour repoussé le projet d'impôt nouveau.

Convocation des États généraux. — A bout de ressources, le roi appela au pouvoir le banquier Necker, qui était un financier habile et qui passait pour un partisan des réformes.

Le 27 novembre 1788, Necker fit convoquer les États généraux pour le mois de mai 1789.

C'était un gros événement, car les États n'avaient pas été convoqués depuis 1614 et l'on savait que les rois les considéraient comme abolis. En réalité le roi Louis XVI ne s'était résigné à réunir les Etats que pour leur *demander un impôt* nouveau : il comptait leur faire voter rapidement cet impôt, puis

COSTUME DES MEMBRES DE L'ASSEMBLÉE DES ÉTATS GÉNÉRAUX

Conforme à la note publiée le 27 avril 1789 par le grand maître des cérémonies. A gauche, cardinal en chape rouge; au centre, noble portant l'habit et la veste ou gilet d'étoffe noire, culotte noire, bas bleus, cravate de dentelle, chapeau a plume blanche, retroussé à la Henri IV; à droite, membre du Tiers État, portant « habit, veste et culotte de drap noir, bas noirs, avec un manteau court de soie, ou de voile, tel que les personnes de robe (c'est-à-dire les magistrats) sont dans l'usage de le porter à la Cour; une cravate de mousseline, un chapeau retroussé des trois côtés, tel que les ecclésiastiques le portent lorsqu'ils sont en habit de cour ».

les renvoyer. Comme les privilégiés avaient toujours repoussé l'impôt payable par tous qui paraissait nécessaire, le roi voulut renforcer la bourgeoisie aux États généraux. Il ordonna que le Tiers-État, c'est-à-dire la classe ou ordre des bourgeois et des paysans, aurait *un nombre de députés égal à ceux des deux autres ordres réunis*, mais il ne décida pas si les États voteraient par ordre, c'est-à-dire avec une voix pour chacun des trois ordres, ce qui aurait enlevé au Tiers tous ses avantages, — ou *par tête*, c'est-à-dire avec une voix par chaque député, ce qui assurait la majorité au Tiers-État, renforcé des partisans des réformes qui pourraient se trouver dans les autres ordres.

Élections des États généraux. — Les élections se firent suivant l'usage habituel, par ordre. Les électeurs du Tiers-État, c'est-à-dire presque tous les Français majeurs, qui n'étaient ni nobles ni prêtres, sauf les ouvriers des villes, se réunirent dans chaque paroisse, habituellement dans l'église, qui était alors le seul édifice public. Là ils rédigèrent les *cahiers* ou liste des réclamations de la paroisse et ils nommèrent des *électeurs* : ces électeurs se réunirent ensuite au chef-lieu du bailliage ou de la sénéchaussée, subdivision de l'ancien régime un peu plus petite que nos arrondissements : là ils fondirent les cahiers de paroisse en un seul cahier par bailliage ou sénéchaussée et ils nommèrent les députés.

Les nobles et les membres du clergé se réunirent directement en deux assemblées séparées au chef-lieu pour y rédiger leurs cahiers et y nommer leurs députés.

Il y eut donc pour chaque bailliage ou sénéchaussée 3 sortes de députés et 3 cahiers, un pour chaque ordre.

La période électorale fut très animée. Les partisans des réformes en profitèrent pour parler aux électeurs, pour publier des brochures et des livres. Ils envoyèrent aux paroisses et au chef-lieu de bailliage des orateurs pour engager les électeurs du Tiers-État à profiter de l'occasion pour réclamer des améliorations; ils leur fournirent des modèles de cahiers. Le résultat fut que les cahiers demandèrent plus que le roi ne voulait accorder.

Demandes des cahiers. — La grande majorité des cahiers réclamaït une *constitution*, c'est-à-dire un ensemble de lois permettant aux citoyens d'exercer une action sur le gouvernement : le moyen qu'ils indiquent ordinairement consiste à rendre les États généraux *périodiques*. Plusieurs cahiers du Clergé et de la Noblesse s'accordent sur ce point avec ceux de la majorité du Tiers-État. Tous les ordres protestent qu'ils respectent profondément le roi, qu'ils sont attachés à la monarchie, mais la plupart des députés estiment que le temps du pouvoir absolu doit finir.

Les cahiers demandent encore des réformes administratives analogues à celles qu'avaient réalisées les *despotes éclairés*, par exemple l'unification et la simplification des divisions administratives, la rédaction d'un code de lois unique pour toute la France, l'unité des poids et mesures.

ÉLÉGANT EN 1790

Perruque poudrée, haut chapeau de castor (premier modèle de notre haut-de-forme), qui remplaçait alors le chapeau à cornes, habit boutonné, laissant passer le gilet, culotte, bas, souliers à boucle d'argent, longue canne.

La plupart reconnaissent que l'on « ne peut tout faire d'un coup; ils acceptent que le roi procède lentement et fasse les réformes par degrés; ils souhaitent simplement que leurs demandes soient accueillies avec une sincère bienveillance. Tel est le ton général commun à tous les ordres.

En outre le Tiers-État réclame formellement le *vote par tête*; plusieurs de ses cahiers demandent qu'au lieu d'États généraux séparés en trois ordres on forme une seule *Assemblée nationale*. L'un d'eux dit même que le Tiers peut former cette assemblée tout seul, « les députés de 24 millions d'hommes pouvant et devant toujours se dire l'Assemblée nationale, malgré la scission des représentants de 4 à 500 000 individus ».

Pendant les élections de Paris, un jeune abbé, Sieyès, publia une brochure dont le titre était : « Qu'est le Tiers-État? Rien. Que doit-il être? Tout. Que demande-t-il à être? Quelque chose. » Après la publication de cette brochure, les bourgeois de Paris choisirent Sieyès comme leur député, bien qu'il fût prêtre.

Plaintes contre les droits féodaux. — Dans les cahiers, les électeurs paysans protestent contre les *droits féodaux*. On appelait ainsi les redevances que devait payer la propriété paysanne. Les paysans d'alors étaient déjà des propriétaires dans une grande partie des provinces; mais leur propriété n'était pas entière et complète comme aujourd'hui; ils devaient payer, outre les impôts dus au roi, des redevances aux seigneurs locaux; ainsi ils étaient obligés de moudre leur blé au *moulin* du seigneur, de cuire leur pain au *four* du seigneur, et de lui payer une redevance pour cela; leurs procès étaient portés en première instance devant le *juge* du seigneur. Le seigneur seul avait le droit de *chasse*; il empêchait les paysans de détruire le gibier et d'enclore leurs champs, ce qui l'aurait gêné pour chasser; il leur interdisait souvent d'avoir des chiens. Le seigneur exigeait des paysans un certain nombre de jours de *corvée*, c'est-à-dire de travail gratuit. Il percevait des droits sur les *marchés*, des *péages* sur les routes. Tels étaient les plus communs des droits féodaux : il y en avait d'autres encore qui changeaient suivant les régions. On ne savait pas que les paysans en étaient si mécontents et ce fut un étonnement pour la cour et pour les privilégiés de voir quelles protestations unanimes les paroisses rurales faisaient entendre contre ces droits.

La bourgeoisie, c'est-à-dire la classe supérieure du Tiers-État, qui avait besoin de former une majorité pour obtenir le vote par tête et l'établissement d'une Constitution, appuya les demandes des paysans.

Le roi et la cour, qui d'abord avaient espéré se servir du Tiers-État contre les privilégiés pour faire voter les impôts nouveaux, se rapprochèrent des privilégiés, une fois les élections faites, et cherchèrent à rallier la majorité du clergé et de la noblesse contre les partisans des réformes.

Rôle du Tiers aux États généraux. — Les États généraux avaient été convoqués à Versailles, qui était la résidence du roi. Les députés s'y réunirent le 5 mai; ils allèrent en corps assister à une *messe* solennelle dans la cathédrale, puis tinrent leur première séance.

Suivant l'usage en pays monarchique, le roi vint présider cette séance entouré des ministres et il lut un discours qui traçait le programme proposé à l'assemblée; c'est ce qu'on appelle dans les pays monarchiques le *discours du trône*. Les paroles du roi furent une déception pour les membres du Tiers : le roi ne parla en effet que d'améliorer les finances, il ne dit pas un mot des réformes ni de la Constitution; ni lui, ni Necker ne parlèrent du vote par tête.

Après son discours le roi se retira. Les députés se mirent alors à faire la première opération qui s'impose à une assemblée élue, c'est-à-dire à chercher si chaque membre avait été nommé suivant la loi; c'est ce que l'on appelle la *vérification des pouvoirs*.

Le Clergé et la Noblesse se retirèrent chacun dans une salle séparée pour faire cette vérification. Le Tiers-État resta dans la grande salle, il déclara que la vérification devait se faire en commun et pria les autres ordres de se joindre à lui. Pendant *plus d'un mois*, les deux ordres privilégiés restèrent à part. Mais il y avait parmi eux des partisans des réformes qui voulaient se joindre au Tiers. Dans le Clergé notamment, les *curés*, tous roturiers et pauvres, ne s'accordaient pas avec les évêques, presque tous choisis parmi les nobles.

DAME ÉLÉGANTE EN 1790

Chapeau du même modèle que celui des hommes, avec plumes et rubans en plus; fichu brodé, ceinture, jupe très ample.

Le serment du Jeu de Paume. — Au bout d'un mois, quelques *curés* vinrent se joindre aux représentants du Tiers dans la grande salle.

A cette nouvelle les évêques et plusieurs nobles coururent supplier le roi de venir présider une nouvelle séance et d'y faire ce qu'il n'avait pas voulu faire à la première, c'est-à-dire d'ordonner formellement aux ordres de délibérer séparément et de *voter par ordre*.

Le roi y consentit ; il fit immédiatement fermer la grande salle sous prétexte de la préparer pour la séance royale qui allait se tenir. Les membres du Tiers-État et les curés qui s'étaient joints à eux trouvèrent la porte fermée : au lieu de se séparer comme le roi l'espérait, ils cherchèrent dans Versailles un autre lieu de réunion et finirent par trouver une grande salle qui servait aux joueurs de paume; ils s'y installèrent et jurèrent « de ne jamais se séparer et de se rassembler partout où les circonstances l'exigeraient jusqu'à ce que la *constitution* du royaume fût établie et affermie sur des bases solides ». C'est ce que l'on appelle le Serment du Jeu de Paume (20 juin 1789). Les députés déclarèrent ainsi : 1° que le roi n'avait pas le droit de dissoudre l'Assemblée ; 2° que l'Assemblée avait reçu de la nation le mandat de faire une Constitution.

La deuxième séance royale. — Trois jours après, le roi vint tenir la séance demandée par les privilégiés. Il y fit lire par un ministre une déclaration disant que les États généraux n'avaient pas à s'occuper d'autre chose que des *impôts*.

Puis il donna lui-même l'ordre aux députés de délibérer *par ordre* et se retira. Le Clergé et la Noblesse allèrent siéger à part, mais le Tiers-État demeura dans la grande salle. Le maître des cérémonies de la Cour vint rappeler à son président l'ordre du roi. On dit qu'un député, Mirabeau, répliqua : « Allez dire à votre maître que nous sommes ici par la volonté du peuple et que nous n'en sortirons que par la force des baïonnettes ».

L'Assemblée nationale. — Le roi Louis XVI, qui était naturellement indécis et mou, laissa faire les députés du Tiers-État, qui continuèrent à se réunir dans la grande salle. Le surlendemain les *curés* vinrent les rejoindre, puis les *nobles* partisans de la Constitution les imitèrent. Alors le roi voulut avoir l'air d'accorder ce qu'il ne pouvait empêcher. Il ordonna à tous les députés de se réunir en *une seule assemblée* (27 juin).

Ainsi, au bout de deux mois, l'Assemblée nationale fut constituée comme l'avait voulu le Tiers-État ; elle nomma un comité chargé de préparer un projet d'impôts, un autre chargé de préparer un plan de Constitution.

Le peuple de Paris. — Presque toute la bourgeoisie parisienne était pour l'Assemblée. Les ouvriers, qui formaient le peuple de Paris, ne votaient pas et beaucoup d'entre eux ne savaient pas lire ; mais ils entendaient parler de la Révolution dans les réunions publiques qui avaient commencé en 1789, qui s'étaient multipliées et que la police ne pouvait toutes empêcher.

Ils prirent parti naturellement pour l'égalité et la liberté contre les privilèges.

Ils espéraient aussi qu'un gouvernement réformateur mettrait fin à leur misère. L'ouvrier des grandes villes gagnait alors 1 franc à 1 fr. 50 par jour, somme insuffisante pour assurer sa vie.

La question des subsistances. — A cette époque, Paris était approvisionné de farines, d'aliments, de combustible surtout par bateaux, car le transport par routes était coûteux. Pendant les crues ou l'hiver, quand les canaux gelaient, les arrivages ne se faisaient plus et les prix augmentaient. Les troubles intérieurs qui arrêtaient ou gênaient la circulation avaient le même effet. Aussi, pendant toute la Révolution, et plus particulièrement pendant la mauvaise saison, les Parisiens durent-ils payer le pain, le charbon, le bois plus cher que d'habitude. Comme, d'autre part, les travaux de construction, l'industrie et le commerce étaient ralentis par l'effet des événements politiques, les ouvriers chômaient souvent et n'avaient pas d'argent. Cette misère explique en partie les mouvements populaires qui se produisirent de 1789 à 1795 et dont les chefs révolutionnaires surent se servir pour préparer des *journées*.

GENS DE LA PETITE BOURGEOISIE EN 1789

L'homme porte les cheveux longs, mais sans les nattes ou perruque; il a un habit simple sous lequel apparaît la veste, un pantalon collant, des demi-bottes à revers. La femme porte la coiffe ou bonnet; les dames de la noblesse et de la haute bourgeoisie portaient seules alors des chapeaux. L'enfant, qui semble être un petit garçon du peuple accueilli dans la famille, marche pieds nus, ce qu'on voyait fréquemment alors chez les gens de la classe pauvre, même dans les villes.

Le 14 juillet 1789. — La reine et la cour poussaient le roi à dissoudre l'Assemblée par la force. Le roi écouta ces conseils;

il fit venir des troupes à Paris, puis, le 11 juillet, *il renvoya Necker* et les ministres réformateurs.

Necker était populaire parce qu'il avait fait convoquer les États généraux. A Paris, les bourgeois réformateurs et les ouvriers firent des manifestations en faveur de Necker: les soldats les dispersèrent. Mais les mécontents se réunirent dans le jardin du *Palais-Royal*. Ce jardin était ouvert au public; il appartenait à Philippe d'Orléans, cousin du roi, qui avait seul le droit d'y faire la police. Philippe d'Orléans, ami des constitutionnels, espérait remplacer Louis XVI sur le trône; il ne prit aucune mesure contre les manifestants.

Le 13 juillet, un jeune avocat de Picardie, Camille Desmoulins, prononça un discours ardent au Palais-Royal et invita ses auditeurs à prendre les armes. La foule sortit du jardin, pilla plusieurs boutiques d'armuriers, puis envahit le Palais des Invalides, où se trouvait un arsenal, et enleva toutes les armes.

Quelques soldats du régiment des gardes françaises, qui était recruté surtout à Paris, passèrent du côté des insurgés.

Le lendemain, les Parisiens armés firent le siège de la *Bastille*, forteresse qui servait de prison politique et dont le nom était impopulaire. La Bastille fut prise et comme ses défenseurs avaient tiré sur les assaillants plusieurs furent massacrés.

Le *prévôt des marchands*, magistrat qui remplissait les fonctions de maire de Paris et qui avait donné au gouverneur de la Bastille l'ordre de résister, fut assailli devant l'Hôtel de Ville et tué (1789).

La municipalité de Paris. — Le soir du 14 juillet, il n'y avait plus aucune autorité reconnue à Paris. Les bourgeois, même constitutionnels, s'en inquiétèrent.

Les *électeurs* du Tiers-État parisien, c'est-à-dire les notables qui avaient été choisis pour nommer les députés du Tiers de Paris, se réunirent à l'Hôtel de Ville. Ils décidèrent de former une *municipalité élue* à la place des fonctionnaires qui, sous l'Ancien Régime, administraient la ville. A la tête de la municipalité fut placé comme maire le savant Bailly, membre de l'Académie des Sciences, député de Paris et président de l'Assemblée nationale.

La garde nationale. — La municipalité organisa les Parisiens armés en compagnies et en bataillons qui élurent leurs officiers et formèrent ce qu'on appela les *gardes nationales.* On les chargea de veiller à tour de rôle au maintien de l'ordre. On désarma les ouvriers et les personnes qui parurent dangereuses pour la société établie. A la tête des gardes nationales fut placé le marquis de La Fayette, qui avait servi comme général dans l'armée des Américains insurgés contre l'Angleterre, qui était député de la Noblesse aux Etats généraux et qu'on savait partisan de la Constitution. Les insurgés avaient pris comme insigne une cocarde bleue et rouge aux couleurs de Paris. La Fayette intercala, entre le bleu et le rouge, le blanc, couleur de la royauté. Ainsi furent créés la cocarde et le drapeau *tricolores.*

Désormais l'Assemblée et les partisans de la Constitution eurent une force armée et il ne fut plus facile au roi de préparer un coup d'État. Le 14 juillet est donc une date des plus importantes dans l'histoire de la Révolution : aussi fut-il choisi comme jour de fête nationale depuis 1790 jusque sous Napoléon et repris ensuite comme jour de fête nationale par la troisième République.

Agitation paysanne. — En province, des troubles éclatèrent à la même époque, surtout dans les campagnes. Les paysans avaient espéré en effet que les droits féodaux seraient supprimés sans retard ; or, pendant deux mois, l'Assemblée n'avait rien pu faire.

Vers le mois de juillet les paysans se mirent à supprimer eux-mêmes et à leur manière les droits féodaux. Ils massacrèrent le gibier du seigneur, détruisirent les moulins et les fours seigneuriaux, envahirent les châteaux et brûlèrent les parchemins et les papiers où se trouvaient consignés les titres établissant les droits féodaux. Ce fut un mouvement presque général qu'un historien a appelé « l'anarchie spontanée ».

En même temps une sorte de terreur, dont le souvenir sous le nom de *grande peur* est resté longtemps vivant dans certaines provinces, se répandit d'un bout à l'autre du territoire. Les habitants des villes et des bourgs s'armèrent. Quand ils connurent les événements de Paris, ils s'organisèrent en gardes nationales et établirent des municipalités *élues* (juillet-août 1789). On a appelé *révolution municipale* ce mouvement qui mit fin au pouvoir absolu des fonctionnaires et des bureaux tel que l'Ancien Régime l'avait établi.

La nuit du 4 août 1789. — L'Assemblée dut s'occuper sans tarder de donner satisfaction aux paysans. Elle discuta les mesures à prendre dans une longue séance qui se prolongea pendant la *nuit du 4 août*. A la fin de la séance deux nobles, partisans de la Révolution, déclarèrent que, dans l'intérêt de la paix publique, ils renonçaient à leurs privilèges. Tous les privilégiés les imitèrent au milieu des applaudissements et de l'enthousiasme général. Néanmoins les droits féodaux ne furent pas supprimés d'un coup. L'Assemblée décida de nommer un comité qui ne déposa son rapport qu'en mars 1790. Après ce rapport, l'Assemblée décida de supprimer les droits qui paraissaient abusifs et de permettre aux paysans de racheter les autres. Plus tard la Convention abolit tous les droits sans rachat.

L'égalité. — A la suite de la nuit du 4 août l'Assemblée déclara aussi que tous les Français étaient *égaux* et seraient admissibles à tous les emplois. Plus tard, elle supprima les titres de noblesse qui ne furent rétablis que sous Napoléon. Enfin elle accorda les droits de citoyens aux protestants et aux juifs. Plusieurs membres proposèrent d'abolir l'esclavage aux colonies, mais l'Assemblée ne les suivit pas et cette mesure ne fut prise que sous la Convention (1794).

Questionnaire.

Causes de la Révolution. — Que savez-vous sur les philosophes? sur les économistes? Qu'est-ce qu'une Constitution? Quel pays avait un Parlement? Quel pays avait une Constitution? Qu'entendait-on par le despotisme éclairé? Quelles espérances avait données Louis XVI à son avènement? Les avait-il remplies? L'ancien régime était-il populaire?

Pourquoi avait-on besoin d'impôts? Quel genre d'impôt était proposé? Résistance du Parlement. Pourquoi? Qu'était-ce que l'assemblée des notables? Que firent les notables?

Convocation des États généraux. — Necker. Depuis quand avait-on cessé de convoquer les États généraux? Combien de mem-

L'Assemblée constituante.

L'ASSEMBLÉE CONSTITUANTE DANS LA SALLE DE L'HOTEL DES MENUS A VERSAILL
REPRÉSENTANT LA

Les nobles et les membres du clergé viennent déclarer devant le président qu'ils renoncent
bancs des députés et non en face comme aujourd'hui. Au fond, derrière les colonnes, les ga

...OU S'ÉTAIENT TENUS LES ÉTATS GÉNÉRAUX, D'APRÈS UNE GRAVURE DU TEMPS,
...IT DU 4 AOUT

...eurs privilèges; on remarquera que le président et les secrétaires siègent au milieu des ...s et tribunes du public

bres donna-t-on au Tiers-État? Pourquoi? Qu'est-ce que le vote par tête?

Comment se firent les élections du Tiers-État? Qu'appelait-on les électeurs? Les élections du Clergé et de la Noblesse. Le rôle des partisans des réformes. Qu'était-ce que les cahiers? Qu'est-ce qu'une Constitution? Les cahiers sont-ils royalistes? Quelles réformes administratives étaient réclamées? Les cahiers demandent-ils une révolution brusque? Différence entre les États généraux et une Assemblée nationale.

Situation des paysans. Qu'était-ce que les droits féodaux : banalités, justice, chasse, corvées, péages?

Transformation des États en Assemblée nationale (5 mai-27 juin 1789). — Première réunion des États. Le discours du roi. Qu'est-ce que la vérification des pouvoirs? Comment le Tiers voulait-il la faire? Avait-il des partisans dans les autres ordres? Qu'est-ce que le serment du Jeu de Paume? Pourquoi y eut-il une deuxième séance royale? Que voulait le roi? Que fit le Tiers? Comment les autres s'unirent-ils en une Assemblée nationale?

14 juillet et 4 août 1789. — De quoi se composait le peuple de Paris? Que voulait-il? La question des subsistances.

Mesures prises par le roi. Journée des 13 et 14 juillet. Prise de la Bastille.

Expliquer la transformation de l'administration parisienne. Qu'est-ce qu'une municipalité? Comment fut organisée la garde nationale? Origine des trois couleurs nationales.

Contre quoi les paysans s'insurgèrent-ils? Qu'est-ce que la grande peur? La révolution municipale, ses résultats. Qu'est-ce que la nuit du 4 août? Les droits féodaux furent-ils supprimés immédiatement? Mesures pour établir l'égalité.

SUJETS COMPLÉMENTAIRES

Les ouvriers et les paysans en 1789 : exemples locaux.

Épisodes locaux de la préparation de la Révolution (1787-89); de l'agitation paysanne contre les droits féodaux; de la Révolution municipale.

CHAPITRE II

LA CONSTITUTION DE 1791

La Déclaration des Droits de l'Homme. — Après le 4 août 1789, l'Assemblée se mit à préparer la Constitution. Elle décida que la Constitution serait précédée par une Déclaration des *Droits de l'Homme*, c'est-à-dire des Droits qui appartiennent à chacun par le seul fait qu'il existe, sans distinction de naissance, de race ni de couleur. Déjà la Constitution *américaine*, que les révolutionnaires de 1789 connaissaient et admiraient, avait été précédée d'une Déclaration des droits.

La Déclaration des droits de l'Homme et du Citoyen fut faite en août et promulguée en octobre 1789.

Le préambule admet l'existence de Dieu : presque tous les philosophes et réformateurs de cette époque croyaient à l'existence de Dieu et à l'immortalité de l'âme.

Les représentants du peuple français, constitués en Assemblée nationale, considérant que l'ignorance, l'oubli ou le mépris des droits de l'homme sont les seules causes des malheurs publics et de la corruption des gouvernements, ont résolu d'exposer, dans une déclaration solennelle, les droits naturels, inaliénables et sacrés de l'homme, afin que cette déclaration, constamment présente à tous les membres du corps social, leur rappelle sans cesse leurs droits et leurs devoirs ; afin que les actes du pouvoir législatif et ceux du pouvoir exécutif, pouvant être à chaque instant comparés avec le but de toute institution politique, en soient plus respectés ; afin que les réclamations des citoyens, fondées désormais sur des principes simples et incontestables, tournent toujours au maintien de la Constitution et au bonheur de tous.

En conséquence, l'Assemblée nationale reconnaît et déclare, *en présence et sous les auspices de l'Être suprême*, les droits suivants de l'homme et du citoyen :

L'article premier définit l'*égalité*, proclamée dans la nuit du 4 août.

ARTICLE PREMIER. — Les hommes naissent et demeurent libres et *égaux en droits*; les distinctions sociales ne peuvent être fondées que sur l'utilité commune.

L'article 2 énonce les *droits naturels*, c'est-à-dire ceux qui appartiennent à chaque homme par le seul fait qu'il est homme et dont l'exercice ne peut lui être refusé sans tyrannie. L'expression « droits naturels » est empruntée aux philosophes du XVIIIe siècle.

L'article 3 établit le principe de la *souveraineté nationale* exposé et défendu au XVIIIe siècle par J.-J. Rousseau (*1re Année*, p. 17).

Les articles 4 et 5 définissent la *liberté*. Dès cette époque, on donna comme devise à la France : *Liberté*, *Égalité*. Le mot *Fraternité* fut ajouté plus tard, après la révolution de 1848.

ART. 2. — Le but de toute association politique est la conservation des *droits naturels* et imprescriptibles de l'homme : ces droits sont la liberté, la propriété, la sûreté et la résistance à l'oppression.

ART. 3. — Le principe de toute *souveraineté* réside essentiellement dans la *Nation*; nul corps, nul individu ne peut exercer d'autorité qui n'en émane expressément.

ART. 4. — La *liberté* consiste à pouvoir faire tout ce qui ne nuit pas à autrui; ainsi l'exercice des droits naturels de chaque homme n'a de bornes que celles qui assurent aux autres membres de la société la jouissance de ces mêmes droits; ces bornes ne peuvent être déterminées que par la loi.

ART. 5. — La loi n'a le droit de défendre que les actions nuisibles à la société. Tout ce qui n'est pas défendu par la loi ne peut être empêché et nul ne peut être contraint à faire ce qu'elle n'ordonne pas.

Les articles 6 à 9 expliquent ce qu'est *la loi* : elle ne peut être faite que par les citoyens ou leurs députés, en vertu du principe de la souveraineté nationale établi par l'article 3.

Les arrestations arbitraires, fréquentes sous l'Ancien Régime où l'on enfermait les gens qui déplaisaient pendant des années dans la Bastille et les autres prisons politiques sans les faire juger, sont interdites par l'article 7 : les peines cruelles, la torture usitées sous l'Ancien Régime, sont interdites par l'article 9.

Art. 6. — La loi est l'expression de la volonté générale; tous les citoyens ont le droit de concourir *personnellement* ou *par leurs représentants* à sa formation; elle doit être la même pour tous, soit qu'elle protège, soit qu'elle punisse. Tous les citoyens, étant égaux à ses yeux, sont également admissibles à toutes dignités, places et emplois publics, selon leur capacité, et sans autres distinctions que celles de leurs vertus et de leurs talents.

Art. 7. — Nul homme ne peut être accusé ni détenu que dans les cas déterminés par la loi, et selon les formes qu'elle a prescrites. Ceux qui sollicitent, expédient, exécutent ou font exécuter des ordres arbitraires doivent être punis, mais tout citoyen, appelé ou saisi en vertu de la loi, doit obéir à l'instant; il se rend coupable par la résistance.

Art. 8. — La loi ne doit établir que des peines strictement et évidemment nécessaires, et nul ne peut être puni qu'en vertu d'une loi établie et promulguée antérieurement au délit et légalement appliquée.

Art. 9. — Tout homme étant présumé innocent jusqu'à ce qu'il ait été déclaré coupable, s'il est jugé indispensable de l'arrêter, toute rigueur qui ne serait pas nécessaire pour s'assurer de sa personne doit être sévèrement réprimée par la loi.

Les articles 10 et 11 établissent pour la première fois en France la *liberté de conscience*, la *liberté de parole*, la *liberté de la presse*.

Art. 10. — Nul ne doit être inquiété pour ses *opinions*, même religieuses, pourvu que leur manifestation ne trouble pas l'ordre public établi par la loi.

Art. 11. — La libre communication des pensées et des opinions est un des droits les plus précieux de l'homme. Tout citoyen peut donc *parler, écrire, imprimer librement*, sauf à répondre de l'abus de cette liberté dans les cas déterminés par la loi.

L'article 12 interdit au gouvernement d'employer l'armée ou la police pour des coups d'État comme celui qui avait été préparé contre l'Assemblée avant le 14 juillet.

Art. 12. — La garantie des droits de l'homme et du citoyen nécessite une force publique; cette force est donc instituée pour l'avantage de tous, et non pour l'utilité particulière de ceux à qui elle est confiée.

L'article 13 proclame l'égalité de tous les citoyens devant l'impôt; il déclare illégales et impossibles les exceptions d'impôt dont jouissaient les privilégiés avant 1789.

L'article 14 dit que les *impôts* comme les lois doivent être *votés* par les citoyens ou leurs députés. Il complète la définition de la souveraineté nationale donnée par l'article 6.

Art. 13. — Pour l'entretien de la force publique et pour les dépenses de l'administration, une contribution commune est indispensable; elle doit être *également répartie* entre tous les citoyens, en raison de leurs facultés.

Art. 14. — Les citoyens ont le droit de constater par eux-mêmes, ou par leurs représentants, la nécessité de la contribution publique, de la *consentir librement*, d'en suivre l'emploi, et d'en déterminer la quotité, l'assiette, le recouvrement et la durée.

L'article 15 dit qu'il faut mettre fin au despotisme des fonctionnaires et des bureaux qui caractérisait l'ancien régime, qui caractérise toutes les monarchies absolues.

Art. 15. — La société a le droit de demander compte à tout agent public de son administration.

L'article 16 pose le principe de la *séparation des pouvoirs* qui sera expliqué page 21.

Art. 16. — Toute société, dans laquelle la garantie des droits n'est pas assurée, ni la *séparation des pouvoirs* déterminée, n'a point de constitution.

Le dernier article affirme qu'il faut respecter le *droit de propriété*, classée par l'article 2 au nombre des droits naturels.

Art. 17. — Les *propriétés* étant un droit inviolable et sacré, nul ne peut en être privé, si ce n'est lorsque la nécessité publique, légalement constatée, l'exige évidemment et sous la condition d'une juste et préalable indemnité.

Journées des 5 et 6 octobre 1789. — La Déclaration des Droits fut soumise au roi au commencement d'octobre 1789; le roi *refusa* de l'accepter. Ce refus mécontenta les Parisiens.

Les habitants de la capitale avaient alors un autre sujet d'irritation, qui était la cherté des vivres (p. 9).

Les femmes s'attroupèrent devant l'Hôtel de Ville pour demander à la municipalité de faire baisser le prix du pain. Le matin du 5 octobre, plusieurs agitateurs, qu'on soupçonna plus tard d'avoir été envoyés par le duc d'Orléans, persuadèrent aux femmes d'aller sur Versailles pour réclamer du pain au roi.

Les femmes se mirent en marche. La Fayette réunit les gardes nationaux pour les arrêter. Mais on avait répandu le bruit que les gardes du corps du roi venaient de fouler aux pieds la cocarde tricolore dans un banquet donné à Versailles en l'honneur de Marie-Antoinette. Les gardes nationaux déclarèrent qu'ils voulaient aller à Versailles pour punir les gardes du corps et La Fayette dut partir avec eux : « Je suis leur chef, dit-il, il faut bien que je les suive. »

Les femmes et les gardes arrivèrent le soir du 5 à Versailles : les gardes du corps leur barrèrent l'entrée du château ; un combat s'engagea où plusieurs personnes furent tuées, puis la nuit sépara les combattants. Le lendemain matin, le roi, sur le conseil de La Fayette, déclara qu'il viendrait s'installer à Paris. Le roi et sa famille montèrent aussitôt en voiture et se rendirent à Paris, escortés par la foule. Louis XVI s'établit dans le palais des Tuileries : l'Assemblée le suivit à Paris où on lui donna comme local l'orangerie des Tuileries. Désormais le roi et l'Assemblée se trouvaient à *Paris* sous l'action des révolutionnaires de la capitale.

Les orateurs de l'Assemblée. — L'Assemblée tenait séance tous les jours : elle interrompait seulement ses travaux le dimanche et les jours de fête pour donner à ses membres le temps d'aller à la messe : elle prenait part en corps aux grandes fêtes catholiques.

Ses membres étaient nombreux, plus de 700. Ils ne se groupaient pas en *partis* comme aujourd'hui. On estimait alors qu'un député devait rester absolument indépendant et décider seul la manière dont il voterait. Il n'y eut donc pas de chefs de groupe comme aujourd'hui ; mais plusieurs députés éloquents prirent une influence particulière. Les principaux orateurs des constitutionnels furent : un jeune avocat de Grenoble, Barnave, brillant improvisateur ; un noble de robe, Adrien *du Port* ; un ancien officier noble, Charles *de Lameth* ; on les appela « le triumvirat ». Parmi les partisans de la monarchie absolue se firent remarquer l'abbé Maury et un ancien officier de petite noblesse, Cazalès.

L'orateur le plus remarquable était un noble de Provence, le vicomte de MIRABEAU, que la Noblesse n'avait pas voulu élire et qui s'était fait nommer par le Tiers-État. Mirabeau était un homme instruit et très éloquent. Il se fit une grande popularité, aux débuts de la Révolution, en se prononçant pour l'union des ordres dans une seule assemblée; mais plus tard il déclara qu'on voulait trop réduire les pouvoirs du roi. Ses collègues ne l'estimaient pas parce qu'il aimait le luxe, qu'il menait une vie déréglée et était couvert de dettes. On le soupçonna de vouloir devenir premier ministre, on sut qu'il recevait de l'argent du roi. Il mourut au commencement de 1791, ayant perdu sa popularité.

MIRABEAU, buste en marbre par Lucas de Montigny (1747-1810).

Le public était admis à suivre les séances de l'Assemblée dans des tribunes comme aujourd'hui à la Chambre et au Sénat; de plus l'Assemblée recevait toutes les délégations qui se présentaient et elle les faisait entrer dans la salle des séances où elles étaient admises à déposer des pétitions et même à prendre la parole.

En dehors de l'Assemblée, Paris avait comme corps délibérant la *municipalité* constituée après le 14 juillet. D'autre part, les électeurs se réunissaient périodiquement dans les centres de divisions électorales appelées *sections*.

Les clubs. — Un groupe de députés bretons avait fondé sur le modèle anglais un *Club* ou cercle de discussions politiques. Quand l'Assemblée se transporta à Paris, ce club s'installa, tout près d'elle, dans un ancien couvent de moines Jacobins; on prit l'habitude de l'appeler *Club des Jacobins* : son nom officiel était « Société des Amis de la Constitution ».

Le Club des Jacobins était d'abord ouvert à ses membres seulement : au bout de quelque temps on fit aménager, dans la salle, des tribunes où le public fut admis. Le Club devint une sorte de petite Assemblée où l'on allait entendre les députés partisans de la Constitution.

Des clubs analogues s'installèrent dans les grandes villes : ils se mirent en relations avec celui de Paris; peu à peu les membres de ces différents clubs formèrent une sorte de parti politique qui prit une grande influence sur l'opinion et sur les élections.

Les journaux. — Avant 1789, la France n'avait pas de journaux politiques : un député d'Auvergne eut l'idée de faire imprimer périodiquement pour ses électeurs un résumé des discussions de l'Assemblée. Dès que la liberté de la presse eut été proclamée, des journaux se fondèrent qui donnèrent le compte rendu des séances de l'Assemblée, des nouvelles, des articles politiques. Ces journaux étaient plus volumineux et plus coûteux que les nôtres; le port était alors beaucoup plus cher qu'aujourd'hui. Les ouvriers et les paysans ne savaient pas lire. Pour toutes ces raisons, le journal d'alors s'adressait surtout à la bourgeoisie instruite.

La Fédération. — Dès 1790, la Constituante décida de fêter l'anniversaire du 14 juillet par une fête nationale; on l'appela fête de la *Fédération* pour montrer qu'elle manifestait l'union volontaire de tous les citoyens libres dans une nation libre, au lieu de l'ancienne sujétion sous l'autorité d'un monarque absolu.

La première fête de la fédération eut lieu à Paris sur la grande place du *Champ de Mars*, le 14 juillet 1790. Tous les départements s'y firent représenter par des délégations de leurs gardes nationales portant le nouveau drapeau aux trois couleurs; en même temps, tous les régiments de l'armée envoyèrent des délégations.

Le jour de la fête, l'évêque Talleyrand, député, célébra la messe sur un autel appelé « autel de la Patrie ». Puis La Fayette, général des gardes nationales, monta sur l'autel, et, au nom de la nation, prêta le serment civique, c'est-à-dire qu'il jura d'obéir aux lois. Puis ce fut le tour du Président de l'Assemblée, enfin celui du roi. La France nouvelle reçut pour devise : « La Nation, la Loi, le Roi ».

Préparation de la Constitution. — L'Assemblée commença à préparer une Constitution dès le mois de juin 1789; la Constitution proprement dite, c'est-à-dire les lois relatives au gouvernement central, fut à peu près terminée en mars 1790; ensuite l'Assemblée vota une série de lois qui réorganisèrent les finances, l'administration, la justice, en un mot toute la vie intérieure de la France. Ce travail de « régénération nationale », comme on disait alors, fut terminé en septembre 1791. Alors le roi accepta définitivement les lois nouvelles dont tout l'ensemble fut appelé *Constitution de 1791*, et l'Assemblée nationale, avant de se séparer, se donna le titre de *Constituante*, qu'elle a conservé dans l'histoire.

La séparation des pouvoirs. — Montesquieu (*1re Année*, p. 270) et avec lui beaucoup de philosophes au XVIIIe siècle avaient distingué trois pouvoirs : le *législatif*, représenté par les Assemblées élues et chargé de faire les lois; l'*exécutif*, représenté par le chef de l'État et les ministres, chargé de faire exécuter les lois; le *judiciaire*, représenté par les tribunaux et chargé d'appliquer les lois. Les philosophes pensaient que ces trois pouvoirs devaient être rigoureusement séparés, c'est-à-dire, par exemple, que les ministres ne devaient pas être pris parmi les représentants élus (comme ils le sont dans la France actuelle), que les juges ne devaient pas être nommés par un ministre, afin qu'ils fussent indépendants.

La première constitution faite conformément aux principes nouveaux, celle des États-Unis, avait séparé les pouvoirs en donnant à la nation le droit de choisir en trois séries d'élections différentes : 1° le président, qui choisissait ensuite ses ministres en dehors de l'Assemblée; 2° les représentants; 3° les juges. C'est encore aujourd'hui le régime des États-Unis.

La Déclaration des Droits proclame les deux principes sur lesquels était fondée la constitution des États-Unis : 1° souveraineté nationale (art. 3); 2° séparation des pouvoirs (art. 16).

Le pouvoir exécutif. — Les Constituants voulaient tous conserver la monarchie. La Constitution maintint donc à la tête de la France le roi héréditaire régnant par la grâce de Dieu. « C'est un mystère, dit Mirabeau, sur lequel il convient de jeter un voile religieux. » Mirabeau disait encore : « Nous sommes une nation vieille, nous avons un gouvernement, un roi, des préjugés. Il faut, autant que possible, assortir les choses de la Révolution et sauver la soudaineté du passage. » Cette tendance aux arrangements, à la conciliation fut, en toutes choses, celle de la majorité de l'Assemblée.

Elle garda Louis XVI, mais elle l'appela *roi des Français* (c'est-à-dire accepté par la nation) et non plus roi de France; elle décida qu'il ne serait plus maître absolu du trésor public, mais qu'il recevrait une *liste civile*, terme employé en Angleterre pour désigner la somme mise chaque année à la disposition du roi. La liste civile fut de 25 millions.

Le roi choisissait *ses ministres* en dehors de l'Assemblée. Il avait le droit de *veto* (d'un mot latin qui signifie : j'empêche), c'est-à-dire le droit d'empêcher l'application d'une loi votée par l'Assemblée : mais ce veto n'était que suspensif, c'est-à-dire temporaire; il ne pouvait durer plus de quatre ans si les assemblées continuaient à présenter la même loi. Mirabeau avait demandé que le veto fût absolu; au contraire, les membres les plus avancés de l'Assemblée avaient protesté contre tout veto. Ici encore, la majorité s'arrêta à un moyen terme.

L'Assemblée. — Le pouvoir législatif fut donné à une Assemblée unique, appelée *Assemblée législative* et élue pour *deux ans*.

Pour les élections, la Constitution conserva le système à *deux degrés* qui avait servi lors des élections du Tiers-État (p. 4) et qui fut maintenu pendant toute la Révolution.

Les Constituants restreignirent le droit de vote parce que la majorité voulait exclure les ouvriers des villes, et particulièment ceux de Paris, qu'elle trouvait trop turbulents.

Au premier degré votèrent ceux qui payaient une contribution directe égale à la valeur locale de trois journées de travail, c'est-à-dire à 3 francs au plus. Ce faible *cens* (ou condition de fortune) suffit à écarter les ouvriers, mais les paysans propriétaires gardèrent le droit de vote. On appelait ceux qui possédaient ce droit les *citoyens actifs*; ils se réunissaient dans chaque municipalité ou section de municipalité en *assemblées primaires* et désignaient les *électeurs*, qui se réunissaient ensuite au chef-lieu de département en *assemblée électorale* et nommaient les députés.

Les départements. — Les cahiers demandaient que le pays fût séparé en divisions administratives uniformes et plus petites que les *généralités* ou divisions de l'ancien régime : dans ce temps où les chemins de fer et les télégraphes n'existaient pas, les habitants voulaient que les chefs-lieux d'administration fussent plus nombreux et par conséquent moins éloignés d'eux. La Constituante leur donna satisfaction en fragmentant les 32 généralités, dont elle fit 83 *départements* (1790).

Les départements furent divisés en *districts* correspondant à peu près aux anciens bailliages et sénéchaussées, plus nombreux que nos arrondissements actuels. Pour établir les limites des départements et districts, pour désigner les chefs-lieux, l'Assemblée consulta les députés et les populations intéressées : elle repoussa un projet de Sieyès qui voulait découper la France en carrés suivant les méridiens et les parallèles, comme on faisait aux États-Unis.

L'autonomie locale. — Les cahiers protestaient contre le pouvoir absolu des fonctionnaires et réclamaient des assemblées provinciales élues. La Constituante supprima les intendants (*1re Année*, p. 140) qui étaient à la tête des généralités et *tous les fonctionnaires* qui représentaient le roi dans les provinces. L'administration, la police, le commandement des gardes nationaux et le soin de répartir et de percevoir les impôts furent confiés *exclusivement* à des *assemblées élues*. C'était une véritable révolution.

A la base, chaque commune avait une *municipalité* et un *maire* que les citoyens actifs désignaient en deux élections séparées, pour respecter le principe de la séparation des pouvoirs.

Chaque district et chaque département avaient un *Conseil*, premier modèle de nos conseils d'arrondissement et conseils généraux, et à côté un *Directoire* de plusieurs membres chargé du pouvoir exécutif. Conseils et directoires étaient élus par l'assemblée des électeurs du second degré (p. 22)

Dans chaque municipalité siégeait un *procureur de la commune*, dans chaque conseil ou district un *procureur-syndic*, dans chaque conseil du département un *procureur général-syndic* chargés de représenter le pouvoir central et de faire appliquer les lois. Mais ces procureurs étaient *élus* comme les autres autorités locales.

Organisation judiciaire. — Les cahiers se plaignaient qu'il y eût trop de gens de loi, trop de juridictions, c'est-à-dire de degrés d'appel, ce qui augmentait les frais, et que les circonscriptions des tribunaux fussent trop inégales.

La Constituante donna au pays une organisation judiciaire simple et uniforme encadrée dans la division en départements.

A la base, elle créa le *juge de paix*, imité de l'Angleterre. Le juge de paix peut juger suivant l'équité, sans se tenir au texte de la loi : il est chargé de concilier les plaideurs, c'est-à-dire de les empêcher de s'engager dans des procès coûteux. Enfin il rend la justice gratuitement ou à peu près.

Dans chaque district la Constituante établit un *tribunal de première instance* qui juge les procès en forme.

Quand un plaideur faisait appel d'un jugement, l'appel était porté devant le tribunal voisin.

Dans chaque département siégea, suivant un usage emprunté lui aussi à l'Angleterre, une *cour d'assises* périodique chargée de juger les délits graves et les crimes. A côté des magistrats de la cour d'assises siégeaient deux *jurys*, composés de citoyens désignés par le sort, institution et nom empruntés à l'Angleterre. Le jury d'accusation, aujourd'hui supprimé, décidait par *oui* ou par *non* si l'accusé devait être mis en jugement ou relâché. Le jury de jugement, que nous avons conservé, est interrogé par le président des assises et répond par *oui* ou par *non* si l'accusé traduit en jugement est coupable. Les jurés se montrèrent dès le début plus indulgents que les magistrats de l'Ancien Régime, du moins pour les affaires politiques.

Réforme des lois. — La torture, les peines cruelles furent supprimées. Tout jugement dut être lu en public et motivé d'après des articles de la loi, ce qui n'existait pas sous l'Ancien Régime.

Les juges étaient *élus* par les *citoyens* comme aux États-Unis. Ils furent payés par l'État, et ne purent plus recevoir des cadeaux des plaideurs (*1re Année*, p. 133).

On put dire que la justice devenait *publique* et *gratuite*.

La Constituante promit de faire des *Codes* ou recueils de lois conformes aux principes nouveaux et applicables dans toute la France, au lieu des coutumes ou codes régionaux qu'on appliquait sous l'Ancien Régime (*1re Année*, p. 103). Elle dut laisser ce soin aux Chambres qui vinrent après elle.

Elle se borna à poser tous les principes généraux suivant lesquels des tribunaux devaient juger. Pour assurer l'unité de législation, elle créa une *Cour de cassation* chargée de casser les jugements civils et criminels qui ne seraient pas conformes au droit nouveau.

Réformes financières. — La Constituante décida aussi que les impôts seraient *votés* par l'Assemblée.

Elle établit l'*égalité* de tous les citoyens *devant l'impôt* : ce fut une des mesures les plus populaires. Les paysans, déjà débarrassés des droits féodaux, cessèrent de payer presque tout l'impôt comme sous l'Ancien Régime : leur situation devint plus prospère, tandis que les anciens privilégiés ne voyaient pas leurs revenus notablement diminués par la part d'impôt qui était mise à leur charge.

On appela les droits perçus par l'État *contributions*, c'est-à-dire redevance volontaire, et non plus impôt, c'est-à-dire redevance imposée. La Constituante établit trois contributions *directes* : la contribution foncière sur les terres, la contribution mobilière sur les signes extérieurs de la richesse, les patentes sur les commerçants. Les octrois furent supprimés, ainsi que la plupart des impôts *indirects*, tels que les aides sur les boissons et les vivres, la gabelle ou monopole du sel (*1re Année*, p. 8).

Les impôts, établis sur tous et réduits à des taxes directes, furent infiniment moins lourds qu'auparavant pour les pauvres et rapportèrent pourtant davantage.

Les biens du clergé. — La Constituante trouva le budget en déficit et le gouvernement prêt à faire banqueroute. Il fallait trouver immédiatement des ressources.

Or l'Église possédait pour 4 milliards de terres dont les revenus servaient à faire vivre ses membres, à entretenir les églises et les fondations religieuses.

La grande majorité des Français pensaient que l'Église avait plus de revenus qu'il ne lui en fallait. Déjà, sous Louis XV, le ministre Machault avait pris à l'Église une partie des biens appartenant aux couvents. Dans la période de despotisme éclairé plusieurs souverains étrangers en avaient fait autant chez eux.

Il ne faut donc pas s'étonner si l'idée de mettre à la disposition de la nation les biens du clergé fut proposée à la Constituante dès le début. Un évêque l'apporta à la tribune et Mirabeau la fit adopter. L'État prit les terres de l'Église et promit en revanche de *payer* les curés et les évêques, d'entretenir les églises et les hôpitaux, qui alors étaient religieux. Mais il ne promit rien pour les couvents qui, selon le mot de Mirabeau, paraissaient « avoir cessé d'être utiles ».

Les assignats. — Comme on ne pouvait vendre rapidement les 4 milliards de terres de l'Église, l'État émit des coupures de papier-monnaie appelées assignats parce qu'on leur assignait comme gage une portion des anciennes terres de l'Église égale à la valeur marquée sur le papier. Les assignats avaient *cours forcé*, c'est-à-dire que les caisses de l'État ne s'engageaient pas à les rembourser en argent, mais ils pouvaient, à tout moment, être échangés contre leur valeur en terres.

La constitution civile du clergé. — La majorité de la Constituante se composait de gens qui assistaient régulièrement aux offices et qui croyaient la religion indispensable à une société civilisée.

Beaucoup d'entre eux étaient catholiques *gallicans*, c'est-à-dire partisans d'une Église de Gaule (ou de France) qui ne reconnaîtrait au pape qu'une autorité morale (*1re Année*, p. 64). Les Gallicans ont presque disparu aujourd'hui; ils avaient alors beaucoup d'adhérents dans la bourgeoisie où s'était recrutée la majorité de l'Assemblée.

Les députés gallicans conçurent le projet de réorganiser l'Église de France comme l'administration locale et judiciaire, sans consulter le pape, et l'Assemblée adopta leur plan, qu'on appela la *constitution civile du clergé* (12 juillet 1790).

D'après cette constitution, les évêques et les curés étaient nommés *par les électeurs* comme les autres fonctionnaires; les évêques n'avaient plus besoin de demander au pape l'investiture.

Le nombre des évêchés, très considérable sous l'Ancien Régime, était *réduit* de manière à ce qu'il restât seulement un évêque ou archevêque par département.

Le serment des prêtres. — Les évêques et une partie des curés protestèrent contre la constitution civile du clergé en disant que l'Assemblée empiétait sur les pouvoirs du pape. L'Assemblée répliqua en imposant aux évêques et curés fonctionnaires (ceux qui étaient payés par l'État) le *serment civique*, c'est-à-dire le serment de rester fidèles à toutes les dispositions de la Constitution. On distingua dès lors deux catégories de prêtres catholiques, les assermentés, qui avaient prêté le serment civique, et les insermentés, qui avaient refusé de prêter le serment.

Le roi Louis XVI, qui était très pieux, hésita pendant cinq semaines à approuver la Constitution civile, puis il céda pour ne pas se brouiller avec l'Assemblée, mais il en fut très peiné.

Tout d'abord, une grande partie des prêtres avaient consenti à se plier à la constitution civile : bientôt il y eut assez d'évêques et de curés assermentés pour tout le territoire. Ce mouvement inquiéta le pape qui avait différé sa décision pendant 8 mois. Il finit par condamner en 1791 la constitution civile du clergé, puis le serment civique. La majorité des prêtres obéit au pape.

Les populations des campagnes se mirent à considérer les assermentés comme des hérétiques et ne voulurent recevoir les sacrements que des insermentés. Alors commença un *conflit religieux* qui devait se prolonger jusqu'en 1800 : ce fut l'une des causes importantes des insurrections contre le gouvernement nouveau.

La fuite à Varennes. — Après que la Constitution civile du clergé eut été condamnée par le pape, Louis XVI craignit d'avoir commis un péché mortel en l'approuvant. Il n'admit auprès de lui que des prêtres insermentés ; il écouta de nouveau les conseils de ceux qui lui conseillaient de faire un coup d'État contre l'Assemblée. Dans la nuit du 20 juin 1791 le roi et la famille royale, déguisés, s'enfuirent en voiture des Tuileries pour aller rejoindre l'armée de l'Est, que commandait un général noble hostile à la Révolution. Ils furent reconnus à Varennes, arrêtés et ramenés à Paris. L'Assemblée déclara le roi momentanément *suspendu*, c'est-à-dire privé de ses pouvoirs.

Mouvement républicain. — Il y avait alors à Paris quelques républicains très peu nombreux, le marquis de Condorcet, philosophe célèbre, DANTON et Camille DESMOULINS, jeunes avocats alors peu connus.

Danton et ses amis essayèrent de faire signer une pétition pour demander la suppression de la royauté, et ils invitèrent les Parisiens à venir la signer au *Champ de Mars*. Une foule considérable, composée surtout d'ouvriers sans travail et de curieux, s'assembla au Champ de Mars.

La municipalité craignit qu'une émeute se produisît. On a vu que, depuis longtemps, les Constitutionnels tenaient en défiance le peuple de Paris. Dès le mois d'octobre 1789, la Constituante avait voté la *loi martiale*, qui ordonnait aux maires de faire trois sommations précédées de roulements de tambour pour disperser les attroupements et de faire tirer ensuite sur la foule si elle ne se dispersait pas.

En 1791, la Constituante venait d'établir définitivement le cens électoral qui enlevait aux ouvriers le droit de vote.

Elle avait fermé par raison d'économie les ateliers de bienfaisance où la ville de Paris occupait les ouvriers réduits au chômage par l'arrêt général du travail qu'avait amené la Révolution.

Les ouvriers sans travail se livrèrent à des manifestations; la municipalité de Paris les fit disperser. L'Assemblée vota, le 14 juin 1791, une loi qui interdisait aux ouvriers, sous peine de prison, de former des *coalitions*, c'est-à-dire de s'associer en syndicats et même de se mettre en grève.

Dans ces conditions, les autorités n'étaient pas disposées à tolérer un mouvement populaire comme celui qui se préparait au Champ de Mars.

L'affaire du Champ de Mars. — Le maire de Paris, Bailly, se rendit au Champ de Mars avec les gardes nationales commandées par La Fayette. Il fit les trois sommations prescrites par la loi martiale, puis, comme la foule ne se dispersait pas, il ordonna aux gardes de tirer. L'ordre fut exécuté et plusieurs personnes furent tuées ou blessées (17 juin 1791).

Après cette fusillade les agitateurs, appuyés sur les ouvriers de Paris, et les Constitutionnels se brouillèrent définitivement. Les agitateurs continuèrent à faire une propagande dirigée contre la monarchie. L'un d'eux, le médecin Marat, qui publiait un journal intitulé l'*Ami du peuple*, se rendit populaire en écrivant : « Ou il faut étouffer les ouvriers, ou il faut les nourrir. Et avec quoi les nourrirez-vous? Avec les appointements de M. Bailly. » Il écrivait encore : « Que faut-il au peuple? Du pain et la tête de M. Bailly. »

Après l'affaire du Champ de Mars, l'Assemblée présenta au roi le texte définitif de la Constitution. Le roi jura fidélité à la Constitution. L'Assemblée déclara Louis XVI rétabli dans tous ses pouvoirs, puis elle se sépara le 30 septembre 1791.

Questionnaire.

Déclaration des Droits de l'Homme. — Qu'entend-on par Droits de l'Homme? Y avait-il eu d'autres Déclarations avant 1789? L'égalité. La liberté politique, de conscience, de paroles, de presse. La souveraineté nationale.

Comment doit être faite la loi? voté l'impôt?

L'Assemblée à Paris. — Causes des journées d'octobre. Leurs conséquences. Les principaux orateurs de l'Assemblée. Mirabeau. Ses idées politiques.

Qu'étaient-ce que les sections de Paris? Qu'est-ce qu'un club? Le club des Jacobins. Origine des journaux politiques. Qui les lisait?

Sens du mot Fédération. Pourquoi fut instituée la fête de la Fédération?

Constitution de 1791. — Qu'est-ce que la Constitution de 1791? Expliquez le principe de la séparation des pouvoirs. Avait-il été appliqué dans une précédente Constitution? Quel autre principe politique capital fut proclamé en 1789?

Qu'est-ce que le pouvoir exécutif? Qui l'exerçait? Qu'est-ce qu'une liste civile? Comment étaient choisis les ministres? Qu'était-ce que le veto suspensif?

A qui fut donné le pouvoir législatif? Qui eut le droit de vote? Qu'est-ce qu'un cens électoral? Le vote était-il direct?

L'administration locale. — La division en départements. Comment fut-elle faite? Corps élus créés par l'Assemblée dans les départements. Différence avec l'ancien régime.

Organisation judiciaire. Les divers tribunaux. Les jurys. A quel pays furent-ils empruntés? Réforme des lois criminelles. Que signifie justice publique, gratuite? Rôle de la Cour de cassation.

L'égalité devant l'impôt. Qu'est-ce que les impôts directs, indirects? Quels impôts créa l'Assemblée?

La Révolution et l'Église catholique. — Les biens du clergé. Comment furent-ils nationalisés? Qu'était-ce que les assignats?

Sentiments religieux des Constituants. Qu'est-ce que le gallicanisme? La constitution civile du clergé. Qu'était-ce que le serment civique? Pourquoi fut-il institué? Effet produit par la constitution civile.

Pourquoi Louis XVI essaya-t-il de fuir? Les premiers républicains. Pourquoi les ouvriers de Paris étaient-ils mécontents? L'affaire du Champ de Mars. Ses conséquences.

SUJETS COMPLÉMENTAIRES

Épisodes du mouvement ouvrier et populaire à Paris. L'affaire Réveillon en 1789. Le massacre du boulanger François en octobre 1789. La loi de Chapelier contre les coalitions (1791).

Un département ou un district sous la Révolution. Les nouvelles administrations élues, les biens du clergé, la Constitution civile du clergé. Différences avec l'ancien régime.

CHAPITRE III

L'ASSEMBLÉE LÉGISLATIVE

Les partis. — L'Assemblée législative avait été élue pendant les dernières semaines de la Constituante : elle se réunit à Paris le lendemain du jour où la Constituante se sépara, c'est-à-dire le 1er octobre 1791.

Les Constituants avaient décidé qu'aucun d'entre eux ne pourrait être réélu à la première assemblée législative. Cette assemblée fut donc composée entièrement d'*hommes nouveaux*. L'opinion y était plus avancée qu'à la Constituante. On n'y trouvait plus de partisans de la monarchie absolue, car les principaux d'entre eux avaient émigré (p. 33).

Les monarchistes constitutionnels formèrent la droite ou parti modéré. On les appela *Feuillants* parce que beaucoup d'entre eux avaient formé un Club dans un ancien couvent de Feuillants.

Le parti avancé était appelé *Jacobin* parce que ses membres dirigeaient le Club des Jacobins (p. 19), d'où ils avaient chassé les modérés. Dans l'Assemblée, leur principal orateur était un jeune avocat, VERGNIAUD; l'un des hommes les plus connus parmi eux était BRISSOT, philosophe et écrivain.

Plusieurs d'entre eux formaient un groupe d'amis qui se réunissait dans le salon de Mme ROLAND, femme instruite, républicaine, qui avait l'ambition d'inspirer la politique du parti avancé.

Influence des Jacobins. — Pas plus qu'à la Constituante il n'y avait de parti organisé : la majorité se composait de députés indépendants qui votaient tantôt avec les Feuillants, tantôt avec les Jacobins.

Les Jacobins avaient pour eux le peuple de Paris qu'on appelait les *sans-culottes*, parce que les ouvriers portaient le pantalon et non la culotte courte qui faisait alors partie du costume élégant. Aux sections municipales de Paris, les Jacobins l'emportèrent. Le républicain Danton devint procureur de la commune de Paris.

Les Jacobins prirent bientôt l'influence principale dans l'Assemblée par effet de l'agitation intérieure et des menaces de guerre.

Les prêtres insermentés. — A l'intérieur les prêtres insermentés (p. 27) excitaient les paysans contre la Constitution. L'Assemblée législative décida que tous les prêtres catholiques sans exception, et non plus seulement les prêtres fonctionnaires, devraient prêter le serment civique (1791). Le roi, usant de son *veto* (p. 22), refusa de mettre cette décision en vigueur.

Les émigrés. — Les partisans du pouvoir absolu et parmi eux les deux frères du roi, le comte de Provence, plus tard Louis XVIII, le comte d'Artois, plus tard Charles X, avaient émigré, c'est-à-dire qu'ils étaient sortis de France, les uns après le prise de la Bastille, les autres au moment de la fuite à Varennes.

Les émigrés étaient presque tous des nobles. Beaucoup d'entre eux étaient des officiers qui avaient abandonné leur poste et dont plusieurs avaient tenté d'entraîner avec eux leurs soldats. Ils s'étaient réunis à *Coblentz*, ville du Rhin, sur le territoire appartenant alors à l'archevêque de Trèves, prince allemand.

Ils organisaient une *armée* commandée par le prince de Condé, cousin du roi.

Le comte d'Artois cherchait à obtenir de l'empereur d'Allemagne, Léopold II, frère de Marie-Antoinette, la promesse d'envoyer une armée en France pour rétablir le pouvoir absolu. On savait déjà qu'un souverain, partisan à la fois du despotisme éclairé et de la monarchie absolue, le roi de Suède Gustave III, cherchait à organiser une coalition des souverains absolus contre la France constitutionnelle.

La déclaration de Pillnitz. — Au mois d'août 1791, l'empereur d'Allemagne et le roi de Prusse se rencontrèrent au château de *Pillnitz*, en Saxe, pour régler diverses affaires : là ils firent une *déclaration* disant qu'au cas où les autres souverains feraient appel à eux, ils ne refuseraient pas leur concours et qu'en attendant ils donneraient « à leurs troupes des ordres convenables ». La déclaration était vague, mais le comte d'Artois et les émigrés firent répandre en France le bruit qu'une intervention armée de l'Autriche et de la Prusse était imminente.

Mesures contre les émigrés. — Sur ces entrefaites, la Législative avait remplacé la Constituante : dès le mois d'octobre 1791, elle demanda au roi qu'il ordonnât aux émigrés de rentrer. Le roi le fit, mais les émigrés n'obéirent pas. En novembre, la Législative vota une loi qui menaçait les émigrés de poursuites pour conspiration s'ils ne rentraient pas avant le 1er janvier 1792. Le roi opposa à cette loi son *veto* (p. 12).

Politique étrangère des Jacobins. — Dès les premiers jours de l'existence de la Législative, les Jacobins de cette assemblée avaient demandé que le roi fît inviter l'électeur de Trèves à ne plus tolérer à Coblentz les rassemblements d'émigrés et la formation de l'armée de Condé. Louis XVI écrivit dans ce sens à l'archevêque de Trèves le 14 décembre, en l'informant qu'il interviendrait si les rassemblements d'émigrés continuaient après le 15 janvier 1792.

Alors l'empereur d'Allemagne fit savoir à Louis XVI qu'il ne souffrirait pas que la France intervînt sur les domaines d'un prince qui faisait partie de l'Empire. Il fut clair alors que si la France faisait la guerre, elle devait la faire non à un petit prince, mais à l'*Autriche* et à tout l'Empire.

Louis XVI et ses ministres ne voulaient pas faire la guerre à l'Autriche, parce que les deux gouvernements de Paris et de Vienne étaient alliés depuis 1763. Mais les Jacobins voulaient cette guerre parce que l'alliance autrichienne était très impopulaire en France ; de plus, ils étaient en relations avec les partisans des idées révolutionnaires dans les Pays-Bas et les provinces rhénanes, et ils comptaient que leurs amis étrangers se soulèveraient contre les souverains. « Il faut, disaient-ils, *aider les peuples contre les rois.* » Leur politique a été appelée une politique de propagande.

Déclaration de guerre à l'Autriche. — Profitant du mécontentement qu'avait causé le double veto de Louis XVI (p. 32 et 33), les Jacobins entraînèrent l'Assemblée et lui firent applaudir des discours violents contre les ministres modérés du roi.

Louis XVI s'en effraya. Il renvoya ses ministres et les remplaça par des Jacobins. En vertu de la séparation des pouvoirs (p. 21), il ne pouvait prendre les chefs jacobins de la Chambre; il choisit donc au dehors de l'Assemblée des amis des Jacobins. Le principal ministre fut le général noble Dumouriez, adversaire de l'alliance autrichienne et qui était resté en disgrâce depuis plusieurs années (mars 1792). A la même époque l'empereur d'Allemagne Léopold mourut et fut remplacé par son fils François II, jeune homme qu'on savait très disposé à intervenir pour les émigrés.

Dumouriez fit déclarer par l'Assemblée *la guerre* contre le souverain de l'Autriche (20 avril). Il espérait que les États de l'empire d'Allemagne et la Prusse resteraient neutres : mais son espoir fut trompé et la France eut à lutter contre des adversaires plus nombreux que Dumouriez et les Jacobins ne l'avaient cru.

L'armée permanente. — L'armée française comprenait les troupes de ligne composées d'engagés, que l'on continuait à recruter comme sous l'Ancien Régime. L'infanterie portait la culotte, la veste (gilet à manches) et le grand habit *blanc* avec revers de couleur différente suivant les régiments.

Les officiers de l'Ancien Régime étaient presque tous nobles: les trois quarts d'entre eux avaient émigré. On nomma à leur place des sous-officiers qui sans la Révolution ne seraient jamais devenus officiers. On eut ainsi un corps d'officiers très attaché à la Révolution: mais il y eut des mécontents, des jaloux, et le mauvais exemple de l'émigration amena des désertions. En 1792 l'armée de ligne comptait sur le papier 172 000 hommes, en réalité 100 000. La cavalerie était plus désorganisée que les autres corps.

Les volontaires. — A côté de l'armée permanente avaient été formées les gardes nationales, composées de citoyens volontaires qui s'exerçaient dans leurs moments de loisir. Ils portaient un uniforme de même coupe que celui des soldats, mais aux couleurs de la nation, culotte blanche, veste rouge, grand habit *bleu*. En temps de paix ils servaient simplement à maintenir l'ordre intérieur.

Après la déclaration de Pillnitz (p. 33), la Constituante demanda aux gardes nationales de fournir 100 000 volontaires pour défendre la patrie si on l'attaquait : il en vint 60 000. Ces volontaires s'engageaient *pour un an* seulement au lieu de 7 comme les soldats; ils gardaient le costume de la garde nationale; ils formaient, comme cette garde, des *bataillons* à part désignés par le nom de leur département; comme la garde aussi, ils *élisaient* leurs officiers. Plusieurs des généraux de la Révolution débutèrent comme officiers élus de volontaires. Si on n'avait pas voulu mélanger les volontaires avec la troupe c'est que les soldats racolés étaient considérés comme de mauvais sujets, et que, d'ailleurs, ils venaient surtout de la classe ouvrière des villes contre laquelle la bourgeoisie conservait des préjugés.

L'armement et la manœuvre. — L'infanterie était armée du fusil à pierre se chargeant par en haut (*1re Année*, p. 186). Les canons se chargeaient par la bouche et s'allumaient avec une mèche. Pour l'une et l'autre arme la charge était plus lente et par conséquent on tirait beaucoup moins de coups à la minute qu'avec les armes modernes. De plus la portée des armes était infiniment plus courte et le tir moins précis.

On pouvait s'approcher sans grand danger à 600 mètres des canons, à 300 des fusils. Il en résultait qu'on commençait le combat beaucoup plus près qu'aujourd'hui.

On se battait en ordre serré, l'infanterie s'avançant sur trois rangs bien alignés, puis chargeant en masse; on employait fréquemment les charges de cavalerie. Comme les troupes attaquaient en ordre serré, les fronts de bataille étaient d'habitude peu étendus, et le général en chef placé un peu en arrière sur une éminence pouvait surveiller toute la manœuvre de ses propres yeux.

On demandait alors à un soldat de s'aligner avec les autres, de marcher, d'obéir au commandement du chef comme un automate : on le formait par de longs mois d'exercice « à la prussienne » (*1re Année*, p. 244). Tous les officiers, y compris ceux de la Révolution française, croyaient qu'il fallait plusieurs années pour faire un bon soldat. Les volontaires ne furent conduits à la guerre qu'au bout d'un an ; encore au début les généraux n'avaient-ils pas confiance en eux.

Défaites aux Pays-Bas. — Les généraux étrangers appelaient les volontaires « une armée de savetiers et de tailleurs » ; ils savaient d'autre part que le corps d'officiers avait été désorganisé par l'émigration et ils croyaient que les sous-officiers promus à la place des officiers seraient très inférieurs aux nobles qu'ils remplaçaient.

Les événements semblèrent d'abord donner raison aux coalisés. L'armée française se rassembla dans les places fortes du *Nord* et marcha de là sur les Pays-Bas qui appartenaient à l'Autriche. Mais deux corps pris de panique s'enfuirent en criant à la trahison et l'un d'eux massacra son général (avril 1792).

A partir de ce moment l'histoire intérieure de la Révolution est le contre-coup de l'histoire militaire. A chaque mauvaise nouvelle le peuple de Paris s'énerve. Les agitateurs savent profiter de ces occasions pour faire des *journées* révolutionnaires, c'est-à-dire des émeutes ou des révolutions.

Mesures révolutionnaires. — Les défaites d'avril amenèrent un conflit aigu entre la Cour et l'Assemblée. Le roi renvoya les ministres jacobins et reprit des modérés. L'Assemblée présenta au roi un projet qui bannissait du royaume les prêtres *réfractaires* (ou insermentés), un second qui licenciait la garde du roi, un troisième qui proposait de prendre parmi les *fédérés*, c'est-à-dire les gardes nationaux envoyés en 1792, pour la fête de la Fédération 20 000 volontaires et de les exercer dans un camp placé à Paris.

Le roi renvoya sa garde, mais il refusa de bannir les prêtres réfractaires et de laisser former le camp des fédérés, parce que la cour pensait que ces volontaires seraient employés par l'Assemblée pour renverser le roi.

FÊTE DE LA FÉDÉRATION, LE 14 JUILLET 1792, AU CHAMP DE MARS, d'après une gravure du temps.

Au centre, l'autel de la Patrie; autour, les délégations des fédérés ou gardes nationaux des départements, chacune avec son drapeau.

Journée du 20 juin 1792. — Quelques jours plus tard venait l'anniversaire du Serment du Jeu de Paume (20 juin). Sous prétexte de célébrer cet anniversaire, les agitateurs républicains réunirent une foule d'ouvriers des faubourgs populaires Saint-Antoine et Saint-Marceau : la municipalité de Paris les laissa faire.

La foule ouvrière se rendit d'abord à l'Assemblée, où elle fut admise à défiler dans la salle des séances; puis elle envahit les Tuileries où résidait le roi. Louis XVI se présenta aux manifestants qui défilèrent devant lui en criant : « Sanctionnez les décrets! Rappelez les ministres patriotes. Chassez vos prêtres! » Louis XVI accepta de boire un verre de vin à la santé du peuple et il se coiffa d'un bonnet rouge que lui tendait un manifestant. A la nuit la foule se dispersa.

Cette journée n'eut d'autre résultat que d'habituer le peuple à se porter vers les Tuileries. Bientôt d'autres mauvaises nouvelles préparèrent une seconde journée.

Le manifeste de Brunswick. — On apprit que le roi de Prusse était lié par un traité d'alliance défensive avec le souverain de l'Autriche. Comme la France avait déclaré la guerre, le roi de Prusse se prépara à soutenir son allié et il concentra ses troupes à la frontière Nord-Est de Lorraine, sur la Moselle.

Le 11 juillet l'Assemblée déclara *la patrie en danger*, fit appel à de nouveaux volontaires et ordonna d'établir des bureaux en plein air pour recevoir les engagements.

Le 25 juillet, le duc de *Brunswick*, qui commandait l'armée prussienne, lança un *manifeste* qu'avait préparé un émigré. Il y menaçait de la mort les gardes nationaux (et par conséquent les volontaires) qui prendraient les armes contre les envahisseurs, et annonçait que Paris serait détruit complètement si le peuple attaquait les Tuileries.

Révolution du 10 août 1792. — Aussitôt la municipalité et les sections (p. 44) des quartiers ouvriers de Paris envoyèrent des députations pour inviter l'Assemblée à répondre au manifeste en déclarant Louis XVI suspendu. L'Assemblée n'en voulut rien faire. Les républicains les plus hardis, et parmi eux Danton, résolurent de recourir à la force.

Dans la nuit du 9 au 10 août 1792, les gardes nationaux des

sections ouvrières prirent les armes, envahirent l'Hôtel de Ville, en chassèrent les membres modérés de la municipalité et formèrent une *Commune*, qui prit la direction de la police et de la garde nationale à la place de la municipalité.

Le général qui commandait la garde nationale, Mandat, avait pris des mesures pour défendre les Tuileries. La Commune le

LA MANIFESTATION DU 20 JUIN 1792, d'après une gravure du temps.

Les manifestants sont les gardes nationaux des quartiers ouvriers de Paris, Saint-Antoine et Saint-Marceau: la plupart sont armés de piques qu'on avait distribuées aux gardes nationaux des quartiers populaires des villes parce qu'on réservait les fusils aux troupes et à la force armée permanente; beaucoup portent le bonnet rouge adopté par les « patriotes » parce qu'il avait été dans l'antiquité la coiffure des esclaves affranchis, c'est-à-dire rendus à la liberté. Tous ont au bonnet ou au chapeau la cocarde tricolore.

fit appeler, et comme il entrait à l'Hôtel de Ville, un des insurgés le tua d'un coup de pistolet.

A l'aube, les gardes nationaux des quartiers ouvriers marchèrent sur les Tuileries. Les gardes nationaux des quartiers bourgeois, que Mandat avait postés autour du palais, ne recevant pas d'ordres, s'en allèrent ou se joignirent aux insurgés.

Les Tuileries étaient défendues par les gardes suisses et par 3 ou 4 000 volontaires nobles que la cour avait appelés après le 20 juin.

Pendant que le peuple marchait sur les Tuileries, le directoire du département de Paris vint prier le roi de quitter le Palais; on voulait éviter qu'il commandât de tirer sur la foule. La Reine Marie-Antoinette refusa d'abord de sortir : elle espérait que la cour pourrait se défendre plusieurs jours jusqu'à l'arrivée de Brunswick. Mais Louis XVI céda et il se retira avec sa famille dans la salle de l'Assemblée législative.

Après le départ du roi, les insurgés arrivèrent devant les Tuileries et se mirent à parlementer avec les défenseurs. A ce moment les défenseurs firent une décharge, les insurgés ripostèrent et le combat s'engagea. Il dura presque toute la journée. Dans l'après-midi, les assaillants s'emparèrent des Tuileries et en chassèrent les Suisses et les nobles dont beaucoup furent tués. 5 000 personnes périrent dans cette journée, la plus sanglante de la Révolution.

La déchéance du roi. — Le soir même la Commune invita l'Assemblée à proclamer la déchéance du roi. L'Assemblée n'osa refuser; elle déclara en même temps que sa mission était terminée et appela les électeurs à nommer une *Convention* : on appelait ainsi, suivant un mot américain, toute assemblée élue spécialement pour modifier la Constitution.

Pour les élections à la Convention, le cens fut supprimé et le *suffrage universel* établi au premier degré (p. 22).

Le roi était déchu : ses ministres furent arrêtés. On les remplaça par un *Conseil exécutif provisoire*, formé de ministres élus par l'Assemblée. Le principal auteur du 10 août, Danton, fut élu en tête de liste; on lui confia le ministère de la Justice.

Les Prussiens en Champagne. — Le général La Fayette commandait à la frontière nord-est menacée par les Prussiens. La Fayette était constitutionnel monarchiste. A la nouvelle du 10 août, il essaya d'entraîner son armée à Paris pour rétablir le roi; il n'y réussit pas, il s'enfuit auprès des Autrichiens qui le mirent en prison. Cette tentative de La Fayette commença à rendre suspects les officiers nobles et à faire croire qu'il y avait des traîtres dans l'armée.

Les Prussiens franchirent la frontière et vinrent mettre le siège devant Verdun. Verdun capitula (2 septembre) : la route de Paris par la Champagne était ouverte.

A cette nouvelle, la population parisienne fut en proie à l'émotion la plus vive. La Commune avait fait arborer un drapeau noir sur l'Hôtel de Ville, ordonné de tirer le canon d'alarme, installé partout des bureaux de recrutement pour les volontaires, toutes mesures qui portaient au comble l'agitation.

Massacres de septembre 1792. — Les autorités venaient de découvrir dans une armoire de fer aux Tuileries la preuve que Louis XVI et Marie-Antoinette avaient correspondu avec l'empereur d'Allemagne même pendant la guerre. Chacun s'imagina qu'il y avait partout des traîtres. Or, depuis le 10 août, on avait arrêté des nobles et beaucoup de prêtres réfractaires : les prisons de Paris en étaient pleines.

Un journaliste populaire, Marat (p. 28), imprima dans son journal que les trahisons continuaient parce qu'on ne jugeait pas les traîtres détenus dans les prisons, et il invita le peuple à se faire justice lui-même. Son avis fut écouté. Le 2 septembre, des Parisiens en armes se rendirent aux prisons, obligèrent les geôliers à leur ouvrir les portes et à leur donner les registres où figuraient les noms des détenus et le motif de l'arrestation ; ils firent comparaître les détenus devant eux, les jugèrent, et massacrèrent à coups de sabre ceux qui leur parurent coupables. Ces *massacres de Septembre* durèrent quatre jours et coûtèrent la vie à un millier de personnes, surtout des prêtres réfractaires. Danton et les autres ministres ne purent faire disperser les massacreurs que le 6 septembre.

Questionnaire.

La politique jacobine. — Les Feuillants. Les Jacobins. Pourquoi ces noms? Principaux Jacobins. Influence des Jacobins à Paris. Dans l'Assemblée. Qu'était-ce que les sans-culottes?

Mesures contre les prêtres insermentés. Les émigrés. Quels étaient leurs chefs? leurs projets? Qu'est-ce que la déclaration de Pillnitz? Mesures contre les émigrés. Attitude du roi.

Qui voulait la guerre? Contre qui? Pourquoi? Le ministre Dumouriez. La déclaration de guerre. Quels adversaires la France eut-elle à combattre?

La guerre. — Comment était recrutée l'armée permanente? Conséquences de l'émigration des officiers.

Qu'était-ce que les volontaires? Quand fut fait le premier appel. Différences entre les volontaires et les soldats.

Les fusils. Les canons. Différences avec les armées d'aujourd'hui. Qu'est-ce que l'ordre serré? L'exercice à la prussienne. Son utilité.

Premières opérations. Conséquence des revers sur la politique intérieure.

Chute de la royauté. — Mesures prises par l'Assemblée. Attitude du roi. Journée du 20 juin. Réussit-elle?

Guerre avec la Prusse. Le manifeste de Brunswick. Qui fit le mouvement du 10 août? Qu'est-ce que la Commune insurrectionnelle? Que fit le roi? Conséquences du 10 août pour le roi; l'Assemblée; le droit de vote.

Conduite de La Fayette. L'invasion. L'émotion à Paris. Causes des massacres de Septembre. Par qui furent-ils inspirés? Quels étaient les détenus massacrés?

SUJETS COMPLÉMENTAIRES

Les volontaires, d'après les mémoires du canonnier Bricard, du sergent Fricasse et les ouvrages de M. A. Chuquet.

Portraits : Vergniaud, Mme Roland, Danton.

CHAPITRE IV

LA CONVENTION NATIONALE

(PREMIÈRE PARTIE)

(1792-1793).

Proclamation de la République. — La Convention nationale chargée de reviser la Constitution succéda à la Législative le 20 septembre 1792.

Elle déclara la Royauté abolie en France (22 septembre); elle ne proclama pas formellement la République, mais elle ordonna que les actes publics seraient datés de l'an Ier de la *République*, commençant au 22 septembre 1792. Dès lors le gouvernement de la France porta le nom de République française.

Girondins et Montagnards. — La Convention était composée de gens d'opinion plus avancée que la Législative. Dans les élections, la Société des Jacobins et les sociétés affiliées des départements (p. 19) avaient joué le rôle de comité électoral et avaient fait passer beaucoup de leurs membres.

Devenus puissants, les Jacobins de 1792 ne tardèrent pas à se brouiller.

D'un côté se trouva le groupe de Vergniaud, de Brissot et des amis de Mme Roland que nous appelons *Girondins*, parce que plusieurs d'entre eux étaient députés de la Gironde.

De l'autre côté se trouvaient les *Montagnards*, ainsi appelés parce qu'ils siégeaient sur les bancs les plus élevés de l'Assemblée. A la fin de 1792 ils chassèrent les Girondins du Club des Jacobins; désormais le nom de *Jacobin* devint synonyme de celui de Montagnard.

Le plus connu et le plus éloquent des Montagnards était DANTON. Après lui venaient MARAT, et ROBESPIERRE, ancien membre de la Constituante. La division entre Girondins et Montagnards paraît due surtout à des rivalités personnelles. Danton essaya de la faire cesser dans l'intérêt de la République. Il n'y réussit pas, parce que Mme Roland (p. 31) ne l'aimait pas et qu'elle conseilla à ses amis de refuser les avances de Danton.

PIQUE SURMONTÉE DU BONNET ROUGE, INSIGNE DE LA SECTION DU BONNET-ROUGE (Musée Carnavalet).

Les sections étaient les subdivisions électorales de Paris ; chacune avait son assemblée locale et son bataillon de garde nationale. Celle du Bonnet-Rouge s'appelait avant 1792 la Croix-Rouge.

Comme dans les assemblées précédentes, la majeure partie se composait de députés indépendants, ou indécis n'appartenant à aucun groupe ; on les appelait la *Plaine*, par opposition à la Montagne. De septembre 1792 à juin 1793, la Plaine vota avec les Girondins et leur assura la majorité.

Valmy. — La Législative s'était séparée dans un moment de grand danger. L'armée prussienne était en Champagne et marchait sur Paris.

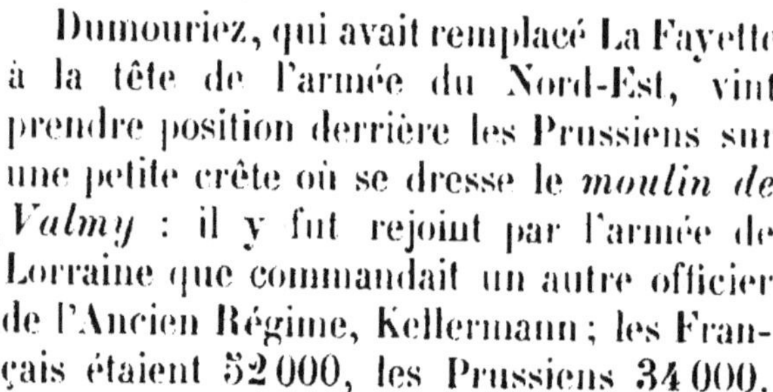

Dumouriez, qui avait remplacé La Fayette à la tête de l'armée du Nord-Est, vint prendre position derrière les Prussiens sur une petite crête où se dresse le *moulin de Valmy* : il y fut rejoint par l'armée de Lorraine que commandait un autre officier de l'Ancien Régime, Kellermann ; les Français étaient 52 000, les Prussiens 34 000.

Le roi de Prusse croyait pouvoir disperser aisément cette armée française qu'il jugeait désorganisée ; il la fit canonner. Les Français ripostèrent. Il fit mine de donner l'assaut : les Français l'attendirent de pied ferme. Alors le roi de Prusse renonça à engager la bataille à fond (20 septembre 1792). Il s'était imaginé, sur les récits des émigrés, que la Révolution avait été faite par quelques meneurs et que la population française accueillerait ses soldats comme des libérateurs. Se rendant compte que le peuple français prenait parti pour la Révolution, voyant que la guerre serait longue et coûteuse, que l'hiver approchait, que la saison était pluvieuse et que son armée était attaquée par la dysenterie, il donna l'ordre de la retraite. Au mois d'octobre, les Prussiens repassèrent la frontière.

L'armée française s'empara de Mayence sur le Rhin, capitale d'un prince-évêque allemand.

Conquêtes de 1792. — Les Autrichiens avaient franchi la frontière du Nord et étaient venus assiéger Lille. Ils ne purent prendre la place : apprenant la retraite des Prussiens, ils rentrèrent aux Pays-Bas. Dumouriez les y poursuivit : il les attaqua sur la route de Bruxelles près du village de *Jemapes* et enfonça leur armée (3 novembre 1792). Les Autrichiens évacuèrent les Pays-Bas. Dumouriez entra à Bruxelles et l'armée française prit ses quartiers d'hiver en *Belgique*.

Deux autres armées françaises prirent au roi de Sardaigne l'une la *Savoie*, l'autre le comté de *Nice*.

Politique de propagande. — Depuis Fontenoy (*1re Année*, p. 247) les armées françaises n'avaient pas connu de pareils succès. Il est vrai qu'elles étaient appelées par les libéraux des pays envahis et aidées par eux. Quand les Français arrivaient, les libéraux réunissaient des *Conventions* locales et proclamaient la république chez eux.

La Convention décréta qu'elle accorderait « fraternité et secours à tous les peuples qui réclament leur liberté » (19 novembre 1792). Il semblait alors que le peuple français fît la guerre non pour annexer des provinces, à la manière des rois, mais pour émanciper les peuples voisins sans leur réclamer rien.

Les annexions. — Il fallait pourtant trouver le moyen de faire vivre les troupes et le trésor public était toujours en déficit. La Convention nationalisa les biens du clergé et des nobles dans les pays occupés, elle y donna cours forcé aux assignats, elle y fit des réquisitions ; alors les habitants se plaignirent.

Pour mettre fin aux difficultés, la Convention obligea les conventions locales à voter, sous la pression des troupes françaises, *l'annexion de leur pays à la France* (janvier 1793). Danton dit à ce propos que la France devait profiter de l'occasion pour conquérir ses *frontières naturelles*.

En janvier 1793, la France se trouva considérablement agrandie, mais les annexions avaient mécontenté les souverains voisins, qui s'entendirent pour recommencer la guerre.

Exécution de Louis XVI. — La Convention avait décidé qu'elle jugerait le roi pour le crime de trahison établi par les papiers découverts après la prise des Tuileries (p. 41). Le procès dura un mois et demi. Le roi fut déclaré coupable presque à l'unanimité. Quand il s'agit de fixer la peine, 334 députés se prononcèrent pour l'emprisonnement ou la mort avec sursis, 387 pour la mort sans sursis. Les monarchistes appelèrent ces derniers les *régicides* ou tueurs de rois. Louis XVI fut exécuté le 21 janvier 1793.

Guerre avec l'Angleterre. — Cette exécution fournit un prétexte aux souverains qu'inquiétaient les agrandissements de la France.

Le gouvernement anglais était mécontent de l'annexion de la Belgique, parce qu'il craignait de voir les Français faire du port d'Anvers le rival de Londres. Il se préparait à la guerre, il n'avait pas reconnu la République française. A la nouvelle de l'exécution de Louis XVI, il expulsa l'ambassadeur de France.

Les républicains français étaient en rapport avec des révolutionnaires anglais : ils s'imaginaient que leurs amis d'Angleterre pourraient renverser le pouvoir établi en Angleterre comme les libéraux l'avaient fait en Belgique, sur les bords du Rhin, en Savoie et à Nice. Aussi la Convention *déclara-t-elle la guerre à l'Angleterre* (1er février 1793).

Coalition européenne. — La France avait ainsi affaire à trois ennemis : *sur terre* la Prusse et l'Autriche, qui avaient un moment suspendu la lutte, mais sans traiter ni désarmer ; *sur mer* l'Angleterre. Les *Etats italiens* et l'*Espagne* s'entendirent avec l'Angleterre. La France leur déclara la guerre.

La France se trouva donc en guerre avec tous ses voisins, sauf la Suisse. Jamais il ne s'était formé contre elle une *coalition aussi forte*.

La loi de réquisition. — La France était alors le pays le plus peuplé de l'Europe ; elle pouvait trouver sur son territoire assez de soldats, mais les volontaires ne s'engageaient pas en nombre suffisant. Dès le mois de février 1793, la Convention fit une *réquisition* de 200 000 hommes et elle envoya dans chaque département deux députés pour surveiller et hâter la levée. Ce furent les premiers *représentants en mission*. Les nouveaux soldats ne furent réunis, équipés et préparés au combat qu'en 1794.

Insurrection de Vendée. — La réquisition amena une insurrection dans les départements catholiques et royalistes de l'Ouest ; les paysans de ces départements étaient depuis longtemps travaillés par les prêtres réfractaires et les nobles qui préparaient un soulèvement royaliste. Le 10 mars 1793, jour fixé pour la levée des soldats réquisitionnés, les *paysans* prirent les armes dans plusieurs cantons en Vendée, en Maine-et-Loire, en Loire-Inférieure. Ainsi commença ce qu'on a appelé la guerre de Vendée. Les insurgés, commandés par des nobles, s'intitulèrent l'*armée catholique et royale*.

Les gardes nationaux des *villes* de l'Ouest restèrent fidèles à la Révolution. Mais la Convention ne put envoyer des soldats en Vendée parce qu'elle avait à défendre toutes les frontières.

Trahison de Dumouriez. — En mars 1793, l'armée *autrichienne* rentra en campagne : elle attaqua Dumouriez en *Belgique*, le battit et le rejeta en France.

Dumouriez craignit d'être destitué; il se mit en relation avec les Autrichiens, conclut un armistice malgré les ordres de la Convention et demanda aux Autrichiens de rester neutres tandis qu'il marcherait sur Paris avec son armée pour dissoudre la Convention et proclamer roi le fils de Louis XVI alors emprisonné. Le général autrichien y consentit, à condition que les places fortes du nord de la France lui seraient livrées.

La Convention, apprenant que Dumouriez négociait avec les ennemis, envoya quatre représentants en mission auprès de lui pour lui ordonner de venir à Paris donner des explications. Dumouriez livra les représentants aux Autrichiens; puis il essaya d'entraîner ses soldats vers Paris. Les volontaires prirent parti contre lui : un de leurs bataillons tira contre Dumouriez. Dumouriez s'enfuit dans le camp autrichien (5 avril 1793).

Le Comité de Salut public. — La nouvelle de la trahison de Dumouriez arrivant après celle de l'insurrection vendéenne produisit à Paris une émotion profonde.

L'assemblée décida de nommer parmi *ses membres* un *Comité* de Salut public, véritable conseil exécutif qui surveillerait les ministres et dirigerait tout particulièrement la guerre et les affaires étrangères. Le Comité de Salut public correspondit avec les représentants en mission; il en fit envoyer auprès de chaque général en chef pour le surveiller, dans chaque département pour assurer l'exécution des mesures de défense. On n'employa plus de nobles comme généraux en chef.

Le Tribunal révolutionnaire. — Sur la proposition de

Danton, la Convention créa à Paris pour juger les traîtres un *Tribunal révolutionnaire* : ses juges n'étaient pas élus, ses jurés n'étaient pas tirés au sort, comme ceux des cours d'assises, mais les uns et les autres étaient *nommés* par l'Assemblée ; ce furent tous des membres de la société des Jacobins.

Lutte entre la Commune et les Girondins. — Les

défaites achevèrent de brouiller les Girondins et les Montagnards. Jusque-là les Girondins appuyés sur la Plaine avaient la majorité dans l'Assemblée ; le Comité de Salut public avait été formé de Girondins.

Mais la Commune de Paris appartenait aux Jacobins : ses membres venaient souvent inviter l'Assemblée à prendre des mesures contre les traîtres. Les Girondins se plaignirent que la Commune voulût exercer une pression sur l'Assemblée. « Il faut, dit l'un d'eux, réduire Paris à son 83e d'influence, comme les autres départements. »

Marat, membre de la Convention, prit parti pour la Commune et attaqua violemment les Girondins dans son journal : puis il proposa à la société des Jacobins qu'on écrivît aux Jacobins des départements pour dénoncer les Girondins comme traîtres. Alors les Girondins firent décider par l'Assemblée que Marat serait mis en accusation devant le Tribunal révolutionnaire. C'était la première fois qu'on prenait une pareille mesure contre un député.

Le Tribunal révolutionnaire acquitta Marat, qui fut ramené en triomphe par le peuple à la Convention.

Chute des Girondins. — Les Girondins firent arrêter un membre de la Commune, Hébert, qui rédigeait un journal violent et grossier intitulé *le Père Duchesne*.

Quelques jours après, la Commune réunit la garde nationale en armes, la fit marcher sur la Convention et demanda la mise en accusation des vingt-deux Girondins les plus influents. Elle ne l'obtint pas (31 mai 1793).

Mais, le 2 juin, le commandant de la garde nationale parisienne fit entourer la Convention par ses troupes en armes, jusqu'à ce qu'elle eût consenti à suspendre et à mettre en arrestation 29 députés girondins.

La Plaine effrayée avait abandonné les Girondins : elle assura dès lors la *majorité des Montagnards*. Le Comité de Salut public fut renouvelé et composé de Montagnards, dont le plus influent était Danton.

Insurrections dans les départements. — Dans les départements auxquels appartenaient les députés arrêtés, leurs partisans demandèrent aux assemblées locales de réunir les gardes nationales pour les mener contre Paris et rétablir les députés dans leurs sièges. Ce qui fut fait en Normandie, à Lyon, à Marseille, à Toulon.

Le Comité de Salut public réprima facilement l'insurrection de Normandie : il fit disperser par des troupes les révoltés de Marseille. Mais à Lyon et à Toulon, les royalistes réussirent à prendre la direction du mouvement dirigé contre la Convention : il fallut que le Comité de Salut public fît assiéger ces deux villes.

Les royalistes de *Lyon* appelèrent à leur secours le roi de

Sardaigne qui faisait la guerre à la France. L'armée française de Savoie dut reculer pour coopérer au siège de Lyon : elle empêcha le roi de Sardaigne de s'unir aux insurgés, mais elle avait évacué la Savoie qu'il fallut reprendre.

A *Toulon*, les royalistes livrèrent le port à une flotte anglaise, espagnole et napolitaine commandée par un amiral anglais. Le

UNE ARRESTATION SOUS LA TERREUR, d'après une peinture du temps.

Le personnage arrêté porte le costume de la classe riche : perruque, habit, culotte courte. A gauche, un homme du peuple avec les cheveux en désordre, la carmagnole ou veston, le pantalon long.

Comité de Salut public dut rappeler l'armée des Alpes qui occupait Nice et une partie de l'armée des Pyrénées orientales pour faire le siège de Toulon.

En Vendée, l'insurrection s'étendait parce que le Comité de Salut public n'avait pas de troupes à lui opposer.

En Bretagne, les paysans royalistes s'étaient soulevés sous le nom de *Chouans*. Tout l'Ouest était insurgé.

Au mois de juillet 1793 le tiers des départements français était en révolte contre la Convention ou tout au moins n'exécutait pas ses ordres. Dans les départements, les hommes de la réquisition ne partaient pas pour le service militaire, les impôts n'étaient pas payés.

Invasion de 1793. — En même temps les armées ennemies envahissaient la France sur toutes les frontières; au Nord les Autrichiens, auxquels s'était jointe une armée anglaise; à l'Est, une autre armée autrichienne que vint rejoindre une armée prussienne.

Si les généraux coalisés s'étaient entendus pour marcher sur Paris pendant qu'une partie de la France était en insurrection, ils auraient eu les plus grandes chances d'entrer dans la capitale et de détruire la République. Mais ils employaient des armées de mercenaires qui coûtaient très cher et leurs souverains leur donnaient l'ordre de ménager leurs hommes, tandis que les généraux républicains, à qui les soldats ne coûtaient rien, étaient plus disposés à risquer de grandes batailles. De plus les souverains voulaient annexer des provinces frontières de la France pour se payer des frais de la guerre; ils ordonnèrent à leurs généraux d'aller chacun de son côté *assiéger des places fortes* qu'ils désiraient prendre et garder. Ainsi l'armée anglaise alla assiéger le port de *Dunkerque*, l'armée autrichienne *Valenciennes*, l'armée prussienne *Mayence*. Cette guerre de sièges donna au Comité de Salut public quelques mois de répit et lui permit de commencer à préparer des troupes; mais elle ne pouvait toujours durer.

Valenciennes capitula en juillet et les Autrichiens vinrent assiéger Maubeuge. Mayence capitula à la même époque et les Prussiens entrèrent en Alsace.

Politique de Danton. — Danton, qui dirigeait le Comité de Salut public, essaya d'engager des négociations pour la paix. Les souverains étrangers, victorieux partout, refusèrent de traiter : plusieurs ne firent même pas répondre aux avances de Danton.

A l'intérieur Danton essaya de terminer la guerre civile par la conciliation : il n'y réussit pas davantage. Le seul résultat de ses efforts fut la *Constitution de l'an I* ou de 1793.

Cette Constitution fut rédigée parce que la Convention avait été réunie pour reviser la Constitution; les Girondins avaient préparé un projet de Constitution nouvelle; Danton ne voulut pas qu'on pût reprocher aux Montagnards d'avoir chassé les

Girondins pour ajourner le vote de la Constitution et se maintenir ainsi au pouvoir. Aussi les Montagnards préparaient-ils une nouvelle Déclaration des Droits et une nouvelle Constitution qui furent votées en juin 1793.

Nouvelle Déclaration des Droits. — La Déclaration des Droits de 1793 affirme les mêmes principes que celle de 1789.

COUR D'UNE PRISON SOUS LA TERREUR, D'APRÈS UNE PEINTURE DU TEMPS REPRÉSENTANT LA RÉCRÉATION DES DÉTENUS (Musée Carnavalet).

Les suspects étaient enfermés jusqu'à la paix dans des édifices publics, pour la plupart des couvents ou collèges congréganistes nationalisés en 1789 avec les autres biens du clergé. A droite, plusieurs détenus jouent, d'autres les regardent, d'autres se promènent en causant.

Elle ajoute que la société doit à tous ses membres l'*instruction*, qu'elle doit leur donner du *travail* s'ils n'en ont pas, qu'elle doit enfin leur fournir des *moyens d'existence* s'ils sont trop pauvres ou trop âgés.

Elle declare : « Un peuple a toujours le droit de revoir, de réformer et de changer sa constitution. Une génération ne peut assujettir à ses lois les générations futures. »

Enfin elle dit : « Quand le gouvernement viole les droits du peuple, l'*insurrection* est pour le peuple et pour chaque *fraction du peuple*, le plus sacré des droits et le plus indispensable des devoirs. » Cet article était fait évidemment pour rassurer les insurgés, que Danton espérait ramener à la Convention par la douceur.

Constitution de 1793. — La Constitution de 1793 est la plus radicale que la France ait eue.

Elle maintient le suffrage universel (p. 40). Elle établit les *élections directes* comme aujourd'hui, au lieu des élections à deux degrés (p. 22).

Elle donne le pouvoir législatif à une Chambre élue pour *un an* seulement, le pouvoir exécutif à un Conseil élu par les Chambres.

La Constitution de 1793 fut soumise au vote du peuple : elle fut acceptée par plus de 1 million de *oui* contre moins de 12 000 *non*; après le vote toutes les assemblées électorales envoyèrent des délégués à la Convention pour lui porter leur acceptation et lui témoigner leur confiance.

Ajournement de la Constitution. — Le vote sur la Constitution et les délégations avait été organisé par les Sociétés des Jacobins des départements. Arrivés à Paris, les délégués furent reçus par la Société des Jacobins. Les principaux des Jacobins leur exposèrent qu'on ne pouvait appliquer la Constitution avant que la guerre fût achevée, qu'il fallait demander à la Convention d'ajourner la Constitution, de garder le pouvoir *jusqu'à la paix* et de prendre toutes les mesures nécessaires contre les insurgés et les ennemis.

Les délégués se laissèrent convaincre. Dans la séance du 12 août 1793, ils vinrent demander à la Convention d'ajourner la Constitution et de voter des *lois d'exception* contre les traîtres et les suspects. La Convention accepta ce mandat. « Les délégués, dit à ce propos Danton, viennent d'exercer parmi nous l'initiative de la *Terreur*. »

En souvenir de ce mot, on a appelé *Terreur* le régime de la France à l'époque des mesures extrêmes (1793-94). Le

Comité de Salut public appela *Gouvernement révolutionnaire* l'ensemble de ces mesures. Le 10 octobre, il fit décréter par la Convention : « Le Gouvernement provisoire de la France sera révolutionnaire jusqu'à la paix ».

Le gouvernement révolutionnaire. — Le gouvernement révolutionnaire est dirigé par deux Comités élus par la Convention et qu'on appelle ordinairement Comités de gouvernement.

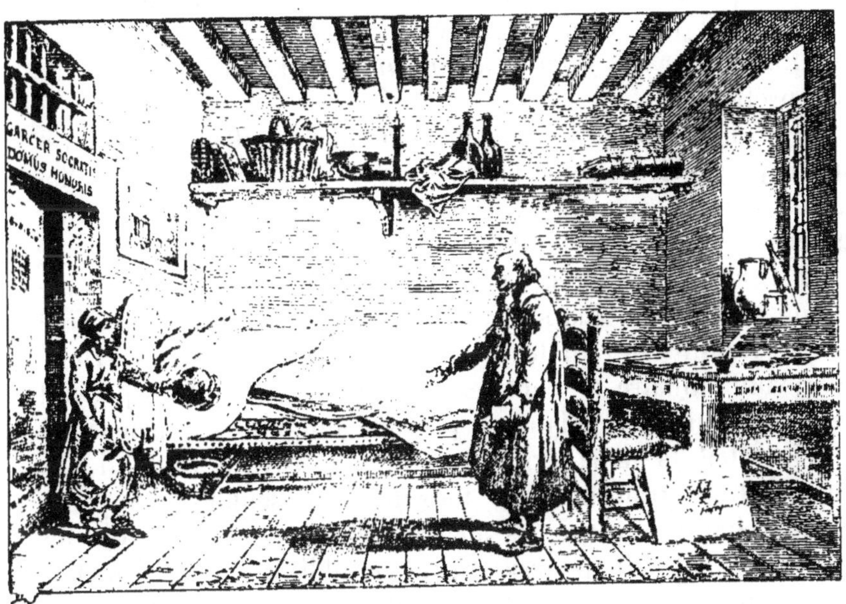

CELLULE D'UN PRISONNIER SOUS LA TERREUR, d'après un dessin du peintre HUBERT ROBERT, daté de 1793, représentant l'artiste à Sainte-Pélagie.

L'un est le *Comité de Salut public* (p. 48), composé de 12 membres. Danton en est sorti après l'échec de sa politique. Robespierre devient le personnage important de ce comité en septembre 1793.

L'autre Comité est le *Comité de sûreté générale*, chargé de diriger la police politique et de faire arrêter les traitres : il se compose des terroristes les plus résolus.

Dans les départements, l'autonomie (p. 23) accordée par la Constitution de 1791 avait donné beaucoup de facilité aux insurrections. Elle est momentanément suspendue. Des *représentants en mission* (p. 47) prennent dans chaque département tous les pouvoirs, comme l'intendant de l'ancien Régime : les représentants étaient choisis parmi les Montagnards les plus éprouvés. Arrivés à destination, ils se mettaient en rapport avec la société locale des Jacobins, et, suivant ses indications, ils *épuraient* les administrations élues et le corps des fonctionnaires en destituant ceux qui leur paraissaient trop peu révolutionnaires. Les conseils élus de département et de district institués par la Constitution de 1791 furent à peu près supprimés : les représentants mirent à la tête des subdivisions administratives des *agents nationaux*, sorte de préfets et de sous-préfets.

On revint ainsi à la centralisation, mais toutes ces mesures étaient présentées comme provisoires et temporaires ; ainsi elles ne pouvaient « se confondre avec les lois des tyrans », suivant les termes du Comité de Salut public.

La Terreur. — Depuis la trahison de Dumouriez et l'insurrection de Vendée (mars 1793), les accusés politiques étaient (p. 49) traduits devant le Tribunal révolutionnaire. Le Tribunal révolutionnaire se composait de quatre Chambres jugeant simultanément. Il condamnait presque toujours les accusés et la peine était la mort. La Convention envoya devant lui non seulement les traîtres, mais tous les représentants des partis vaincus. Bailly et plusieurs anciens Constituants monarchistes qui avaient fait jadis poursuivre les républicains, les Girondins arrêtés en juin furent condamnés et exécutés. Les femmes ne furent pas épargnées : Marie-Antoinette, Mme Roland et beaucoup d'autres périrent sur l'échafaud.

A Paris, la guillotine fut établie en permanence sur deux places publiques : des exécutions avaient lieu presque tous les jours. De mars 1793 à juillet 1794, 2596 personnes furent exécutées à Paris.

Dans les départements, il y eut des condamnations et des exécutions partout où des insurrections avaient été réprimées, par exemple à *Nantes* après la défaite des Vendéens, à *Lyon*, à *Toulon* après la reprise de ces villes : il y en eut aussi dans les départements où le Comité avait envoyé en mission des terroristes sans pitié. Mais dans la majorité des départements la guillotine ne fut pas dressée.

Le Comité de Salut public faisait exécuter rigoureusement les ordres qu'il donnait : mais il rappela les représentants en mission qui dépassaient leurs instructions. Ainsi Carrier, qui à Nantes faisait noyer par douzaines les prisonniers vendéens et les prêtres réfractaires, fut rappelé et menacé d'être mis en jugement. Il en fut de même pour Fouché et Collot d'Herbois

DÉSAFFECTATION OFFICIELLE D'UNE ÉGLISE SOUS LA TERREUR,
d'après une peinture du temps conservée au musée Carnavalet.

Les citoyens d'un villlage, précédés d'un tambour et de fifres, enlèvent les reliques, les objets du culte, les vêtements sacerdotaux, en imitant par dérision les gestes et les attitudes des membres du clergé.

qui avaient fait mitrailler en masse les prisonniers lyonnais.

La loi des suspects. — Le gouvernement révolutionnaire ne se contenta pas de punir ceux qu'il croyait coupables de trahison. Il imagina de faire arrêter par mesure de précaution tous ceux qui étaient soupçonnés de pouvoir trahir à l'occasion ou simplement de n'être pas républicains. Une loi fut proposée à cet effet par un membre de la Plaine, le jour où l'on apprit que Toulon venait d'être livré aux Anglais. Elle fut adoptée sous le nom de *loi des suspects* (17 septembre 1793).

Les suspects, pour la plupart des nobles et des riches, étaient dénoncés par des comités de surveillance locaux recrutés dans les sociétés des Jacobins; ils étaient enfermés et devaient rester détenus jusqu'à la paix. La loi des suspects fut appliquée dans tous les départements.

La question des subsistances. — La Convention eut à se préoccuper de la question des subsistances *à Paris*. Chaque hiver le prix du pain et des objets nécessaires à la vie augmentait pour les raisons déjà indiquées (p. 9) et les gens du peuple venaient s'en plaindre à l'Assemblée. Les journalistes qui voulaient plaire au peuple, comme Marat et Hébert, plaignaient sa misère, mais ils n'en démêlaient pas les vraies causes : ils s'imaginaient en effet que l'altération des prix était produite artificiellement par des accapareurs qui achetaient les produits en masse et les cachaient jusqu'au jour où ils avaient atteint le plus haut prix possible.

La Convention hésita longtemps à prendre des mesures contre les accapareurs. Enfin, à l'époque du gouvernement révolutionnaire, elle décréta que le prix des denrées ne pourrait être porté au-dessus d'un *maximum* fixé par les autorités (11 septembre 1793). Quelques jours après, elle fixa un *maximum* des salaires. Ces mesures, qui atteignaient l'une les marchands, l'autre les ouvriers, ne furent pas sérieusement appliquées.

L'agitation sociale. — Dès les premiers temps de la République quelques révolutionnaires commencèrent à plaider la cause des pauvres contre les riches. Ils disaient : « A l'aristocratie nobiliaire et sacertodale a succédé l'aristocratie bourgeoise et mercantile ». Ils réclamaient « le nivellement de la société ». c'est-à-dire l'égalité des fortunes qui compléterait l'égalité des individus proclamée par la Déclaration des Droits. « Il faut, disaient-ils, dépouiller le riche pour vêtir le pauvre. »

La Convention se prononça contre ces doctrines, dont les représentants furent surnommés les *Enragés*. Le Comité de Sûreté générale fit arrêter ceux qui les propageaient. En mars 1793 la Convention décréta « la peine de mort contre quiconque proposera une loi agraire (c'est-à-dire le partage des terres) ou toute autre subversion des propriétés territoriales, commerciales et industrielles ». Comme la Déclaration de 1789, celle de

1793 mit le *droit de propriété* au nombre des droits de l'homme.

Mesures financières. — Pourtant, dans la période de dangers, la Convention fut amenée à voter un emprunt forcé sur les *riches* : dans les départements envahis plusieurs représentants en mission levèrent des contributions spéciales sur les riches ou sur les « aristocrates ». Mais c'étaient là des mesures d'exception qui devaient cesser avec la guerre.

Sous la Convention le déficit du Trésor s'agrandit encore à cause des insurrections qui empêchaient de percevoir les impôts et des guerres qui coûtaient cher. Le gouvernement dut émettre sans cesse de nouveaux *assignats*; le papier-monnaie, lancé en trop grande quantité, n'inspira plus confiance. 100 francs en assignats ne passaient que pour 72 francs en 1792, 18 en 1795. La Convention décréta la peine de mort contre ceux qui n'accepteraient pas les assignats pour leur valeur nominale; mais ce décret ne put être appliqué.

Mœurs révolutionnaires. — Dans la période de dangers, les riches, craignant de passer pour suspects ou d'être frappés d'impôts, cachèrent leur fortune. On cessa de donner des fêtes. On se mit à vivre simplement, à porter des costumes modestes. On vit même des membres de la Commune de Paris s'habiller en ouvriers avec le pantalon au lieu de la culotte courte, la carmagnole (veston), porter des sabots et coiffer le bonnet rouge; mais ces habitudes ne s'étendirent pas aux membres de la Convention et elles ne durèrent pas.

On prit l'habitude de s'appeler *citoyen*, *citoyenne*, et de se *tutoyer*.

L'ère chrétienne fut remplacée par l'ère de la liberté commençant le jour de la proclamation de la République (22 septembre 1792). Le calendrier fut changé. L'année républicaine fut divisée en mois de 30 jours, subdivisés en décades de 10 jours suivant le système décimal. Pour arriver au chiffre de 365 jours par an, on ajoutait, après le dernier mois, des jours supplémentaires appelés sans-culottides. Chaque mois reçut un nom nouveau emprunté aux caractères de saisons, vendémiaire, brumaire, etc. Chaque jour reçut le nom d'une plante, d'une fleur, d'un objet utile, pour remplacer les noms des « ci-devant saints ».

Beaucoup de communes changeaient les noms qui rappelaient les « superstitions » ou les « tyrans » pour des noms plus révolutionnaires. Saint-Malo devint Port-Malo, Bar-le-Duc Bar-sur-Ornain, Montmartre Mont-Marat.

La levée en masse. — Le Comité de Salut public terroriste, dirigé par Robespierre, fit décréter que la République française ne traiterait pas avec les ennemis tant qu'ils occuperaient son territoire. C'est ce qu'on appela la *guerre à outrance*. « Avez-vous donc fait un pacte avec la victoire? » demanda un membre de la Convention. « Non, répondit l'un des Montagnards, mais nous en avons fait un avec la mort. »

Pour avoir des soldats, le Comité fit décréter que tous les Français étaient mis en réquisition permanente pour le service des armées (16 août 1793). C'est ce qu'on appelle la *levée en masse*. Tous les hommes de dix-huit à vingt-cinq ans devaient former des bataillons dont les drapeaux porteraient l'inscription suivante : « Le peuple français debout contre les tyrans ». Le Comité ne put faire lever les jeunes gens partout ; même parmi ceux qui partirent, il n'employa que les meilleurs. En tous cas ce fut la première application du *service* militaire *obligatoire* et universel.

L'amalgame. — Il n'y avait plus aucune raison pour maintenir la distinction entre les régiments de soldats à uniforme blanc et les bataillons de volontaires ou réquisitionnés à uniforme bleu (p. 35).

La Convention décréta qu'on ferait l'*amalgame*; chaque demi-brigade (régiment) comprit deux bataillons de *bleus* et un bataillon d'anciens ou blancs. L'habit bleu fut donné à tous les soldats sans distinction.

Comme les effectifs avaient été considérablement augmentés et comme le gouvernement manquait d'argent, il fut très difficile d'équiper les armées françaises ou de renouveler les habits et les souliers qui s'usent très vite en campagne. Les soldats de la Convention furent en général mal vêtus, mal chaussés. Ils auraient dû recevoir à périodes régulières du pain, de la viande, de l'eau-de-vie; mais les distributions se faisaient mal et en quantité insuffisante; les armées étaient souvent affamées.

Des habitudes de maraude et de pillage avaient été prises au début de la guerre. On ordonna aux généraux de les réprimer. Les pillards et les indisciplinés furent fusillés.

Les grandes armées. — Le Comité de Salut public et les généraux républicains habitués au service de sept ans n'avaient pas une confiance extrême dans les troupes de nouvelle levée : ils comptaient surtout sur le nombre pour obtenir la victoire. « Le principe établi par Frédéric II et celui de tous les grands généraux, déclara le Comité de Salut public, est d'avoir de grandes armées en masse plutôt que de partager ses forces. »

CARNOT, officier du génie, membre du Comité de Salut public et chargé des affaires militaires, prescrivit aux généraux de concentrer le plus grand nombre possible de soldats et d'attaquer toujours l'ennemi en forces supérieures. Il leur prescrivit aussi de prendre l'offensive dès que la concentration des troupes serait faite. Les grandes batailles furent livrées avec des armées de 60 à 80 000 hommes, ce qui paraissait un effectif énorme à cette époque.

Les nouveaux généraux. — Les généraux furent rendus responsables des défaites. Après la perte de Mayence, deux généraux nobles, Custine et Beauharnais, furent arrêtés, condamnés à mort et exécutés. Les arrestations et les exécutions de généraux continuèrent. Les représentants en mission auprès des armées avaient pouvoir de destituer et de faire arrêter les officiers.

On finit par ne trouver personne qui voulût commander en chef. Le Comité eut recours alors à des hommes nouveaux qui devaient tout à la Révolution et qui paraissaient disposés à bien la servir. On vit à cette époque des avancements d'une rapidité inouïe. Des soldats de l'Ancien Régime devinrent en quelques mois généraux en chef, MARCEAU à vingt-quatre ans, HOCHE à vingt-cinq, JOURDAN à trente, PICHEGRU à trente-deux.

Hondschoote et Wattignies. — Une grande armée fut réunie dans le Nord pour débloquer Dunkerque assiégé par les Anglais. Le général Houchard, qui la commandait, battit les Anglais à *Hondschoote* près de Dunkerque (8 septembre 1793) et les obligea à lever le siège ; mais il n'osa les poursuivre parce qu'il n'avait pas confiance dans ses troupes. Le Comité le traduisit devant le Tribunal révolutionnaire ; il fut condamné et guillotiné.

Une autre grosse armée fut réunie contre les Autrichiens qui assiégeaient Maubeuge ; un général nouveau, Jourdan, la commandait : il attaqua les Autrichiens retranchés dans le village de *Wattignies* et les délogea après deux jours de lutte (16 octobre). Maubeuge fut débloqué.

Wissembourg. — Dans l'Est, les Prussiens et les Autrichiens assiégeaient Landau à la frontière d'Alsace. L'armée de Metz commandée par Hoche se joignit sur les ordres du Comité à l'armée de Strasbourg commandée par Pichegru. Hoche reçut le commandement des deux armées. Ses troupes attaquèrent l'armée autrichienne retranchée sur les collines de *Wissembourg* aux cris de : « Landau ou la mort! » Les Autrichiens furent battus (26 décembre) et Landau débloqué.

L'armée française passa la frontière et vint assiéger Mayence. En janvier 1794, la guerre était reportée aux frontières.

Fin des insurrections. — A la même époque les insurrections étaient écrasées. *Lyon* fut repris le 9 octobre, *Toulon* le 18 décembre 1793.

En *Vendée*, l'armée catholique et royale avait réussi à passer la Loire : elle se dirigea sur Granville, port fortifié du Cotentin qu'elle espérait prendre pour se mettre en relations avec les Anglais. Granville résista et les Vendéens durent battre en retraite. Une armée commandée par Marceau leur barra le passage et détruisit leurs forces dans deux batailles au *Mans* et à *Savenay* (décembre 1793).

Les débris des insurgés de Vendée regagnèrent les cantons insurgés et continuèrent une petite guerre de partisans, mais ils ne purent plus repasser la Loire. La grande guerre de Vendée était terminée.

Questionnaire.

La Convention en 1793. — Comment fut établie la République? Influence des Jacobins sur les élections. Division des anciens jacobins. Girondins. Montagnards. Principaux montagnards. La Plaine. Son importance numérique.

Où était l'armée prussienne? Importance de la journée de Valmy. Pourquoi le roi de Prusse se retira-t-il?

Conquêtes de 1792. Révolution dans les pays occupés. Qu'est-ce que la politique de propagande et ses effets? Qu'est-ce que la politique des frontières naturelles? Ses raisons.

Lutte contre l'Europe. — Pourquoi Louis XVI fut-il condamné? Pourquoi la guerre fut-elle déclarée à l'Angleterre? Qu'espéraient les républicains français? De quels états se composa la coalition?

Qu'est-ce que la réquisition? Différence entre un réquisitionné et un volontaire. Causes du soulèvement de Vendée et de l'Ouest. Qui resta fidèle à la République? Défaite de Dumouriez. Sa trahison.

Le Comité de Salut public. Ses pouvoirs. Le tribunal révolutionnaire. Différence avec les tribunaux ordinaires.

Rôle de la Commune de Paris. Politique des Girondins. Journées du 31 mai et du 2 juin. Leurs conséquences. Causes des insurrections départementales. Principaux centres d'insurrection. Qui prit la direction des insurrections? Que voulaient les souverains coalisés? Que firent leurs généraux? Succès des Autrichiens; des Prussiens.

Efforts de Danton à l'extérieur; à l'intérieur. Pourquoi fut votée la Constitution de l'an I.

Le gouvernement révolutionnaire. — Nouvelle Déclaration des Droits. Différence entre la Constitution de 1793 et celle de 1791. Comment la Constitution fut-elle ratifiée? Pourquoi fut-elle ajournée? Jusqu'à quelle époque? Origine du mot Terreur. Le gouvernement révolutionnaire; au centre; dans les départements. Qu'était-ce que les représentants en mission? Modifications des administrations. Dans quel sens? Ces modifications étaient-elles définitives? Les exécutions à Paris; en province. Qu'était-ce que les suspects? Que faisait-on d'eux?

Qu'est-ce que le maximum? Pourquoi fut-il voté? Fut-il respecté?

Qu'était-ce que les Enragés? La Convention défendit-elle la propriété? Comment?

Les emprunts forcés. Qu'est-ce que les assignats? Pourquoi se dépréciaient-ils?

La guerre à outrance. — Politique du Gouvernement terroriste. Qu'est-ce que la guerre à outrance? La levée en masse. L'amalgame. Le nouvel uniforme. La discipline.

Tactique prescrite par Carnot. Pourquoi? Les grandes armées? Mesures contre les généraux. Les nouveaux généraux.

Sur qui furent remportées les victoires d'Hondschoote, de Wattignies, de Wissembourg? Leurs résultats. Fin des insurrections.

SUJETS COMPLÉMENTAIRES

Le gouvernement révolutionnaire dans les départements; exemples locaux.
La question des subsistances pendant la Révolution.
Généraux de la Révolution : Hoche, Marceau, Jourdan.

CHAPITRE V

LA CONVENTION NATIONALE

(DEUXIÈME PARTIE)

(1794-1795).

Le culte de la Raison. — La République n'était pas encore sauvée; néanmoins dès que les dangers extrêmes semblèrent passés, les montagnards se divisèrent.

La première scission se fit sur la question religieuse. La Convention avait appliqué rigoureusement le décret de la Législative qui bannissait les prêtres réfractaires : tous ceux qui étaient découverts en France étaient guillotinés.

En même temps elle avait maintenu la liberté des cultes, à condition que le culte catholique fût célébré uniquement par des prêtres assermentés. Les assermentés furent pourtant souvent considérés comme suspects : pour montrer qu'ils avaient rompu avec Rome, beaucoup se *marièrent*.

Certains représentants en mission obligeaient les prêtres à se marier. D'autres faisaient la guerre à ce qu'ils appelaient les superstitions, c'est-à-dire qu'ils supprimaient les pèlerinages et faisaient détruire les reliques. Quelques-uns enfin prétendirent *déprêtriser* les « calotins »; ils supprimèrent le port de la soutane, firent abattre les croix et fermer les églises. « Il est temps, écrivait un agent national, que la perversité de la calotte cesse enfin d'entraver la marche révolutionnaire. » Un représentant en mission écrivait : « Je fais disparaître les crucifix et les croix, et bientôt je comprendrai dans la proscription les animaux noirs appelés prêtres. »

Le Comité de Salut public désapprouva ces mesures. « Pénétrez-vous bien de cette vérité, écrivait-il, qu'on ne commande point aux consciences. »

Mais la Commune de Paris, composée de gens très révolution-

UN MARIAGE CIVIL SOUS LA CONVENTION

Sous l'Ancien Régime, les curés de chaque paroisse tenaient les registres des baptêmes, enterrements. Le mariage ne pouvait être célébré qu'à l'église. Après la révolution du 10 août 1792, l'Assemblée Législative chargea les maires de tenir à la place des curés les registres de l'État civil. Dès lors le mariage civil fut obligatoire, le mariage religieux facultatif. Sous la Convention beaucoup de personnes commencèrent à se marier à la mairie seulement. Tel fut le cas du général Bonaparte, alors partisan de la Révolution.

naires qui faisaient partie du Club des Cordeliers, plus avancé que celui des Jacobins, encouragea le mouvement anti-religieux. A son instigation, l'archevêque de Paris et ses vicaires vinrent déposer leurs ornements sacerdotaux à la barre de la Convention, puis ils se coiffèrent du bonnet rouge et déclarèrent : « Il ne doit plus y avoir d'autre culte national que celui de la Liberté et de la sainte Égalité. »

Quelques jours après, la Commune fit supprimer le culte catholique à Notre-Dame; on y célébra à la place une fête laïque en l'honneur de la *Raison*. Ce nouveau culte fut introduit dans plusieurs départements.

Exécution des Cordeliers. — Les chefs de la Montagne protestèrent. Danton déclara : « Je demande qu'il n'y ait plus de mascarade anti-religieuse dans le sein de la Convention ». Robespierre fit aux Jacobins un grand discours dans lequel il dit : « L'athéisme est aristocratique. L'idée d'un grand Être qui veille sur l'innocence opprimée et qui punit le crime triomphant est toute démocratique. »

Le Comité de Salut public rappela que la Déclaration des Droits accordait liberté à tous les cultes conformes à la Constitution et il fit respecter cette liberté (6 décembre).

Les membres de la Commune et les *Cordeliers* mécontents essayèrent de préparer une insurrection parisienne contre la Convention. Ils furent arrêtés, condamnés et exécutés (24 mars 1794).

Exécution des dantonistes. — Ce fut ensuite le tour des *indulgents*. On appelait ainsi ceux qui croyaient que la Terreur n'avait plus d'objet depuis les victoires et qui demandaient la fin des mesures extrêmes. Leur chef était DANTON : à côté de lui se trouvait le journaliste et député Camille DESMOULINS. Dans la nuit du 30 au 31 mars 1794, le Comité de Salut public fit arrêter, sans consulter la Convention, Danton, Desmoulins et deux autres députés. Leurs amis essayèrent de protester à l'Assemblée le lendemain; mais ils furent réduits au silence par les partisans de Robespierre qui terrorisaient la majorité.

Danton et ses amis furent traduits devant le Tribunal révolutionnaire. Danton s'y défendit en invoquant les services qu'il avait rendus.

Les robespierristes virent qu'il serait acquitté si on le laissait parler. Ils firent immédiatement voter par la Convention une loi qui permettait au tribunal de condamner les accusés sans les entendre. Danton et ses amis furent condamnés en leur absence par le tribunal révolutionnaire et exécutés le 5 avril 1794.

Robespierre. — Pendant près de quatre mois, Robespierre fut le maître au Comité de Salut public et à la Convention. Robespierre, alors âgé de trente-cinq ans, était un avocat d'Arras qui avait représenté la bourgeoisie aux États généraux de 1789. Correct dans sa tenue, austère, il méritait le surnom d'incorruptible que ses amis lui avaient donné. Il n'improvisait pas comme Danton, il écrivait ses discours et les récitait : il s'était fait une réputation d'orateur et de philosophe au club des Jacobins.

Une fois au pouvoir, Robespierre voulut, à ce qu'il semble, établir en France une république déiste et austère à la manière de Rousseau. Il présenta un rapport sur les principes de *la morale politique* et il fit voter la Déclaration suivante : « Le peuple français reconnaît l'existence de l'Être suprême et l'immortalité de l'âme ». L'ancien évêque « déprêtrisé » de Paris fut condamné à mort et exécuté « pour avoir voulu effacer toute idée de la divinité et fonder le gouvernement sur l'athéisme ».

Le 8 juin 1794, Robespierre fit célébrer au Champ de Mars une grande fête en l'honneur de l'*Être suprême*. Tous les députés y assistaient, Robespierre la présidait; il mit solennellement le feu à un mannequin qui représentait l'athéisme et il prononça un discours.

D'autre part, Robespierre et ses amis annonçaient un projet d'*impôt sur le revenu* qui enlèverait aux riches leur superflu pour le donner aux pauvres; ils promettaient d'appliquer les deux principes sociaux de la Déclaration de 1793 : droit au travail, droit à l'*assistance*.

Le fort de la Terreur (juin-juillet 1794). — En même temps Robespierre aggravait le régime de la Terreur. L'un de ses amis fit voter le décret du 22 prairial (12 juin 1794) qui permettait de traduire devant le Tribunal révolutionnaire « ceux qui auront cherché à dépraver les mœurs » et de les condamner même sur des preuves morales. De janvier 1793 au 12 juin 1794 il y avait eu à Paris 1 220 exécutions; du 12 juin au 29 juillet 1794 il y en eut 1 376.

Ceux que Robespierre accusait de dépraver les mœurs étaient des représentants qui avaient abusé de leurs missions dans les départements pour extorquer de l'argent et commettre des excès de pouvoir; ils furent rappelés à Paris et menacés d'accusation. Or presque tous, par intérêt, s'étaient proclamés terroristes; ils avaient des amis parmi les membres les plus avancés des deux comités de gouvernement.

Ces membres étaient inquiets du pouvoir que prenait Robespierre et ils craignaient de le voir se faire dictateur. Ils eurent peur aussi que Robespierre voulût se débarrasser d'eux avant d'établir la république de ses rêves.

Le 8 thermidor (26 juillet) Robespierre vint à la Convention et prononça un discours où il parlait de frapper « une poignée de fripons » sans nommer personne. Les membres qui se sentaient désignés s'entendirent avec les modérés de la Plaine qui comptaient mettre fin à la Terreur en frappant Robespierre, et ils s'assurèrent ainsi la majorité.

Le 9 thermidor an II. — Le lendemain, 27 juillet, quand Robespierre se présenta à la Convention, Tallien, l'un des représentants rappelés et menacés d'accusation, monta à la tribune et affirma que Robespierre et ses amis se préparaient à massacrer les députés patriotes. Robespierre essaya de répliquer; mais les conjurés firent un bruit continu pour étouffer ses paroles. Au milieu du tapage, la Convention vota l'arrestation de Robespierre et de quatre de ses amis. Ils furent aussitôt conduits en prison.

Mais les prisons étaient sous l'administration de la Commune de Paris composée de robespierristes. La Commune délivra les accusés et les installa à l'Hôtel de Ville : elle se mit en rapports avec le Club des Jacobins et convoqua les gardes nationales pour les conduire contre la Convention. Pendant toute la journée on put croire qu'un nouveau 10 août allait se produire. Mais Robespierre ne sut pas donner d'ordres.

La Convention, au contraire, réunit les soldats et les gardes nationaux fidèles. Dans la nuit du 9 au 10 thermidor, les forces de la Convention envahirent l'Hôtel de Ville. Robespierre fut blessé d'un coup de pistolet puis arrêté ainsi que ses amis les membres de la Commune et les principaux Jacobins. Tous furent guillotinés le lendemain.

Gouvernement de la Plaine. — C'étaient les terroristes qui avaient renversé Robespierre; ils s'imaginaient garder le pouvoir et continuer la Terreur. Mais la *Plaine*, qui formait la majorité, se détacha d'eux : elle fit arrêter les exécutions et mettre en jugement Carrier, qui avait fait noyer en masse des Vendéens à Nantes. La Société des Jacobins prit parti pour Carrier. La Convention fit *fermer le Club des Jacobins*, qui ne fut jamais rouvert (12 novembre 1794).

Elle laissa revenir les Girondins et tous les députés proscrits. Enfin elle décida de faire arrêter et poursuivre les terroristes les plus avancés.

Dernières journées populaires. — On était alors dans les premiers mois de 1795 ; l'hiver était rude et les denrées hors de prix. Les habitants du faubourg ouvrier Saint-Antoine prirent les armes, et marchèrent sur la Convention en réclamant : 1° du pain ; 2° la Constitution de 1793 ; 3° la liberté des patriotes détenus, c'est-à-dire des terroristes. Un premier mouvement échoua le *12 germinal an III* (1er avril 1795).

Le *1er prairial* (20 mai) l'insurrection recommença ; la Convention fut envahie, un député tué et les insurgés formèrent un gouvernement provisoire avec des députés montagnards. Le lendemain les gardes nationales des quartiers bourgeois et tous les soldats disponibles commandés par le général Pichegru cernèrent le faubourg Saint-Antoine, désarmèrent les gardes nationaux et arrêtèrent les chefs de l'émeute.

Sept députés qui avaient pris parti pour les insurgés furent condamnés à mort et exécutés. On les a appelés les *derniers montagnards*.

Les pauvres furent exclus de la garde nationale comme sous la Constituante ; on leur fit rendre leurs armes. Désormais il n'y eut plus de mouvements populaires à Paris.

La Terreur blanche. — La Convention de 1795, dirigée par les modérés, suspendit l'application de la loi des suspects (p. 57) et relâcha les détenus. Elle supprima le Tribunal révolutionnaire (p. 49) et fit guillotiner 16 de ses membres (31 mai 1795). Elle décida qu'elle n'appliquerait pas la Constitution de 1793, trop démocratique, et se mit à en préparer une autre qui fut la Constitution de l'an III (p. 79).

Les députés influents se rapprochèrent de la bourgeoisie riche. La bourgeoisie, rassurée, recommença à donner des fêtes et des bals. Les jeunes gens riches, ceux qu'on appelait la *jeunesse dorée*, se mirent à porter des vêtements d'une coupe recherchée pour se distinguer du peuple; on appelait les élégants, des *incroyables*, les élégantes, des *merveilleuses*.

Les riches ne cachaient plus leur haine pour le régime de 1793-94. Plusieurs mirent à la mode une coiffure appelée coiffure à la victime. On donna des bals de victimes où n'étaient invités que les parents des personnes guillotinées pendant la Terreur.

Dans les départements où avaient eu lieu des répressions sanglantes, les royalistes et les catholiques prirent les armes pour se venger des terroristes. Ainsi, à Lyon, à Marseille et dans toute la Provence, des bandes armées tuèrent ou maltraitèrent ceux qui avaient exercé des fonctions sous la Terreur et exercèrent des représailles sur leurs femmes et leurs enfants. C'est ce qu'on appelle la *Terreur blanche*.

Quiberon. — En Bretagne et en Vendée, les insurrections catholiques et royalistes recommencèrent. Les frères de Louis XVI crurent que le moment était venu de rétablir la royauté. Ils s'adressèrent au gouvernement anglais qui leur donna son appui.

Une flotte de guerre anglaise vint mouiller près de la presqu'île de Quiberon en Bretagne; elle y débarqua plusieurs centaines d'émigrés, restes de l'armée de Condé (p. 32), qui portaient l'uniforme anglais; elle déposa aussi des armes qui furent distribuées aux *chouans* ou insurgés bretons, venus au nombre de 14 000 à la rencontre des Anglais et des émigrés.

Les insurgés devaient s'unir aux Vendéens et marcher sur Paris. Le général Hoche, qui commandait à Rennes, ne leur en donna pas le temps. Il accourut avec tout ce qu'il put réunir de troupes et bloqua les bandes de chouans et les émigrés dans la presqu'île de Quiberon; puis il les fit attaquer sans tarder et les refoula jusqu'à la mer. Une partie s'échappa sur des bateaux et rejoignit les navires anglais mouillés au large; tous les autres furent pris au nombre de 6 262 (juillet 1795). La Convention fit grâce aux chouans; mais 700 émigrés pris sous l'uniforme anglais furent fusillés comme traîtres dans la plaine d'Auray.

Insurrection royaliste à Paris. — A cette époque la Convention achevait la Constitution de l'an III. La majorité de l'Assemblée était modérée, mais elle se composait de députés qui avaient voté la mort du roi et qui craignaient des représailles si la royauté était rétablie. Après les avertissements de la Terreur blanche et de Quiberon, les Conventionnels prirent une mesure d'exception pour assurer la majorité aux républicains dans les deux Assemblées qui allaient remplacer la Convention. Ils décidèrent qu'elles seraient composées pour les *deux tiers* au moins d'anciens Conventionnels et que si les électeurs n'envoyaient pas aux assemblées le nombre indiqué, la Convention, avant de se séparer, le compléterait d'office.

Cette résolution, qu'on appela le décret des deux-tiers, enlevait aux royalistes l'espoir qu'ils nourrissaient de prendre la majorité aux élections de 1795. Ils essayèrent de recourir aux armes.

Le 13 vendémiaire an IV (*6 octobre* 1795), les gardes nationaux des quartiers riches de Paris furent réunis par des royalistes qui marchèrent avec eux contre la Convention. Alors le Comité de Salut public donna le commandement des troupes fidèles à un jeune général, Napoléon Bonaparte, qui était en disgrâce comme robespierriste depuis le 9 thermidor. Bonaparte fit tirer le canon sur les insurgés au moment où ils allaient déboucher sur la Convention; il en tua 200, les autres se dispersèrent.

SOLDAT FRANÇAIS DE L'ARMÉE DU RHIN VERS 1794, d'après une caricature allemande.

Le soldat porte une sorte de casque qui fut essayé pour l'infanterie à la place de chapeau, mais qu'on n'adopta point, un habit dont les basques sont tombées, un pantalon déchiré.

Après cette insurrection, la Convention remit en vigueur les lois qui interdisaient aux prêtres réfractaires et aux insurgés de rentrer en France. Puis elle se sépara aux cris de : « Vive la République! » (26 octobre 1795).

Victoire de Fleurus. — Avec les campagnes de 1794 commencent les conquêtes. L'armée française manquait de tout, le Trésor public était « à sec » suivant l'expression même du Comité de Salut public. Carnot ordonna aux généraux de porter à tout prix la guerre sur le territoire étranger pour y faire vivre les troupes au moyen de réquisitions. Il faut, écrivait le Comité, que « nous puissions aller dans les pays où il y a encore des ressources. Là de fortes contributions doivent être imposées, soit en subsistance, soit en numéraire. »

Dans l'été de 1794 le Comité réunit une armée de près de 80 000 hommes, sous le nom d'armée de *Sambre-et-Meuse*, et en confia le commandement à Jourdan. Cette armée devait franchir la Sambre derrière laquelle étaient les Autrichiens, les battre et envahir la Belgique.

Après plusieurs tentatives infructueuses, l'armée de Jourdan surprit le passage de la Sambre, fit capituler la place forte de Charleroi et battit près de *Fleurus* l'armée autrichienne arrivée trop tard (26 juin 1794). La victoire de Fleurus était depuis Jemmapes la première remportée *en territoire étranger*. Elle fut accueillie avec joie à Paris. On a pu dire qu'elle enleva tout prétexte à la Terreur et qu'elle contribua à rendre inévitable la chute de Robespierre.

Conquête des frontières naturelles. — Après Fleurus l'armée de Jourdan se joignit à l'armée du Nord commandée par Pichegru. Les deux armées entrèrent à Bruxelles (11 juillet 1794). Puis l'armée de Jourdan poursuivit les Autrichiens jusqu'au Rhin et l'obligea à passer sur la rive droite du fleuve (5 octobre).

L'armée de Pichegru poursuivit en Hollande l'armée anglaise et l'armée hollandaise : il passa les bras du Rhin sur la glace, entra dans Amsterdam et envoya son avant-garde jusqu'au port militaire du Helder. La flotte de guerre hollandaise y était bloquée par la glace : elle se rendit aux hussards de Pichegru.

En même temps les deux armées françaises des Pyrénées entraient en Espagne par les deux extrémités de la chaîne.

L'armée des Alpes reprenait la Savoie. L'armée du Var reprenait le Comté de Nice.

En janvier 1795 la France avait reconquis ses limites naturelles, atteintes en 1792, perdues en 1793.

La guerre maritime. — Sur mer la France n'avait pu tenir tête aux flottes coalisées de l'Angleterre, de la Hollande, de l'Espagne, des États italiens.

La marine française avait été désorganisée par l'émigration des officiers. Les nouveaux officiers promus par la République ne valurent pas les nouveaux officiers de l'armée de terre.

D'autre part, on ne put jamais recruter des matelots en nombre suffisant.

Dès 1793, la trahison de *Toulon* livra aux Anglais la flotte de la Méditerranée, qui ne put être remplacée. Les Anglais occupèrent la *Corse* et s'y maintirent plusieurs années.

Il ne resta à la République qu'une flotte, celle de *Brest* : elle fut constamment surveillée par les navires anglais et resta presque toujours bloquée dans le port. Cependant, en juin 1794, elle sortit pour occuper la flotte anglaise, tandis qu'un convoi de blé arrivant d'Amérique entrerait dans le port. Le combat s'engagea au large d'Ouessant et dura 5 jours. Six vaisseaux français furent pris ; un septième, le *Vengeur*, se laissa couler plutôt que d'amener son pavillon. Les débris de la flotte regagnèrent Brest où le convoi était entré pendant le combat.

VOLONTAIRE FRANÇAIS DE L'ARMÉE DU RHIN VERS 1794, d'après une caricature allemande.

Ce soldat porte les restes d'un uniforme de volontaire, chapeau à corne, habit bleu, culotte blanche, guêtres.

Les Français ne risquèrent plus d'autres grandes batailles navales sous la Convention.

Négociations de Bâle. — Le Comité de Salut public renouvelé après thermidor fut composé de modérés. Il ne voulut plus de la guerre à outrance. Après les premières victoires, il fit des propositions de paix. Deux puissances paraissaient disposées à traiter, la Prusse qui avait rappelé son armée pour faire la guerre à la Pologne, l'Espagne qui n'avait plus d'argent.

La France qui était en guerre avec toute l'Europe n'avait plus au dehors qu'un seul ambassadeur, Barthélemy, accrédité auprès des Cantons suisses. On le chargea de traiter, et les négociations s'engagèrent à *Bâle*.

Traité avec la Prusse. — Le 5 avril 1795, le roi de Prusse conclut avec la République le premier *traité de Bâle*. Il s'engageait à accepter l'annexion de la rive gauche du Rhin à la France; par contre la France admettait le démembrement définitif de son ancienne alliée la Pologne, démembrement qui venait d'être opéré. Enfin elle s'engageait à ne pas faire la guerre au nord du Main. L'Allemagne du Nord vécut dès lors en paix jusqu'en 1805.

Traité avec l'Espagne. — Le 17 juillet 1795, le roi d'Espagne signa le *second traité de Bâle*. La France lui rendait ce qu'elle avait pris au sud des Pyrénées; l'Espagne cédait à la France la partie espagnole de Saint-Domingue. Elle redevenait l'*alliée* de la France comme sous l'Ancien Régime et lui promettait le concours de sa flotte contre l'Angleterre. Cette alliance dura jusqu'en 1808.

Traité avec la Hollande. — Enfin, le 16 mai 1795, la France avait signé le *traité* de *La Haye* avec la nouvelle République batave. Cette république payait une indemnité de guerre et promettait le concours de sa flotte contre l'Angleterre. La Hollande combattit avec la France jusqu'en 1814.

Ainsi la République française ne faisait plus de politique, de propagande pour les peuples « contre les tyrans ». Elle annexait les peuples conquis. Sa diplomatie ressemblait à celle des autres Etats. Elle donnait à la France plus de provinces qu'aucun monarque n'en avait pris.

La *guerre continuait* contre l'Autriche et l'Angleterre : mais elle ne se faisait plus sur le territoire français.

Grandes créations de la Convention. — La Convention, avant de se séparer, avait donné à la France une Constitution et une paix partielle.

Elle fit ou acheva un grand nombre de créations nouvelles.

Elle établit la *séparation des Églises et de l'État* (septembre 1794). « Nul, dit le décret, ne peut être forcé de contribuer aux dépenses d'aucun culte. La République n'en salarieaucun. »

La Constitution de 1791 avait promis une *instruction gratuite*. La Déclaration des Droits de 1793 renouvela cette promesse. La Législative s'était prononcée pour la *laïcité* de l'instruction; sous la Convention, Danton fit décréter que l'instruction serait *obligatoire*. « Il est temps, dit-il, d'établir ce grand principe qu'on semble méconnaître, que les enfants

BATTERIE DE CANONS DANS UN NAVIRE ANGLAIS, d'après un dessin extrait d'un recueil de costumes militaires de l'Europe publié à Augsbourg en 1802.

Dans les vaisseaux de guerre, les canons étaient rangés sur un, deux ou trois étages superposés appelés batteries. Pendant le combat, on montait dans la batterie des barils de poudre, on les défonçait et on y puisait la poudre comme on le voit à gauche. Les canons étaient chargés par la bouche : le canonnier qui tient une mèche va enflammer la charge par un petit trou ou lumière garni de poudre et communiquant avec l'intérieur aussitôt que l'officier aura fini de pointer, c'est-à-dire de viser. Les cordes tenues par deux matelots sont destinées à retenir le canon, qui recule toujours après la décharge.

appartiennent à la République avant d'appartenir à leurs parents. »

La loi définitive ne fut votée que le 25 octobre 1795, dans la période modérée de la Convention. Elle organisait des *écoles primaires*, mais l'instruction n'était ni gratuite, ni obligatoire.

Parlant contre l'obligation, le rapporteur du projet déclara qu'il écartait « la disposition barbare qui arrachait l'enfant des bras de son père ».

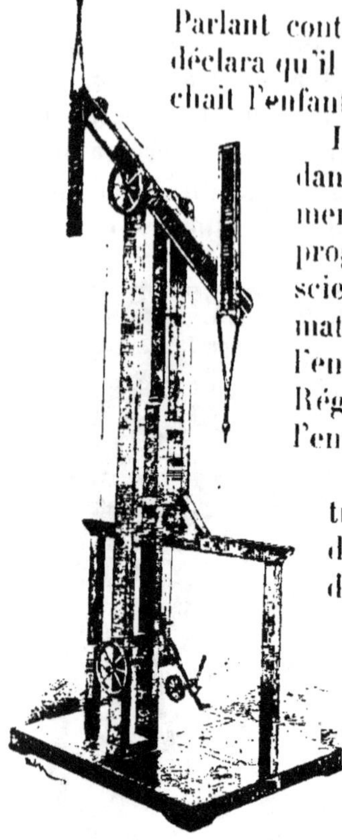

TÉLÉGRAPHE CHAPPE

Modèle réduit du télégraphe à signaux inventé par les frères Chappe et adopté en 1794.

Les postes étaient installés sur des tours analogues à celles des moulins à vent ou sur des clochers en vue les uns des autres. L'homme de service dans le poste de départ transmettait la dépêche en traduisant les mots par certains arrangements des bras suivant un alphabet convenu : le poste suivant reproduisait ces arrangements et ainsi de suite jusqu'à destination. Ce télégraphe primitif, qui ne pouvait fonctionner ni pendant la nuit ni par le brouillard, est resté en usage jusqu'à l'invention et l'adoption de la télégraphie électrique.

L'*enseignement secondaire* dut être donné dans des écoles centrales, une par département. Ces écoles avaient le choix de leur programme : elles devaient enseigner les sciences nouvelles au lieu du latin et des mathématiques qui formaient le fond de l'enseignement secondaire dans l'Ancien Régime : elles faisaient aussi une place à l'enseignement manuel.

Les écoles primaires et les écoles centrales ne furent instituées qu'en une partie des départements parce qu'on manquait d'argent.

A Paris, la Convention institua une *École normale* (janvier 1795), qui était d'abord une institution temporaire chargée de former ceux qui iraient fonder des écoles centrales. « On n'y enseignerait pas les sciences, mais l'art d'enseigner. » La Convention institua aussi l'*École polytechnique* (c'est-à-dire des sciences variées) pour former des ingénieurs. Elle réorganisa les écoles de médecine.

Elle supprima les Académies, que Mirabeau avait appelées « les asiles du mensonge et de la médiocrité ». Mais les modérés les rétablirent sous le nom d'Institut. L'Institut était divisé en classes correspondant aux anciennes Académies : on ajouta une classe nouvelle, la classe des sciences morales et politiques, destinée à recevoir les philosophes et les économistes.

Sous l'Ancien Régime, il n'y avait d'autres collections que celles du roi et des particuliers. La Convention organisa le premier *Musée* du *Louvre*, les premières *bibliothèques* vraiment publiques : elle réunit les documents historiques aux *Archives nationales*.

Elle créa le *Bureau des Longitudes*, le *Conservatoire des Arts et Métiers*, sorte de musée des arts mécaniques, le *Conservatoire national de Musique et de Déclamation*, où l'on forme les artistes lyriques et dramatiques.

Elle essaya de créer des fêtes nationales et laïques pour remplacer les fêtes religieuses.

Elle adopta, en avril 1793, le *système métrique* préparé depuis 1789 par l'Académie des sciences.

Elle fit installer le premier service de *télégraphe à signaux* inventé par Chappe en 1794. Avant cette invention, les courriers les plus rapides, chevauchant jour et nuit, mettaient une dizaine de jours à atteindre les centres éloignés de Paris. Le télégraphe à signaux permit de communiquer rapidement avec les armées et les départements : mais il ne pouvait être utilisé que le jour et par un temps clair.

La Convention fit unifier toutes les dettes de l'ancienne Monarchie et de la Révolution : elles furent toutes inscrites sur le *Grand Livre de la dette publique* et payées au même taux.

Elle continua à travailler au nouveau Code civil commencé en 1789 (p. 25).

Elle compléta donc sur bien des points l'œuvre d'ordre et d'unification commencée par la Constituante.

Questionnaire.

Luttes entre les Montagnards. — Mesures contre les prêtres réfractaires. Mariage des prêtres. Mesures anti-catholiques. Rôle du Comité de Salut public. Rôle de la Commune de Paris. Qu'était-ce que le culte de la Raison? Qui protesta contre les mesures anti-catholiques? Pourquoi les Cordeliers furent-ils exécutés?

Rôle de Danton et de Camille Desmoulins. Comment furent-ils condamnés?

Robespierre. Ses idées morales et religieuses. La fête de l'Être suprême. Idées sociales de Robespierre.

Aggravation de la Terreur. Quels ennemis se fit Robespierre. Où cherchèrent-ils des alliés? Le 9 thermidor. Rôle de l'Assemblée, de la Commune, du Club des Jacobins.

Fin de la Convention. — Quel parti prit le pouvoir? Mesures contre les Jacobins. Causes des insurrections d'avril et de mai 1795. Pourquoi furent-elles les dernières?

Sur quoi s'appuyait la Plaine? Qu'est-ce que la Terreur blanche? Qui fit le débarquement de Quiberon? Victoire de Hoche.

Pourquoi les Conventionnels craignaient-ils une Restauration? Qu'est-ce que le décret des deux-tiers? Qui fit la journée du 13 vendémiaire? Qui réprima l'insurrection?

La conquête. Les traités de Bâle. — Instructions de Carnot en 1794. Victoire de Fleurus, son importance. Conquêtes de 1794-95 sur les diverses frontières.

A quoi tint l'infériorité des Français sur mer? Principaux événements maritimes.

Nouvelle politique étrangère. Pourquoi négocia-t-on à Bâle? Qui accepta de traiter? Conditions des divers traités. La paix était-elle complète?

Grandes créations de la Convention. — Séparation des Églises et de l'État. Instruction publique. École normale. L'Institut. Les collections publiques. Le système métrique. Le télégraphe à signaux. Le grand livre de la Dette. Rapprocher cette œuvre de celle de la Constituante.

SUJETS COMPLÉMENTAIRES

Episodes locaux du culte de la Raison. Robespierre.
La guerre maritime.

CHAPITRE VI

LE DIRECTOIRE

La Constitution de l'An III. — La Constitution de l'An III ou de 1795 fut votée par la Convention dans les derniers mois de son existence.

Elle est précédée d'une Déclaration des droits plus modérée que les deux précédentes et corrigée, pour la première fois, par une *Déclaration des devoirs*. Le suffrage universel fut supprimé : pour être *électeur* il fallut payer une *contribution directe*. Les illettrés ne votaient pas. Les prêtres réfractaires, les parents d'émigrés étaient privés du droit de vote, mais les anciens soldats des armées de la République avaient le droit de vote sans aucune condition. C'étaient là des précautions contre les royalistes, comme le décret des deux-tiers (p. 71).

Les deux Conseils. — Les représentants du peuple étaient au nombre de 750, comme à la Convention, mais ils se divisaient en deux Chambres, mécaniquement, suivant leur âge. Les 250 plus âgés formaient le *Conseil des Anciens*, les autres le *Conseil des Cinq-Cents*. Les lois devaient être votées par les deux Chambres. On avait renoncé au système de la Chambre unique établi depuis 1789 pour que les décisions des représentants les plus jeunes fussent soumises au contrôle des plus âgés.

Les Directeurs. — On abandonna aussi le principe de la séparation des pouvoirs.

Le pouvoir exécutif fut confié à *5 Directeurs* choisis par les Anciens sur une liste proposée par les Cinq-Cents : c'était une sorte de Comité de Salut public. On n'avait pas voulu d'un président unique comme aux États-Unis parce qu'on craignait qu'il fût tenté de rétablir la monarchie à son profit.

Chaque année, les Conseils étaient renouvelés par tiers et l'un des Directeurs était remplacé. Le sort devait, pendant les premières années, désigner les députés et le Directeur sortants.

L'administration. — Les juges continuaient d'être élus. Dans les départements, les districts furent supprimés; entre le département administré par un conseil de 5 membres élus et la municipalité, la Constitution de l'an III créa le *canton*. Toutes les communes au-dessous de 5 000 habitants perdirent leur conseil municipal et furent administrées par une municipalité cantonale qui se réunissait au chef-lieu de canton.

Dans les municipalités et les départements le gouvernement fut représenté par un *fonctionnaire* appelé commissaire, qui ressemblait à l'agent national de la période de la Terreur (p.). L'autonomie locale ne fut donc plus absolue comme en 1791.

Les partis. — Les électeurs ne nommèrent pas aux Assemblées deux tiers d'anciens conventionnels comme on le leur avait imposé. Le gouvernement compléta d'office le nombre désigné (p. 56). La majorité ainsi formée choisit comme directeurs 5 anciens conventionnels qui avaient voté la mort du roi. Le plus connu était Carnot, ancien membre du Comité de Salut public.

Ce nouveau gouvernement obligea les fonctionnaires à jurer « haine à la royauté et à la Constitution de 1793 ». Il eut contre lui les royalistes et catholiques d'une part et de l'autre les derniers Jacobins. Il chercha à s'appuyer sur la bourgeoisie. Mais il fut mal vu de la classe riche parce qu'il continuait la guerre, qu'il avait sans cesse besoin d'argent et qu'il augmentait les impôts.

Puissance des généraux. — La véritable force du Directoire fut l'*armée*, qui était commandée par des officiers de toute origine promus sous la Révolution, et qui ne voulait pas voir revenir le temps des officiers nobles. Après le 9 thermidor, la Convention avait déjà employé à Paris Pichegru contre les ouvriers, Bonaparte contre les royalistes. Le Directoire fit *intervenir* les généraux toutes les fois qu'il voulut se débarrasser de ses ennemis.

La conspiration des Égaux. — Le Directoire eut d'abord à lutter contre les derniers Jacobins. Ils s'étaient groupés autour de Caïus Gracchus Babeuf, disciple des « enragés » de 1793 (p. 58).

Comme eux, Babeuf voulait compléter l'égalité civile par l'égalité des biens. Pour y parvenir il proposait de supprimer la propriété individuelle et de déclarer la terre propriété de la nation. Les fruits et les revenus de la terre auraient été distribués aux citoyens suivant leurs besoins. Babeuf est l'un des précurseurs du *communisme*.

Les anciens Jacobins n'étaient pas communistes comme Babeuf; ils acceptèrent pourtant de s'entendre avec lui pour renverser le gouvernement et rétablir la Constitution de 1793. Ce fut la *conspiration des Égaux*. Le *complot* fut dénoncé et ses chefs arrêtés (1796). Ceux qui restaient en liberté essayèrent de soulever les troupes de Paris; ils échouèrent et vingt-cinq d'entre eux furent arrêtés et fusillés. Puis, après un long procès, Babeuf et un de ses amis furent condamnés à mort et exécutés (1797).

DIRECTEUR

La Constitution de l'an III donnait à tous les fonctionnaires des uniformes « pour réprimer les abus du sans-culottisme ». Les Directeurs portaient un chapeau à plumes tricolores, un grand habit orné de broderie à l'antique, un manteau imité de celui des empereurs romains, une ceinture tricolore, un « glaive » à l'antique.

Le gouvernement exila de Paris tous les Conventionnels non réélus, c'est-à-dire les anciens Montagnards.

Réaction royaliste. — Les catholiques et royalistes mirent à profit l'émotion qu'avait soulevée la conjuration des Égaux. Quand les électeurs furent appelés à renouveler un tiers des

Conseils (1797), la droite réussit à faire passer presque tous ses candidats. Les nouveaux députés firent une opposition continue au Directoire; ils rendirent le droit de vote aux parents d'émigrés; ils réclamèrent pour les catholiques le droit de sonner les cloches et de faire des processions, qui leur avait été retiré comme portant atteinte à l'égalité de tous les cultes.

Pour se débarrasser d'eux, le Directoire fit appel à l'armée. Il nomma ministre de la Guerre *Hoche*, le vainqueur de Quiberon. Comme Hoche n'avait pas trente ans, l'âge légal pour être ministre, les Conseils obligèrent les Directeurs à le renvoyer. Alors les Directeurs s'adressèrent au général *Bonaparte* qui avait écrasé l'insurrection royaliste parisienne de 1795. Bonaparte, qui commandait à cette époque l'armée d'Italie, envoya à Paris un de ses lieutenants, Augereau.

Coup d'État du 18 fructidor. — Dans la nuit du 17 au *18 fructidor* an V (3-4 septembre 1797), Augereau fit occuper Paris par les troupes. Puis le Directoire cassa les élections de 49 départements, fit arrêter deux de ses membres qui s'opposaient au coup d'État et ordonna de déporter en Guyane 60 députés de l'opposition.

Le Directoire suspendit la liberté de la presse, retira le droit de vote aux suspects et fit appliquer les lois contre les émigrés et les prêtres réfractaires. Beaucoup de personnes furent arrêtées pour délits politiques et envoyées à la Guyane. On appela la déportation « guillotine sèche ». Ce régime d'exception dura jusqu'à la fin du Directoire.

Coup d'État du 22 floréal. — Au renouvellement de l'année suivante (1798), les partis avancés réussirent à faire passer un grand nombre de députés. Le Directoire fit un coup d'État en sens inverse de celui de fructidor. Il exclut 60 représentants qui lui paraissaient trop révolutionnaires (22 floréal an VI — 11 mai 1798).

Les Conseils furent mécontents; ils gardèrent rancune au Directoire de ces deux coups d'État.

La guerre en Allemagne. — Le Directoire continua la guerre contre l'Autriche et l'Angleterre.

Il essaya de faire marcher sur Vienne ses deux armées d'Allemagne et son armée d'Italie. Les deux armées d'Allemagne partaient l'une de Mayence, l'autre de l'Alsace, essayaient de se réunir en Bavière pour passer ensuite en Autriche. Trois tentatives furent faites en 1795, 1796, 1797.

En 1795, l'un des généraux, Pichegru, se laissa acheter par les royalistes et se fit battre à dessein. Le Directoire le destitua.

En 1796, son successeur Jourdan parvint jusqu'au nord de la Bavière, mais se laissa surprendre et recula en désordre. Il fut destitué et remplacé par Hoche.

En 1797, Hoche reprit la marche en avant, mais il fut arrêté par les préliminaires de Léoben (p. 85). Il mourut peu après, à vingt-neuf ans.

Pendant ces trois campagnes, un général nouveau, MOREAU, qui commandait l'armée d'Alasce, s'était fait une réputation de méthode et de prudence. L'année où son collègue Jourdan fut mis en déroute, il réussit à battre en retraite sans perdre un canon ni un homme, bien qu'il fût poursuivi par des forces supérieures.

REPRÉSENTANT DU PEUPLE
sous le Directoire.

Les membres des deux Conseils avaient une toque ressemblant à celle des magistrats, un long habit et un manteau drapé comme ceux des statues antiques.

Le général Bonaparte. — Les campagnes les plus glorieuses furent celles d'Italie qui rendirent illustre le nom inconnu jusque-là de Napoléon Bonaparte. Après avoir écrasé les insurgés royalistes (p. 71), Bonaparte av aitdemandé comme récompense le commandement de l'armée d'Italie, la moins nombreuse et la plus dépourvue de tout. Cette armée occupait le versant maritime de l'Apennin. De l'autre côté de ces montagnes étaient l'armée piémontaise et l'armée autrichienne. Bonaparte avait moins d'hommes que ses adversaires, mais ceux-ci n'étaient pas concentrés; il résolut de grouper rapidement ses troupes, de les *jeter toutes ensemble* sur une partie des armées ennemies et de les battre en détail. Cette tactique était conforme aux désirs du Directoire, qui, comme le Comité de Salut

public, recommandait aux généraux d'aller faire *vivre l'armée en territoire ennemi*.

A sa prise de commandement, Bonaparte lança la proclamation suivante : « Soldats, vous êtes nus, mal nourris. Le gouvernement vous doit beaucoup et ne peut rien vous donner, je vais vous conduire dans les plus fertiles plaines du monde... Vous y trouverez honneur, gloire et richesse. »

La campagne d'Italie. — Bonaparte surprit le passage des Apennins, déboucha dans la plaine du Pô et battit les Piémontais isolés. Le roi de Sardaigne signa un armistice (avril

1796). Les Autrichiens, réduits à leurs seules forces, reculèrent vers le Nord pour défendre Milan qui leur appartenait. Ils s'établirent derrière la rivière Adda à *Lodi*. Les troupes de Bonaparte enlevèrent le pont de Lodi à la baïonnette, repoussèrent les Autrichiens et entrèrent à *Milan* (16 mai). Les Milanais, qui ne pouvaient supporter le gouvernement autrichien, firent bon accueil aux Français.

Les restes de l'armée autrichienne d'Italie s'étaient retirés dans la place forte de Mantoue, sur la route d'Autriche, entre Milan et Venise. Bonaparte vint assiéger Mantoue.

A quatre reprises, le gouvernement autrichien envoya des armées qui traversaient les Alpes pour tenter de débloquer Mantoue. Bonaparte réunit toutes ses forces contre ces armées et les battit l'une après l'autre. La bataille la plus disputée fut celle d'*Arcole* qui dura trois jours.

Enfin Mantoue se rendit après huit mois de siège et de combats (février 1797).

Préliminaires de Léoben. — Sans tarder, Bonaparte traversa le territoire de Venise, pénétra en Autriche en passant les Alpes orientales et marcha sur Vienne : son avant-garde parvint à quelques jours de marche de la capitale. L'Autriche n'avait plus d'armée à opposer à Bonaparte; elle offrit un armistice. Bonaparte ne

GRENADIER GARDE D'HONNEUR DES ASSEMBLÉES DU DIRECTOIRE, ET GARDE NATIONAL

Tous deux portent l'habit bleu à revers, la veste (gilet) rouge, la culotte blanche, les guêtres, devenus après l'amalgame l'uniforme national. Le garde a le chapeau à cocarde, le grenadier le bonnet à poil. Les grenadiers étaient choisis parmi les soldats de haute taille; le bonnet était destiné à les faire paraître plus grands encore. Comme armes, le fusil à pierre, la baïonnette à douille, le petit sabre. Le sabre-baïonnette combinant ces deux dernières armes ne fut adopté que sous Napoléon III.

voulait pas laisser aux généraux français de l'armée d'Allemagne l'occasion de rivaliser avec lui. Il signa les *préliminaires* de *Léoben*, qui arrêtaient toutes les opérations (7 avril 1797). Le Directoire n'osa pas le blâmer, bien qu'il eût dépassé les pouvoirs que la loi reconnaissait à un général.

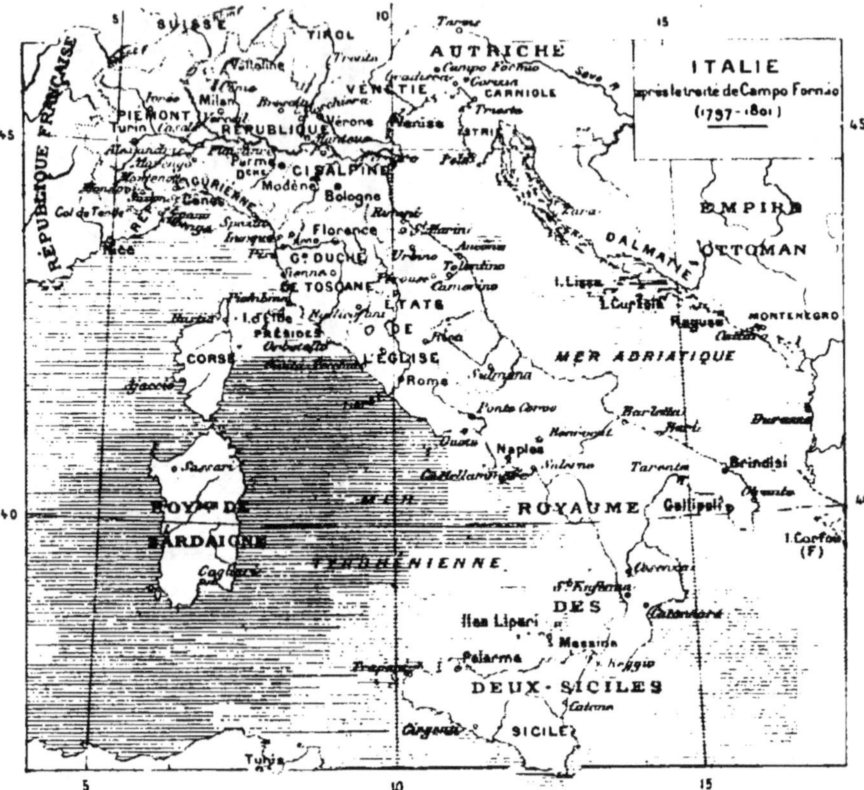

Bonaparte avait en effet rendu de grands services au Directoire, en dehors de ses victoires. Non seulement il faisait vivre ses troupes en territoire étranger, mais il levait de grosses *contributions en argent*, dont il employait une partie pour les dépenses militaires et dont il envoyait le reste à Paris.

Il se faisait livrer aussi des tableaux, des statues, des manuscrits précieux qu'il expédiait aux musées de France.

Paix de Campo-Formio. — La paix définitive fut signée à Campo-Formio le 17 octobre 1797 entre les Autrichiens et Bonaparte.

L'Autriche perdit le Milanais, qui fut érigé en *République cisalpine* alliée de la France : en échange Bonaparte lui donna les territoires de la République de *Venise*. Bonaparte avait supprimé cette république pour punir les Vénitiens d'avoir pris parti contre lui. L'Autriche devint ainsi puissance maritime sur l'Adriatique.

Toutefois les *Iles Ioniennes*, qui appartenaient à Venise et qui étaient peuplées de Grecs, furent données à la France, Bonaparte songeait à s'en servir comme base d'opérations pour intervenir en Orient.

L'Autriche reconnut l'annexion de la *Belgique* et de la *rive gauche du Rhin* au territoire français. On convint qu'un congrès de princes allemands et de diplomates français se réunirait à Rastatt, pour décider quelles compensations seraient données aux princes dont les possessions passaient à la France.

La paix de Campo-Formio mit fin à la première coalition.

INCROYABLE ET MERVEILLEUSE EN 1795, d'après une gravure du temps.

Le jeune élégant ou « incroyable » porte les cheveux longs et bouclés sous un chapeau plat à deux cornes, une cravate ample et haute, un habit large, des culottes : il tient à la main une grosse canne.

La dame élégante ou « merveilleuse » a les cheveux bouclés sous une toque ou petit turban, une écharpe, premier modèle du châle, une robe à ceinture très haute annonçant les robes « à l'antique » qui seront à la mode un peu plus tard : elle se sert d'une lorgnette, suivant un usage ou plutôt une affectation des élégants de ce temps.

Guerre contre l'Angleterre. — En 1797 la guerre continua contre l'Angleterre seule. Après Quiberon (p. 70), le gouvernement français avait essayé de porter la guerre en Irlande où la population était mécontente du régime anglais. Plusieurs projets de *descente en Irlande* furent préparés à Brest. Un seul aboutit à un débarquement partiel, celui du général Humbert avec un millier d'hommes qui furent pris au bout de quelques jours.

Les flottes des deux alliés de la France, la Hollande et l'Espagne, furent battues, et leurs colonies prises par les Anglais (1796-97).

Quand Bonaparte revint d'Italie, le Directoire lui donna le

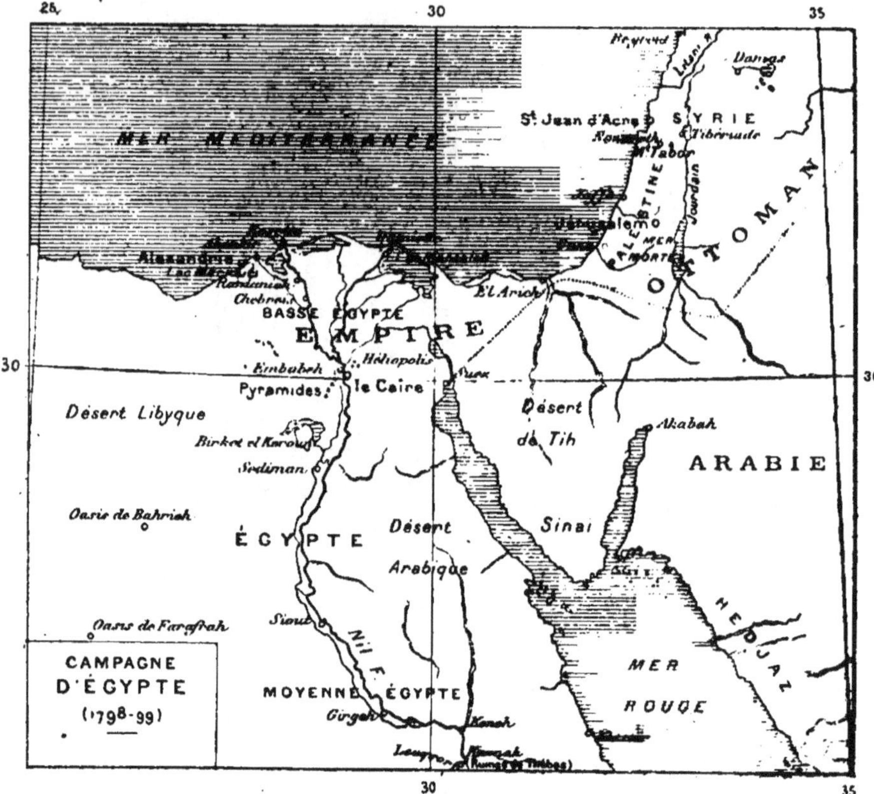

commandement de l'armée d'Angleterre. Bonaparte ne voulut pas risquer un débarquement. Il proposa au Directoire d'aller conquérir l'Égypte et lui fit agréer ce projet.

Expédition d'Egypte. — L'Égypte appartenait à la Turquie; en fait elle était presque indépendante sous l'autorité de chefs militaires, qui commandaient des cavaliers appelés *mameloucks* et qui vivaient comme des seigneurs féodaux.

Bonaparte proposait de prendre l'Égypte, de la coloniser, de percer le canal de Suez et de partir ensuite d'Égypte pour reprendre l'Inde aux Anglais. Il s'attacha pour son expédition des ingénieurs, des savants, des artistes, emporta des outils et des instruments agricoles.

L'armée et les navires furent réunis à Toulon. Pour tromper la flotte anglaise de Nelson qui bloquait le port, Bonaparte fit publier que les armements de Toulon étaient destinés à un nouveau débarquement en Angleterre. Nelson quitta avec son escadre les parages de Toulon et alla guetter le passage de la flotte à Gibraltar.

DAMES EN 1799

Ces deux dames portent le costume à l'antique, c'est-à-dire des robes en draperies blanches avec ceintures très hautes. L'une a un châle. La coiffure est copiée sur celle des bustes antiques. Les chaises sont faites sur des modèles antiques.

Prise de Malte. — L'expédition française put sortir de Toulon 19 mai 1797. Elle s'arrêta devant l'île de Malte dont la capitale est un port fortifié de premier ordre. Cette ville appartenait à un ordre religieux. Bonaparte avait négocié secrètement avec les chevaliers de Malte qui lui livrèrent la place et le port sans résistance.

Les Pyramides et Aboukir. — De Malte l'armée française alla débarquer près d'Alexandrie, puis elle se mit en marche sur le Caire. Elle souffrit beaucoup de la chaleur et du manque d'eau en traversant le désert qui sépare Alexandrie du Nil.

Sur les bords du Nil, elle rencontra la cavalerie des mameloucks qui lui barrait le passage. Bonaparte la détruisit facilement à coups de fusil et de canon : il ne perdit que 30 hommes dans cette affaire qu'il intitula *bataille des Pyramides*. Il entra sans difficulté au Caire et fit occuper le reste de l'Égypte.

Pendant qu'il était au Caire, la flotte anglaise, commandée

par Nelson, parut tout à coup devant la rade d'*Aboukir* où la flotte française était mouillée, l'attaqua brusquement tandis qu'une partie des équipages était à terre et détruisit ou prit presque tous ses navires (1er avril).

Le gouvernement français ne put envoyer une autre flotte en Égypte : l'armée d'Égypte resta *coupée* de ses communications avec la métropole.

Campagne de Syrie. — Bonaparte essaya de se rendre aux Indes par terre avec une partie de son armée; pour cela il traversa au prix de grandes fatigues le désert qui sépare l'Égypte de l'Asie, puis suivit la côte de Syrie pour aller rejoindre la route de l'Euphrate.

Il se trouva arrêté devant la place forte de Saint-Jean-d'Acre défendue par une garnison turque. Il ne pouvait bloquer cette ville par mer, puisqu'il n'avait plus de flotte, et des navires anglais la ravitaillaient tandis que les Français manquaient de tout. Bonaparte se résigna à lever le siège et à battre en retraite : la peste se mit dans son armée épuisée par les privations et la chaleur : il n'en ramena que les deux tiers au Caire (février-mai 1799).

Retour de Bonaparte. — Les navires anglais débarquèrent une armée turque en Égypte. Bonaparte la tailla en pièces sur la plage d'Aboukir (25 juillet 1799). Il voulut quitter l'Égypte sur ce dernier succès. Il venait d'apprendre que la guerre avait recommencé en Europe, que les armées françaises étaient battues et que le Directoire était menacé d'être renversé ; il comptait profiter de l'occasion pour prendre le pouvoir.

Il s'embarqua secrètement sans prévenir l'armée. Le navire qui le portait réussit à échapper aux Anglais et parvint heureusement en France (1799).

Perte de l'Égypte. — Les Français occupèrent l'Égypte pendant deux années encore, résistant aux Turcs et aux Anglais. Mais leur armée, ne pouvant recevoir aucun renfort de France, diminuait sans cesse. En 1801, ses débris capitulèrent au Caire, puis à Alexandrie, sous la condition d'être ramenés en France.

La garnison de Malte s'était rendue aux Anglais sous la même condition.

Détresse financière. — Pendant l'expédition d'Égypte, le Directoire intervint en Suisse et en Italie sous prétexte de créer des républiques, en réalité pour occuper l'armée française, et pour lever des contributions. Le Trésor public était vide. Les assignats de 100 francs ne passaient que pour 30 centimes. Le Directoire démonétisa les assignats, et émit à leur place des *mandats territoriaux* qui n'inspirèrent pas plus de confiance.

Ne pouvant payer ses créanciers, il *supprima* les *deux-tiers* de la *dette* publique, sous prétexte de consolider l'autre tiers (30 septembre 1797).

Intervention en Suisse. — Le Directoire en était réduit à regretter les guerres fructueuses comme celle d'Italie. Il écouta les plaintes des démocrates suisses qui lui demandaient d'intervenir chez eux. La Suisse comprenait alors treize cantons gouvernés par l'aristocratie, et plusieurs pays *sujets* traités en pays inférieurs par les cantons.

MARCHAND DE COCO SOUS LA RÉVOLUTION; fragment d'un dessin de l'époque.

Les buveurs ont le costume, déjà décrit, de la petite bourgeoisie. Le marchand qui porte un vêtement ressemblant à celui des soldats, débite à l'aide d'un long robinet le coco contenu dans une boîte de métal fixée derrière son dos.

Les démocrates suisses réclamaient un régime fondé sur l'égalité. Le Directoire envoya pour les soutenir une armée qui s'empara de Berne (1798). On espérait trouver à Berne un trésor bien garni ; mais cette espérance fut déçue. 20 millions de contributions furent levées sur le pays.

Le général français qui commandait en Suisse supprima la distinction entre pays sujets et cantons ; il transforma la Confédération en une *république helvétique* unitaire et centralisée avec une constitution sur le modèle français (août 1798).

Interventions en Italie. — A Rome, un membre de l'ambassade française fut tué dans une bagarre. Le gouvernement français envoya une armée qui occupa les États du pape. Le pape fut envoyé à Valence. Les États du pape furent transformés en *République romaine* (février 1798).

Le roi de Naples, un Bourbon dont la femme était la sœur de Marie-Antoinette, s'entendit avec l'Angleterre et l'Autriche et envoya son armée contre la République romaine. L'armée française d'Italie battit les Napolitains, entra à Naples et y proclama la *République parthénopéenne*, en souvenir de Parthénopé, ancien nom grec de Naples (janvier 1799).

La deuxième coalition. — Le gouvernement autrichien ne voulait pas laisser les Français établir des républiques vassales en Suisse et en Italie. Il s'allia à l'*Angleterre*, qui lui promit des subsides, et au nouveau tsar de *Russie* Paul Ier, qui était très désireux de jouer un rôle en Europe. Ce fut la deuxième coalition (décembre 1798).

Le gouvernement français se préparait depuis plusieurs mois à la guerre.

On avait renvoyé après la paix de Campo-Formio les volontaires et tous les soldats qui avaient terminé leur temps. L'armée ne se composait plus que d'engagés volontaires. Sur la proposition de Jourdan, on rétablit le service militaire obligatoire comme en 1793, mais à titre définitif. C'est ce qu'on appela la *conscription* (septembre 1798). Les jeunes gens ayant l'âge du service tiraient au sort, et si l'on n'avait pas besoin de tous, les numéros les plus élevés étaient exempts du service. Ceux qui étaient pris pouvaient se faire remplacer à prix d'argent.

Pour se procurer des ressources, le Directoire créa un nouvel impôt, celui des *portes et fenêtres*, que nous avons conservé (novembre 1798).

L'affaire de Rastatt. — L'Autriche réunit son armée sur la frontière. La France lui déclara la guerre (12 mars 1799).

Depuis la paix de Campo-Formio se tenait à *Rastatt* un

congrès franco-allemand chargé de donner des compensations aux princes allemands dépossédés parce que la France avait annexé la rive gauche du Rhin (p. 87). Après la déclaration de guerre, l'empereur d'Allemagne, souverain de l'Autriche, retira ses plénipotentiaires de Rastatt et déclara qu'il ne garantissait pas la neutralité de la ville. Les envoyés français deman-

PAYSANS, d'après une gravure datée de 1800.

Chambre unique au sol en terre battue : toute la famille se groupe autour de la cheminée dont le foyer donne à la fois le chauffage et l'éclairage.

dèrent un sauf-conduit qu'ils ne purent obtenir et se retirèrent. A la sortie de la ville leur voiture fut attaquée par des hussards hongrois, qui tuèrent deux des Français sur trois (25 avril).

Revers en Allemagne et en Italie. — L'armée française du Rhin, commandée par Jourdan, essaya d'entrer en Allemagne : elle fut battue par les Autrichiens et rejetée en Alsace.

En Italie, une armée russe commandée par *Souvarof* et renforcée d'un corps autrichien chassa les Français de la République cisalpine et reprit Milan.

L'armée française de Naples quitta le sud de l'Italie et essaya de se joindre à l'armée française du Nord. Souvarof la battit et la rejeta sur *Gênes*.

Le Directoire envoya en Italie l'un des meilleurs généraux français, Moreau; il fut battu à son tour. Au mois d'août 1799 les Français étaient ramenés entre les Apennins et la mer comme avant la campagne de Bonaparte.

Zurich. — Entre l'Allemagne et l'Italie, le général MASSÉNA occupait la Suisse; il s'était établi derrière le lac et la rivière de Zurich, ayant en face de lui un corps russe et un corps autrichien, mais il avait trop peu de troupes pour attaquer. Il fut servi par les divisions qui se mirent entre les vainqueurs.

En Italie, Souvarof voulait restaurer les souverains renversés par les Français; les Autrichiens, au contraire, voulaient s'emparer des États italiens repris aux Français. Russes et Autrichiens ne purent s'entendre. Leurs gouvernements décidèrent que les troupes de chaque nation opéreraient chacune de leur côté.

Souvarof reçut l'ordre de passer en Suisse pour y rallier le corps russe qui s'y trouvait devant Zurich et attaquer Masséna; d'autre part le corps autrichien de Zurich devait aller combattre sur le Rhin.

Ce corps quitta Zurich avant l'arrivée de Souvarof. Masséna profita de l'occasion; il passa la rivière pendant la nuit, attaqua les Russes dans *Zurich* et les battit après leur avoir tué 6 000 hommes (25-26 septembre 1799).

Souvarof déboucha trop tard d'Italie par le col du Saint-Gothard. Apprenant la défaite des Russes, il se rejeta dans les montagnes et réussit à gagner l'Autriche, mais en abandonnant ses voitures et ses canons dans les précipices.

Masséna, qui avait sauvé la France de l'invasion, fut surnommé l' « Enfant chéri de la Victoire ».

Convention d'Alkmaar. — Dans la République batave, la flotte hollandaise avait passé aux Anglais et une armée anglo-russe avait débarqué au Helder. Le général Brune lui barra la route d'Amsterdam, la battit deux fois, puis traita avec elle à *Alkmaar* (octobre 1799). Les Anglais gardèrent la flotte hollandaise, mais se rembarquèrent pour leur pays.

Coup d'État du 30 prairial. — Pendant la période de défaites, les royalistes et catholiques de Vendée ou de Bretagne s'étaient soulevés comme en 1793 durant l'invasion.

Les Conseils accusèrent les Directeurs d'incapacité et les invitèrent à venir leur donner des explications. Les Directeurs refusèrent. Alors les Conseils prirent leur revanche des deux coups d'État précédents (p. 32). Ils obligèrent trois des Directeurs à donner leur démission et les remplacèrent par d'autres (*30 prairial* an VIII — 18 juin 1799).

GRENADIER AUTRICHIEN EN 1799

Bonnet avec haute plaque de métal à l'avant, destinée à faire paraître le grenadier plus haut de taille. Perruque nattée, habit blanc. Havre-sac, giberne renfermant les cartouches, baudrier portant la baïonnette et le petit sabre à main.

Parmi les nouveaux Directeurs élus par les Conseils se trouvait l'ex-abbé Sieyès (p. 5), qui s'occupait de politique depuis 1789. On savait que Sieyès était opposé au système de gouvernement pratiqué depuis 1795. Il avait préparé un projet de constitution qu'il croyait parfait et il avait cherché un général pour renverser le gouvernement et donner ensuite à lui-même l'occasion d'appliquer sa constitution. Sieyès s'était mis d'accord à ce sujet avec le général Bonaparte dès son retour d'Italie (1797). La campagne d'Égypte les sépara, mais Bonaparte revint en octobre 1799 pour tenter le coup d'État projeté.

Coup d'État du 18 brumaire. — Bonaparte avait pour lui Sieyès, deux autres Directeurs, et de plus la majorité du Conseil des anciens.

Pour rendre le coup d'État plus facile, les Anciens, usant des pouvoirs que la constitution leur donnait, nommèrent Bonaparte commandant de Paris et transférèrent les deux Conseils à Saint-Cloud sous prétexte qu'ils n'étaient pas en sûreté dans la capitale.

Aussitôt Bonaparte fit arrêter les deux Directeurs qui n'étaient pas du complot. Sieyès et les deux autres laissèrent faire (*18 brumaire* an VIII — 9 novembre 1799).

Le lendemain Bonaparte vint à Saint-Cloud avec des soldats et des officiers sûrs. Le Conseil des Cinq-Cents était en majorité contre lui, mais il avait comme président son frère Lucien. Bonaparte se présenta seul au Conseil des Cinq-Cents et essaya d'y parler. Les députés l'obligèrent à se retirer, puis ils se mirent à délibérer sur une proposition qui tendait à mettre Bonaparte hors la loi, c'est-à-dire à le faire fusiller comme rebelle. Bonaparte se crut un instant perdu et ne sut que faire. Alors Lucien Bonaparte sortit de la salle et vint déclarer aux soldats que les députés avaient essayé d'assassiner leur général. Sieyès dit à Bonaparte : « Ils nous mettent hors la loi, mettez-les hors la salle ! »

Enfin Bonaparte se décida à envahir la salle à la tête de ses soldats; il ordonna aux tambours de battre la charge pour empêcher qu'on n'entendît les protestations des députés et fit expulser tous les membres du Conseil des Cinq-Cents.

Les Anciens se dispersèrent d'eux-mêmes. Puis Bonaparte et les deux Directeurs ses complices prirent le gouvernement avec le titre de *Consuls provisoires* et annoncèrent une nouvelle constitution. « La Révolution, déclarèrent-ils, est fixée aux principes qui l'ont commencée et elle est finie. »

La société française en 1799. — A la fin du XVIIIe siècle, la France comptait environ 26 millions d'habitants. La grande majorité des Français se composait de *paysans* et vivait de l'agriculture.

Les paysans étaient heureux de la suppression des droits féodaux : ils souhaitaient que le gouvernement continuât à empêcher les émigrés de rentrer en France, parce qu'ils craignaient de voir les nobles, s'ils revenaient, réclamer leurs anciens privilèges.

Mais ils n'étaient pas contents qu'on maintînt les mesures *contre les prêtres insermentés*, parce qu'ils étaient croyants et parce qu'ils n'avaient confiance que dans les sacrements donnés par les prêtres à l'ancienne mode.

Dans l'Ouest, Normandie, Bretagne, Vendée, et dans quelques régions du Midi, des soulèvements royalistes et catholiques éclataient de temps à autre, dirigés par les nobles. Sur la plus grande partie du territoire, les paysans se montraient à la fois partisans de la Révolution et catholiques.

Ils n'avaient pas d'idées politiques bien claires parce que la plupart d'entre eux *ne savaient pas lire*. D'ailleurs les journaux d'alors étaient chers, le port en était coûteux : leur lecture était un luxe réservé à la bourgeoisie.

La classe aisée se composait surtout de *propriétaires fonciers*. C'est de la terre que la France tirait sa principale richesse. Le commerce extérieur avait été ruiné par la guerre maritime et la perte des colonies. L'industrie n'était qu'à ses débuts.

La classe possédante comprenait des riches qui n'avaient pas émigré et, à côté d'eux, nombre de *parvenus* qui avaient fait fortune pendant la Révolution, les uns en achetant des biens nationaux, les autres en prenant l'adjudication de grosses fournitures militaires.

En l'absence des nobles émigrés ou considérés comme suspects, les bourgeois et surtout les enrichis formaient une *nouvelle classe dirigeante* en relations avec les fonctionnaires et les députés. A Paris et dans les grandes villes, la bourgeoisie vivait luxueusement, roulait carrosse, donnait des fêtes magnifiques : mais elle avait des manières plus simples et plus rudes que celles de la haute société avant la Révolution. L'étiquette avait disparu. Le tutoiement, l'usage du nom de citoyen au lieu de monsieur continuaient, au moins dans les cercles officiels. On continuait d'employer le calendrier révolutionnaire. Les bourgeois étaient alors moins croyants que le peuple : beaucoup s'abstenaient de fréquenter les églises.

La bourgeoisie demandait le maintien du régime nouveau ; elle ne voulait pas voir revenir un roi, une cour, des nobles qui lui auraient enlevé son rang de classe dirigeante. Elle souhaitait seulement un pouvoir fort qui mît fin aux troubles, aux coups d'État et qui donnât la sécurité nécessaire aux affaires.

Questionnaire.

La Constitution de l'an III. Les partis. — Le droit de vote en 1795. Rappeler le sens de « suffrage censitaire ». Qu'est-ce qu'une contribution directe ? Le Conseil des anciens. Le Conseil des Cinq-Cents. Différence avec les Assemblées de 1789 à 1795. Les Directeurs. Leurs attributions. Quelle institution précédente rappelaient-ils ? Qui les nommait ?

Les juges. Les municipalités cantonales. Les commissaires. A quels fonctionnaires précédents ressemblaient-ils? Différence avec le régime établi en 1791. Sens du mot « autonomie locale ».

Les partis. Sur quoi s'appuyait le Directoire? D'où vint la puissance des généraux? Qu'étaient-ce que les Égaux? Que voulait Babeuf? Avec qui s'allia-t-il? Sort de la conjuration? Résultat des élections de 1797? Qui fit le coup d'État du 18 fructidor? Contre qui? Mêmes questions pour 1798 et le 22 floréal?

Fin de la première coalition (1795-97). — Avec quels États le Directoire restait-il en guerre? Plan d'opérations sur terre. Campagne d'Allemagne. Moreau. Campagne d'Italie. Tactique de Bonaparte. Opérations contre le roi de Sardaigne. Prise de Milan. Opérations autour de Mantoue. Marche sur Vienne. Léoben. Rôle personnel de Bonaparte. Les procédés financiers en Italie. Paix de Campo-Formio : stipulations relatives à l'Italie, aux frontières naturelles.

Expédition d'Égypte (1797-99). — Projets contre l'Angleterre. Pourquoi Bonaparte voulut-il aller en Égypte? A qui appartenait l'Égypte? Difficultés que présentait l'expédition? Prise de Malte. A qui appartenait Malte? Occupation de l'Égypte. Conséquences du désastre d'Aboukir?

Pourquoi Bonaparte fit-il l'expédition de Syrie? Son résultat. Pourquoi Bonaparte revint-il en France? Perte de l'Égypte et de Malte.

La deuxième coalition (1799). — Mesures financières prises par le Directoire en France. Motifs de ses interventions au dehors. Qui l'appela en Suisse? Qu'y firent les Français? Mêmes questions pour Rome, pour Naples.

Quelles puissances prirent part à la coalition? Pourquoi? État de l'armée française. La conscription. Nouvel impôt.

Qu'était-ce que le Congrès de Rastatt? Qu'arriva-t-il aux plénipotentiaires français? Revers en Allemagne; en Italie. Leurs conséquences. Différends entre Russes et Autrichiens. Leurs conséquences pour les opérations. Zurich. Les opérations en Hollande.

Les derniers coups d'État (1799). — Qui fit le coup d'État du 30 prairial? Contre qui? Qu'était Sieyès? Que voulait-il? Pourquoi s'allia-t-il à Bonaparte? Coup d'État du 18 brumaire : 1° contre les Directeurs; 2° contre les Conseils. Qui prit le pouvoir après le coup d'État?

Quelle était la principale source de richesse en France? Les paysans. Qu'espéraient-ils de la Révolution? Que reprochaient-ils au gouvernement?

Qui lisait à cette époque? Quelle classe dirigeante avait en partie disparu? De qui se composait la nouvelle classe dirigeante. Que voulait la bourgeoisie?

SUJETS COMPLÉMENTAIRES

Les généraux : Jourdan, Moreau, Bonaparte.

Narrations d'après les mémoires militaires : Entrée des Français à Milan. — Bonaparte au Caire.

CHAPITRE VII

LE CONSULAT

Bonaparte Premier Consul. — Après le 18 brumaire (11 novembre 1799) Bonaparte et les deux anciens Directeurs qui l'avaient aidé à faire le coup d'État avaient été nommés *Consuls provisoires*. Une commission formée de membres des anciens Conseils devait préparer une Constitution. Un mois se passa en discussions; puis Bonaparte fit appeler les membres de la commission et leur dicta une Constitution (13 décembre 1799). Ce fut la *Constitution de l'an VIII*.

Cette Constitution établissait un *Premier Consul* qui avait tous les pouvoirs; Bonaparte s'attribua ces fonctions; les deux autres consuls n'avaient plus que des fonctions de parade.

Il était dit que la Constitution ne serait appliquée qu'après avoir été soumise au peuple et ratifiée par lui. Bonaparte *s'installa immédiatement* au pouvoir et nomma les fonctionnaires avant de soumettre la Constitution au peuple. A partir de décembre 1799, il devint en France le maître absolu.

Napoléon Bonaparte. — En 1799, le Premier Consul n'avait que trente et un ans : il était petit, maigre, mais il étonnait tous ceux qui l'approchaient par sa résistance à la fatigue et par l'étendue de sa mémoire et son intelligence. Dès le commencement du Consulat il obligea le Conseil d'État qu'il présidait à prolonger ses séances la nuit pour achever la préparation des lois nouvelles. Seul il résistait au sommeil et on le voyait se lever pour aller secouer les conseillers qui s'endormaient et leur crier : « Allons! il faut gagner l'argent que la République nous donne ».

Il s'est toujours occupé de toutes les affaires civiles et militaires, se faisant rendre compte par tous les ministres, se rappelant tout, songeant à tout, même au milieu des guerres.

Constamment occupé, Napoléon n'aimait pas être dérangé. Il a toujours été emporté, violent, grossier de langage; pourtant jusqu'au Consulat, il sut généralement se contenir avec les gens qu'il voulait s'attacher et il en conquit beaucoup à force de souplesse et d'attentions.

Une fois maître absolu, il devint fort désagréable, même pour ses admirateurs. « Quel dommage, disait un jour un de ses ministres, qu'un si grand homme ait été si mal élevé! »

Napoléon méprisait les hommes et croyait qu'on peut tous les conduire par l'intérêt, l'envie, la jalousie. Il affectait de ne pas croire à l'enthousiasme pour les principes. Il appelait les hommes politiques de la République « ces imbéciles qui croyaient à la liberté ». Il prétendait même ne pas croire aux sentiments et n'en voulait pas tenir compte. Le savant Laplace, que Napoléon estimait beaucoup, annonça un jour à l'Empereur qu'il venait de perdre sa fille unique : « Appliquez le calcul à cet événement, répondit Napoléon, et vous verrez qu'il est égal à zéro. »

Nouvelle forme du pouvoir absolu. — En prenant le pouvoir, Bonaparte avait déclaré : « Il n'y a pas en France un homme plus civil que moi ». On put croire à ce moment qu'il considérait sa carrière militaire comme terminée et qu'il voulait se consacrer à ses fonctions de chef de gouvernement. C'est ce qu'il fit en effet pendant trois années. Mais, en pleine administration, il restait un militaire qui n'admettait pas la discussion et qui voulait que la nation obéît à ses ordres comme une armée.

Le régime du Consulat et de l'Empire a un double caractère; c'est un despotisme, mais il s'exerce au nom des principes de la Révolution. Bonaparte disait volontiers qu'il avait mis fin à la Révolution, mais qu'il restait l'homme de la Révolution.

Le droit de vote. — La Constitution de l'an VIII (1799) maintient le principe de la *souveraineté nationale*, établi par la Déclaration des Droits de l'homme; elle laisse donc aux citoyens le *droit de vote*, mais elle en restreint singulièrement l'usage.

En effet les citoyens de chaque commune sont appelés une seule fois à voter pour désigner un dixième d'entre eux qui forment la *liste des notabilités* de l'arrondissement; dans chaque département les notabilités d'arrondissement ainsi nommées désignent un dixième d'entre elles qui forment la liste de département; enfin les notabilités de tous les départements désignent un dixième d'entre elles et tous ces dixièmes forment la liste nationale.

SOUS-PRÉFET

Costume officiel pour les cérémonies, dessiné par le peintre David. Le costume actuel de nos sous-préfets en dérive avec quelques modifications pour se conformer aux changements de la mode. On a conservé le chapeau légèrement modifié, les broderies au collet et aux manches.

Le Premier Consul prend ensuite dans ces listes tous les fonctionnaires et les membres des conseils généraux et des assemblées soi-disant électives. En réalité le Premier Consul fit les nominations avant l'établissement des listes. Il n'y eut donc plus d'élections.

Le plébiscite. — En revanche, Bonaparte décida que les citoyens seraient appelés à répondre par oui ou par non s'ils acceptaient la constitution, et qu'ils seraient consultés de même sur les changements qui pourraient y être apportés plus tard. C'est ce qu'on appela le *plébiscite* ou consultation du peuple, d'un nom emprunté à l'histoire romaine. Les réponses étaient données par écrit sur un registre ouvert, en présence d'un fonctionnaire. Les fonctionnaires faisaient ensuite, sans contrôle, le compte des *oui* et des *non*. Il y eut trois plébiscites sous le Consulat et l'Empire; les chiffres officiels donnèrent une majorité énorme de *oui*.

Le Sénat conservateur. — Bonaparte institua un Sénat

conservateur, il en nomma les membres et leur donna de gros traitements. Ce sénat devait, comme l'indique son nom, veiller au maintien de la Constitution : en outre, il devait « régler tout ce qui n'a pas été prévu par la Constitution ». Bonaparte se servit de lui pour modifier les lois suivant ses désirs. Par exemple quand il voulut lever des conscrits avant l'époque légale il demanda au sénat des décrets spéciaux appelés *sénatus-consultes* : le Sénat ne les refusa jamais.

Le pouvoir législatif. — « Les avocats et les factieux, disait Napoléon, ne feront pas de moi un second Louis XVI. » Pour entraver l'opposition, il divisa le pouvoir législatif entre trois corps.

Les lois étaient préparées par un corps de *fonctionnaires* appelé Conseil d'État comme sous l'ancienne monarchie.

Elles étaient ensuite portées devant une Chambre élue appelée Tribunat, qui les discutait, mais sans les voter.

Enfin elles étaient présentées au Corps législatif, élu, qui votait pour ou contre elles sans discussion. Le Tribunat, qui discutait, gênait Napoléon. « C'est une vermine que j'ai sur mes habits », disait-il. Il le supprima plus tard en faisant entrer ses membres dans le Corps législatif (1807).

Centralisation administrative. — Tandis que la Constituante avait donné aux départements une administration *élue* par les citoyens, le Directoire avait rétabli la *centralisation*, c'est-à-dire l'administration par des fonctionnaires que nomme le chef du gouvernement central.

Bonaparte acheva cette œuvre imitée de l'Ancien Régime. Il maintint les départements, mais mit à la tête de chacun d'eux un *préfet*, fonctionnaire dont le nom signifie en latin gouverneur.

Le préfet représente dans son département le chef de l'État : il a à sa disposition la police, les gendarmes, il contrôle les fonctionnaires et fait surveiller les habitants suspects. Aujourd'hui le préfet est dirigé par le ministre de l'Intérieur, qui correspond avec lui à tout instant par télégraphe ou téléphone. Sous le Consulat, où les communications étaient lentes, le préfet prenait sans tarder et de son propre mouvement les décisions les plus importantes, puis il en écrivait au ministre.

C'était alors un véritable petit souverain, comme l'intendant sous l'Ancien Régime (*1re Année*, p. 140).

Pour ces postes Bonaparte eut soin de choisir des partisans du régime nouveau, décidés à réprimer les conspirations royalistes.

Les départements furent divisés en *arrondissements*, admi-

UN BAPTÊME CHEZ LES THÉOPHILANTHROPES, d'après une gravure du temps.

Théophilanthropes signifie : amis de Dieu et des hommes; c'était le nom pris par les disciples d'une des religions nouvelles qui se fondèrent sous la Révolution. Les Théophilanthropes avaient des cérémonies célébrées par un clergé en costume : on les voit ici dans la partie de Notre-Dame qui leur avait été attribuée ; derrière la draperie qui s'arrête au-dessous des chapiteaux des colonnes, d'autres cultes étaient célébrés : ce partage de certaines églises dura jusqu'au Concordat de 1800 qui rendit les églises exclusivement aux catholiques.

nistrés par les sous-préfets, qui furent choisis dans le même ordre de personnes que les préfets.

Les maires eux-mêmes furent *désignés par le pouvoir central* : Bonaparte choisit comme maires des citoyens riches et, quand il le put, des nobles, ralliés à sa cause; il aimait à s'appuyer sur la classe possédante, quand il pouvait le faire sans danger. Les actes des maires étaient soumis au contrôle des préfets.

Centralisation financière. — On maintint dans les départements un Conseil général élu; mais il perdit presque tous ses pouvoirs.

Depuis 1791, les Conseils départementaux élus étaient chargés de répartir et de percevoir les *impôts* directs, seuls conservés jusqu'au Consulat.

Bonaparte trouva que les impôts ne rentraient pas assez vite; il les fit répartir et percevoir comme sous l'Ancien Régime par des *fonctionnaires*, les percepteurs, receveurs et directeurs.

Dans chaque département il installa un *Trésorier-payeur général*, qui était un personnage riche, pouvant faire au Trésor public des avances quand les impôts rentraient trop lentement. Depuis longtemps, ce cas ne se produit plus.

Centralisation judiciaire. — Depuis 1791 les juges étaient élus; Bonaparte refit d'eux des *fonctionnaires* nommés par le chef du gouvernement, comme sous l'Ancien Régime.

Il maintint les juges de paix, les tribunaux civils, les cours d'assises; il établit des *cours d'appel* sur le modèle des anciens Parlements (*1re Année*, p. 107). Il maintint la Cour de cassation.

La Révolution avait rendu la justice gratuite en supprimant la vénalité des *charges* (*1re Année*, p. 112) qui autorisait les magistrats à se faire payer par les plaideurs. Bonaparte fit payer les juges par l'État, mais il rétablit les charges vénales de notaires, avoués, huissiers, greffiers; depuis le Consulat, ces agents achètent leurs charges et se font payer par les clients.

L'organisation administrative, financière, judiciaire de Bonaparte est restée la nôtre. Nous conservons les mêmes fonctionnaires, nous en maintenons le même nombre, bien que les communications soient infiniment plus rapides depuis la création des chemins de fer, et bien que la nation soit plus facile à administrer qu'après dix ans de Révolution et de guerres civiles.

La question religieuse. — Depuis 1795, les Églises étaient séparées de l'État (p. 74). Les bâtiments du culte avaient été prêtés par l'État ou les communes à toutes les religions soit anciennes, soit nouvelles, comme la *théophilanthropie* ou religion de l'humanité, et d'autres encore; parfois la même église était partagée par des cloisons en sections dont chacune servait à un culte différent.

Les cérémonies publiques, les sonneries de cloches, les processions, le port de la soutane hors des églises, étaient interdits comme contraires à l'égalité des cultes.

Si l'État reconnaissait toutes les religions, il n'admettait comme représentants du catholicisme que les prêtres assermentés (p. 27), qui acceptaient d'être élus par les fidèles et dont beaucoup se mariaient. Ces prêtres formaient une Église *gallicane* ou nationale, qui échappait à l'autorité du pape et que le pape ne reconnaissait pas.

A côté d'eux officiaient des prêtres réfractaires que le pape reconnaissait; depuis la fin de la Terreur, on les laissait à peu près tranquilles, bien que leur ministère fût toujours illégal. Les paysans, c'est-à-dire l'immense majorité de la nation, préféraient les prêtres réfractaires, parce qu'ils se conformaient à la tradition.

La bourgeoisie instruite était alors anti-cléricale; les conseillers de Bonaparte pensaient qu'on devait laisser subsister la séparation.

Le Concordat. — Bonaparte craignait les prêtres réfractaires qui étaient tous partisans d'une restauration monarchique, et il voulait se rendre populaire en rétablissant la religion sous la forme à laquelle le peuple était accoutumé; mais en même temps il tenait à transformer les curés et les évêques en fonctionnaires placés sous sa direction comme les agents civils et les juges. « Il faut, disait-il, une religion pour le peuple, il faut que cette religion soit dans les mains du gouvernement. »

Malgré la plupart de ses conseillers, Bonaparte se mit à traiter avec le pape. Le pape exprima d'abord le désir de rétablir la religion catholique sous la même forme qu'avant la Révolution; mais Bonaparte lui imposa ses conditions et menaça, si elles n'étaient pas acceptées, de rompre les négociations. Le pape se résigna à céder pour ne pas perdre l'occasion de reprendre en France une partie du terrain perdu.

Le traité entre Bonaparte et le pape fut préparé à Paris sous la direction du Premier Consul : on l'appela CONCORDAT comme le traité signé par François Ier et qui avait été abrogé lors de la Constitution civile du clergé. Il fut signé à Paris le 15 juillet 1800.

Bonaparte et le pape s'entendirent aisément pour supprimer l'élection des *évêques*. Comme sous l'Ancien Régime, le gouvernement les nomma et le pape leur donna l'institution canonique, c'est-à-dire le droit de conférer les sacrements ; les évêques nommèrent les curés.

Bonaparte accorda au pape le *rétablissement des processions*, des sonneries de cloches, de ce que l'on appelle le culte public. Mais l'État français conserva les *biens du clergé* nationalisés en 1789 ; il promit seulement de payer les évêques et les curés.

Bonaparte exigea que les curés fussent obligés de *prier pour les Consuls et la République*, les évêques, de jurer qu'ils ne feraient aucune conspiration et qu'ils dénonceraient celles qui parviendraient à leur connaissance.

Il atteignait ainsi son principal but : détacher le clergé catholique des Bourbons et le mettre au service de son gouvernement.

Les articles organiques. — Enfin Bonaparte exigea et obtint que le Concordat lui reconnût le droit de faire des règlements applicables au clergé dans l'intérêt de la tranquillité publique.

Il en profita pour publier les *articles organiques* ; ils interdisaient aux évêques d'aller à Rome sans la permission du gouvernement et ils ordonnaient aux séminaires d'enseigner la doctrine catholique *gallicane*, qui n'admet pas la soumission absolue au pape. Le pape protesta contre les articles organiques, mais ce fut en vain. « J'entends, disait Napoléon à un évêque, qu'on enseigne les libertés de l'Eglise gallicane ; j'ai le glaive à mon côté, prenez garde à vous. »

Le sacre. — Bonaparte, d'ailleurs, tint sa promesse en ce qui concernait le rétablissement du culte public. Il fit célébrer la mise en vigueur du Concordat par une messe solennelle à laquelle il assista, accompagné de tous les hauts fonctionnaires et dignitaires. Il ordonna de rendre les honneurs militaires au

Saint-Sacrement, aux cardinaux, aux évêques, comme sous l'Ancien Régime.

Quand il se fit couronner empereur en 1804, il voulut être sacré par le pape comme autrefois Charlemagne : Charlemagne et les empereurs d'Allemagne ses successeurs étaient allés à Rome se faire sacrer. Bonaparte exigea que le pape vînt à Paris; enfin, dans la cérémonie, quand le pape voulut lui placer la couronne sur la tête suivant l'usage, Bonaparte la lui prit des mains et se couronna lui-même.

COSTUME D'HOMME EN 1802

Costume d'hiver. Chapeau de castor. Habit boutonné, pantalon collant, bottes ; grand manteau ou carrick à plusieurs pèlerines étagées.

Malgré tout, le pape et le clergé furent satisfaits au début. Les évêques devinrent de bons fonctionnaires. Leur catéchisme portait que ceux qui manqueraient au devoir envers l'Empereur « résisteraient à l'ordre de Dieu et se rendraient dignes de la damnation éternelle ». Napoléon disait, à l'époque de sacre : « Il n'est rien que je ne puisse faire avec mes évêques et mes gendarmes ». Plus tard Bonaparte devint si exigeant qu'il se brouilla avec le pape et les catholiques (p. 170).

Les cultes protestant et juif. — Le pape avait demandé que le catholiscisme fût proclamé seule religion d'État, comme sous l'Ancien Régime. Bonaparte consentit seulement à déclarer qu'il était la religion de la grande majorité.

Le pape aurait voulu aussi que Bonaparte ne proclamât pas que toutes les religions jouissaient d'une égale tolérance. Bonaparte *maintint la liberté de religion et de culte* proclamée par la Révolution. Mais il transforma les pasteurs protestants et les rabbins juifs en *fonctionnaires* nommés par l'État et surveillés par lui, comme les curés et les évêques. Cette situation a duré jusqu'à la séparation des Églises et de l'État (1906).

Continuation de la guerre. — Au moment où Bonaparte

s'empara du pouvoir (novembre 1799), la France était toujours en guerre avec l'Autriche et l'Angleterre : l'hiver avait arrêté les opérations. Bonaparte fit des offres de paix : mais les ennemis crurent que les coups d'État allaient continuer ; ils comptaient aussi sur la guerre civile, qui avait recommencé en Vendée pendant que les armées françaises étaient battues en Italie (1798). Il refusèrent de traiter.

Marengo. — L'Autriche était alors maîtresse de l'Italie du Nord : l'armée française d'Italie commandée par Masséna était bloquée dans *Gênes* par l'armée autrichienne et la flotte anglaise, et on s'attendait à la voir capituler parce qu'elle n'avait pas de vivres. Elle dut se rendre en effet après une énergique résistance.

Pendant que les Autrichiens étaient retenus autour de Gênes, Bonaparte réunit une armée à Dijon, comme s'il avait voulu aller bloquer Gênes : quand elle fut concentrée, il la conduisit rapidement à travers la Suisse française au pied du col du *Grand Saint-Bernard*, qui mène de Suisse à Milan. Ce col n'avait qu'un sentier inaccessible aux chevaux. Bonaparte y fit passer ses soldats un à un ; il leur fit traîner quelques pièces de canon démontées, et placées dans des glissières de bois.

Il parvint à *Milan* avant que les Autrichiens eussent pu venir à sa rencontre, acheta des chevaux et emprunta des canons supplémentaires aux arsenaux de Milan.

Puis il marcha sur Gênes. Craignant de voir les Autrichiens lui échapper par le Nord ou par le Sud, il avait dispersé son armée en plusieurs corps dans toutes les directions. Le corps que commandait Bonaparte se heurta près du village de *Marengo* à toute l'armée autrichienne qui sortait de la place forte d'Alexandrie. Bonaparte résista toute la matinée, mais il fut débordé et repoussé. Au moment où le général autrichien se croyait vainqueur, le corps du général Desaix arriva au secours de Bonaparte, recommença le combat et rejeta les Autrichiens dans Alexandrie (14 juin 1800).

Le général autrichien, craignant d'être assiégé et pris dans la ville d'Alexandrie, signa un armistice qui lui permit de se retirer avec son armée, mais en rendant Gênes aux Français et en reculant jusqu'en Vénétie.

Hohenlinden. — Pendant l'armistice Bonaparte offrit de nouveau la paix, mais les Autrichiens n'acceptèrent pas ses conditions.

La guerre recommença en plein hiver. Cette fois, la principale opération fut confiée au général Moreau, qui occupait la *Bavière*. Il marcha de Munich sur Vienne et détruisit l'armée autrichienne dans la forêt de *Hohenlinden* (3 décembre 1800). La route de Vienne était ouverte.

Le souverain de l'Autriche renvoya le ministre qui avait poussé à la guerre et engagea des négociations.

Paix de Lunéville. — Les négociations aboutirent à la paix de Lunéville (3 février 1801).

On revint à peu près aux stipulations de Campo-Formio. La France garda le *Piémont* et Gênes. La *République cisalpine*, capitale Milan, fut rétablie. La République toscane devint le *royaume d'Étrurie*, qui fut donné au gendre du roi d'Espagne, allié de Bonaparte.

L'Autriche garda la *Vénétie*; le *pape* et le roi de *Naples* gardèrent leurs États.

COSTUME DE DAME EN 1802

Robe à taille haute. Grand châle des Indes à broderies : la mode des châles commença sous le Consulat.

Guerre avec l'Angleterre. — La guerre continua pendant une année encore avec l'Angleterre. Bonaparte chercha des alliés contre elle. Le *tsar* Paul Ier, qui avait changé de politique, offrit à Bonaparte de s'allier avec lui pour conquérir l'Inde; mais il fut assassiné par des nobles russes.

Le roi de Danemark et de Norvège, qui avait une flotte de guerre importante, essaya de former une ligne des neutres pour faire respecter les navires de commerce des puissances qui n'étaient pas en guerre. La flotte anglaise attaqua *Copenhague* sans déclaration de guerre, s'empara des navires danois et brûla les arsenaux de la ville.

La paix d'Amiens. — Malgré les victoires navales, le Parlement anglais était fatigué de la guerre qui durait depuis 1793, qui coûtait très cher et qui gênait le commerce. Bonaparte le savait : il réunit des troupes et des navires à Boulogne et feignit de préparer un débarquement en Angleterre. Le roi d'Angleterre renvoya son ministre, partisan de la guerre à outrance, et confia le pouvoir aux partisans de la paix qui engagèrent des négociations. Le 25 mars 1802, l'Angletere et la France signèrent la *paix d'Amiens*.

L'Angleterre acceptait tous les agrandissements de la France sur le continent, y compris l'annexion du port d'*Anvers*. Elle rendait à la France ses *colonies*, mais gardait deux îles prises aux alliés de la France, Ceylan aux Hollandais, la Trinité à l'Espagne. Elle promettait de rendre l'*Egypte* au sultan et *Malte* aux chevaliers..

Dans les deux pays on accueillit avec joie cette paix qui mettait fin à neuf années de guerre et qu'on croyait devoir durer longtemps.

Les ennemis de Bonaparte. — La paix porta au comble la popularité de Bonaparte, qui ne cessait de croître depuis 1800. Bonaparte avait pourtant deux groupes d'ennemis : les républicains et les royalistes.

Les républicains étaient peu nombreux, mais ils avaient pour eux une partie de l'armée, surtout les officiers de l'armée d'Allemagne, mécontents parce que Bonaparte avait accordé des faveurs à l'armée d'Italie qu'il avait commandée ; les mécontents se groupaient autour de Moreau, général de l'armée d'Allemagne, que la victoire de Hohenlinden avait illustré et que l'on considérait comme le rival du Premier Consul.

Les royalistes avaient espéré, après le coup d'État, que Bonaparte se mettrait au service des Bourbons et les rappellerait au pouvoir ; ils lui firent des offres, mais Bonaparte les repoussa et ordonna à la police de traquer les agents royalistes. Alors les royalistes essayèrent de tuer Bonaparte.

La machine infernale. — Le 24 décembre 1800, plusieurs conspirateurs royalistes firent éclater une machine infernale,

LE PREMIER CONSUL VISITE LA FABRIQUE DES FRÈRES SEVENNES A ROUEN, EN 1802. D'après sépia de J.-B. Isabey (1767-1835), au Musée de Versailles.

Cette fabrique est un tissage où sont réunis des métiers à main. Le Premier Consul, entouré de fonctionnaires civils en uniforme, ministre, préfet, etc., félicite un vieil ouvrier endimanché. A droite, dames en costume à l'antique et officiers en uniforme.

sorte de paquet de bombes, sur le passage du Premier Consul dans une rue de Paris. Bonaparte feignit de croire que le coup venait des républicains : la police arrêta les derniers Jacobins au nombre de 130 et les déporta à Madagascar où ils moururent de maladies et de privations.

En même temps on poursuivait les vrais auteurs du complot, les conspirateurs royalistes ; ils furent arrêtés et guillotinés un an après l'attentat.

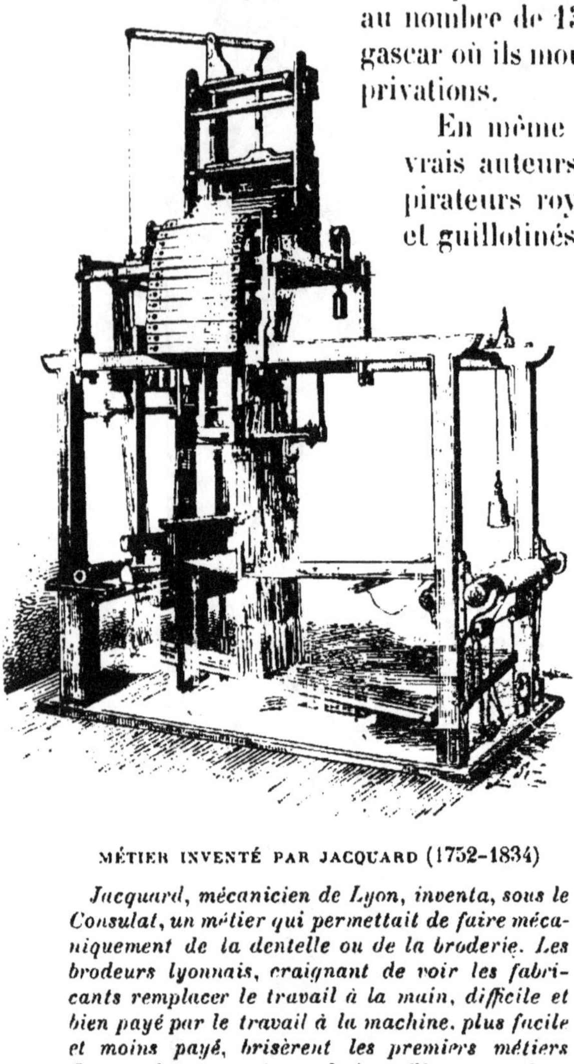

Le Consulat à vie. — Profitant de l'émotion générale et de la popularité que lui valait la paix, Bonaparte fit établir par le Conseil d'État un projet qui lui donnait le *Consulat à vie*, et non plus pour dix ans, comme la Constitution de l'an VIII ; il y fit ajouter, par le Sénat, qu'il aurait le *droit de désigner* son successeur. Le projet, ainsi complété, fut soumis au *plébiscite* et obtint une grosse majorité. Cette modification a été appelée la CONSTITUTION DE L'AN X (1802).

MÉTIER INVENTÉ PAR JACQUARD (1752-1834)

Jacquard, mécanicien de Lyon, inventa, sous le Consulat, un métier qui permettait de faire mécaniquement de la dentelle ou de la broderie. Les brodeurs lyonnais, craignant de voir les fabricants remplacer le travail à la main, difficile et bien payé par le travail à la machine, plus facile et moins payé, brisèrent les premiers métiers Jacquard et menacèrent de jeter l'inventeur dans le Rhône. Mais les fabricants d'Angleterre et ceux de France adoptèrent le « Jacquard » qui, perfectionné, est toujours en usage dans les fabriques de tulles et de broderies mécaniques.

Dès lors Bonaparte commença à vivre moins simplement. Il s'attribua une liste civile de plusieurs millions. Il s'installa aux Tuileries comme les anciens rois ; comme eux, il se fit appeler par son prénom. Il décida que l'anniversaire de sa naissance serait fête nationale.

Dans son entourage, on abandonna les manières de l'époque révolutionnaire. On cessa de se tutoyer. On s'appela Monsieur et Madame comme sous l'Ancien Régime, et non plus Citoyen et Citoyenne.

Les complots militaires. — Les conspirations républicaines

LE CHATEAU DE LA MALMAISON EN 1802, d'après un dessin du temps.
Propriété de Bonaparte qui fut habitée par lui après la campagne d'Italie et au commencement du Consulat. Le général y recevait ses amis simplement, sans étiquette, suivant les mœurs qui durèrent jusqu'au Consulat à vie.

continuaient dans l'armée. Bonaparte se débarrassa des officiers de l'armée d'Allemagne en les envoyant les uns à l'Ile de France, sous prétexte de préparer une expédition contre l'Inde, les autres à Saint-Domingue, pour reprendre l'île aux nègres révoltés.

Il y eut pourtant des conspirations militaires jusqu'à la fin du règne.

Les royalistes essayèrent de s'entendre avec les officiers mécontents. Ils avaient avec eux l'ancien général *Pichegru*.

destitué sous le Directoire, puis exilé à cause de ses négociations avec les Bourbons. Pichegru rentra secrètement en France et essaya de gagner le général *Moreau*. Moreau refusa de conspirer mais il promit de ne pas dénoncer Pichegru, qui avait été son ami. Or la police de Bonaparte filait Pichegru : elle l'arrêta ainsi que Moreau et toutes les personnes avec qui il s'était mis en relations (février 1804). Pichegru fut trouvé étranglé dans sa prison. Moreau fut banni et se retira aux États-Unis. Les royalistes furent condamnés à mort et exécutés.

Pendant la conspiration de Pichegru, Bonaparte avait espéré que le prétendant à la couronne (le futur Louis XVIII) viendrait secrètement en France et s'y ferait prendre. Il voulait à tout prix faire un exemple sur un membre de la famille royale. Or le *duc d'Enghien*, cousin du prétendant, résidait en territoire badois, tout près de l'Alsace. Bonaparte le fit arrêter par les gendarmes français sur le territoire badois et amener à Vincennes, où il fut fusillé après un semblant de jugement.

L'Empire. — En même temps Bonaparte se faisait adresser par les préfets des lettres où on disait que la population le suppliait de prendre la couronne pour déjouer les projets des légitimistes. Le titre de roi était impopulaire ; un membre du Tribunat en inventa un autre, celui d'empereur, qui avait été porté par les souverains de Rome. Le Sénat offrit à Napoléon, qui l'accepta, le titre d'*Empereur des Français* : on ajouta que cette dignité serait héréditaire de mâle en mâle dans sa famille (1804).

Bonaparte prit alors le nom de *Napoléon Ier*. Le changement de Constitution fut ratifié par un *plébiscite*. On appelle CONSTITUTION DE L'AN XII (1804) l'établissement de l'Empire.

Questionnaire.

Napoléon Bonaparte. — Quel titre avait Napoléon Bonaparte au lendemain du 18 brumaire ? Quelles fonctions se fit-il donner ensuite ? Comment fut faite la Constitution de l'an VII ?

Caractère de Napoléon Bonaparte. Comment comprit-il le gouvernement ? Le pouvoir absolu fut-il exercé par lui exactement comme sous l'Ancien Régime ?

LE SACRE DE NAPOLÉON Ier; L'EMPEREUR PLAÇANT LA COURONNE SUR LA
Conservé au

Le pape est assis derrière l'empereur debout : les personnages debout, portan costume; derrière l'impératrice, dames d'honneur.

Le peintre David, chef de l'école classique, a représenté, après les grandes scè

…E DE L'IMPÉRATRICE JOSÉPHINE ; D'APRÈS LE TABLEAU DE DAVID (1748-1825).
…sée du Louvre.
… *mitre sont des archevêques et des évêques. A droite, dignitaires de la cour en grand*
… *de la Révolution, toutes celles de l'Empire.*

La Constitution de l'an VII (1799). — Le droit de vote fut-il maintenu? Comment s'exerça-t-il? Qu'est-ce que le plébiscite? Fut-il mis en pratique?

Qu'était-ce que le Sénat? Comment ses membres étaient-ils choisis? Qu'était-ce qu'un sénatus-consulte?

Comment les lois étaient-elles préparées et votées? Pourquoi la division du pouvoir législatif en trois corps? Lequel était composé de fonctionnaires?

Qu'est-ce que la centralisation? Les préfets. Comment furent-ils choisis? Quelle subdivision fut établie par Bonaparte? Les maires.

Par qui furent perçus les impôts directs? Différence avec le système de 1791.

Changements apportés à la nomination des juges; à l'organisation des tribunaux. Quelles charges vénales furent rétablies?

Le Concordat (1800). — Qu'est-ce que la séparation des Églises et de l'État? Qu'était-ce qu'un prêtre assermenté? Le gallicanisme. Quelle partie de la nation était croyante? Quelle autre incroyante?

Politique personnelle de Bonaparte. Que voulait-il?. Comment traita-t-il avec le pape? Qu'est-ce qu'un concordat? Concessions de Bonaparte. Concessions faites par le pape. Les articles organiques. Rétablissement du culte public. Le sacre.

Bonaparte maintint-il la liberté pour les cultes non catholiques? Que fit-il de leurs prêtres?

Fin de la deuxième coalition (1800-1802). — Positions des Autrichiens et des Français en Italie. Par où Bonaparte entra-t-il en Italie? Comment? Marengo. Conséquences de cette bataille.

Campagne d'hiver en Bavière. Ses résultats. Paix de Lunéville. Changements en Italie.

Alliés de Bonaparte contre l'Angleterre. Bombardement de Copenhague. Le premier camp de Boulogne. La paix d'Amiens. Conditions de cette paix.

L'Empire (1804). — Quels partis étaient opposés à Bonaparte? La machine infernale. Poursuites contre les républicains; contre les royalistes. Le Consulat à vie.

L'affaire Moreau-Pichegru. L'exécution du duc d'Enghien. Ses motifs. Comment l'Empire fut-il établi?

SUJETS COMPLÉMENTAIRES

Comparez le Sénat, le Conseil d'État, le Corps législatif aux institutions actuelles qui paraissent leur correspondre. Ressemblances et différences.

Les institutions qui datent de Napoléon dans un arrondissement et dans un département actuels.

CHAPITRE VIII

L'EMPIRE JUSQU'AU TRAITÉ DE TILSIT

L'Acte de médiation. — La paix générale dura environ dix-huit mois (1802-1803). Si elle fut si courte c'est que la politique extérieure de Bonaparte était conquérante même en temps de paix.

Bonaparte ne se montra généreux qu'à l'égard de la République helvétique. Il en rappela les troupes françaises et, par l'*Acte de médiation* (1803), il assura à la Suisse l'indépendance avec une constitution *fédéraliste*.

Le Recès. — En Allemagne, on reprit le règlement des indemnités à donner aux princes dépossédés ou à ceux qui avaient souffert de la guerre (p. 87). Bonaparte fit faire cette opération à Paris par son ministre des Affaires étrangères, et, quand tout fut prêt, les dispositions furent portées devant la Diète allemande qui les adopta (1803) sous le nom de *Recès* (remaniement).

Bonaparte avait favorisé dans ces remaniements les princes de l'Allemagne du Sud, Bavière, Wurtemberg, Bade, Hesse, qui étaient *les alliés des Français*, et la Prusse, qui vivait en paix avec la France depuis 1795.

Ces États ne reçurent pas seulement des compensations, ils furent *agrandis* considérablement.

Les territoires qu'on leur donnait étaient pris aux villes libres, aux principautés ecclésiastiques, aux petits seigneurs indépendants. On continua ces opérations sous tout le régime napoléonien, et elles eurent pour effet une concentration des États.

En 1815, l'Allemagne compta 39 États, au lieu de 1900 en 1789.

Le royaume d'Italie. — En Italie l'armée française occupait le *Piémont*. Bonaparte le garda, l'annexa et le divisa en départements (1802).

Il transforma la République cisalpine, capitale Milan, en *République italienne* (1801) et s'en fit nommer vice-président. Puis, quand il fut empereur, il fit de cette république un *royaume d'Italie* et prit le titre de roi d'Italie. Son beau-fils, le prince Eugène, résidait à Milan et gouvernait le pays avec le titre de vice-roi.

Le royaume d'Italie ne comprenait qu'une partie de l'Italie du Nord ; mais son nom indiquait que Bonaparte considérait l'Italie comme une nation : les patriotes italiens espéraient qu'il l'agrandirait plus tard. Bonaparte avait dit un jour : « Je vous demande vingt ans pour faire la nation italienne ». L'idée d'unité italienne date de cette époque.

La république de Gênes fut annexée à la France (1805).

La Toscane, capitale Florence, devint en 1801 le *royaume d'Étrurie*, donné au gendre du roi d'Espagne, qui était l'allié du gouvernement français.

En somme la France devenait maîtresse et suzeraine de toute l'Italie, sauf la Vénétie, autrichienne, les États du pape et le royaume de Naples. Le gouvernement autrichien, déjà mécontent des remaniements de l'Allemagne en 1803, songea à recommencer la guerre pour chasser les Français d'Italie.

Politique coloniale du Consulat. — Avant que la guerre recommençât sur le continent, la France et l'Angleterre s'étaient de nouveau brouillées à cause de la politique coloniale.

Aux Antilles Bonaparte avait envoyé une armée qui reprit la grande île de Saint-Domingue aux nègres révoltés (1802). Il *rétablit l'esclavage* des noirs qui avait été supprimé par la Convention.

La *Louisiane*, c'est-à-dire le port de la Nouvelle-Orléans, aux bouches du Mississipi, et une immense étendue de territoire à l'Ouest de ce fleuve, avait été cédée par la France à l'Espagne après la guerre de Sept Ans (*1re Année*, p. 259). Bonaparte fit rendre la Louisiane à la France (1800). Quand il fut sur le point de rompre avec les Anglais, il se rendit compte qu'il ne pourrait défendre la Louisiane. Or les États-Unis demandaient à l'acheter; Bonaparte la leur *vendit* pour 80 millions (1803).

Dans l'océan Indien, Bonaparte envoya des troupes à l'*Ile de France* (aujourd'hui Maurice), qui avait un bon port de guerre, et il donna l'impression qu'il songeait toujours à reprendre l'Inde.

Nouvelle guerre avec l'Angleterre. — De son côté, le gouvernement anglais laissait les émigrés préparer à Londres des complots contre Bonaparte. Bonaparte s'en plaignit. Le gouvernement anglais répondit qu'il ne pouvait rien faire.

Le gouvernement anglais gardait le port fortifié de l'île de Malte qu'il avait promis de rendre aux chevaliers. Il prétendit le conserver en compensation de l'avantage que donnait à la France l'annexion du Piémont (p. 117) : il réclama de plus que la France payât une indemnité au roi de Sardaigne, souverain du Piémont.

Les deux gouvernements ne purent s'entendre et la *guerre recommença en mai 1803* pour durer jusqu'en 1814.

La France était forte sur terre, l'Angleterre sur mer. Sur le continent l'Angleterre ne pouvait être atteinte que dans l'électorat de Hanovre (Allemagne du Nord), qui appartenait au roi d'Angleterre. Bonaparte fit occuper le *Hanovre*.

Le camp de Boulogne. — Puis il réunit toute son armée autour de Boulogne sur le Pas de Calais et fit préparer toute une flottille de transports à voiles pour un débarquement en Angleterre. L'armée resta concentrée *au camp de Boulogne* pendant deux années (1803-1805).

Bonaparte aurait voulu d'abord jeter toute son armée sur la côte anglaise en profitant d'une nuit ou d'un temps brumeux. Les marins déclarèrent ce projet impossible, parce qu'on ne pouvait être sûr d'avoir un bon vent permettant aux voiliers de franchir le détroit au moment favorable et parce que les Anglais avaient une flotte de guerre supérieure à la flotte française et capable de détruire rapidement les transports préparés pour le débarquement.

Il fallut donc ordonner aux navires de guerre français de se réunir et d'occuper les escadres anglaises pendant qu'on tenterait le débarquement avec les tranports. Mais les flottes françaises étaient bloquées dans les ports militaires par les navires anglais.

Alliance avec l'Espagne. — Bonaparte renouvela son alliance avec l'Espagne et obtint l'appui de la *flotte espagnole* (4 janvier 1805).

Il ordonna aux escadres des ports de sortir, de rejoindre la flotte espagnole et de porter la guerre aux Antilles. Ce projet fut mal exécuté. L'escadre de Rochefort sortit seule, se rendit aux Antilles et revint. Puis l'escadre de Toulon, commandée par Villeneuve, sortit, alla aux Antilles trop tard, y fut poursuivie par la flotte anglaise de Nelson, lui échappa et se réfugia dans les ports d'Espagne (juillet 1805).

Bonaparte ne cacha point son mécontentement. Il ordonna à Villeneuve de reprendre la mer, de rallier les escadres de Rochefort et de Brest, de livrer une grande bataille à l'entrée de la Manche pour occuper la flotte anglaise tandis qu'il tenterait le passage du Pas de Calais.

Villeneuve n'osa tenter l'aventure. Là-dessus, Napoléon, apprenant que l'Autriche avait commencé la guerre, renonça au débarquement et donna à l'armée de Boulogne l'ordre de marcher sur l'Allemagne (13 août).

Il annonça en même temps son intention de destituer Villeneuve.

Trafalgar. — Villeneuve, désespéré, fit alors une entreprise parfaitement inutile. Il sortit du port de Cadix avec les vaisseaux français et espagnols. L'amiral anglais Nelson, qui guettait tous ses mouvements, l'attaqua à la hauteur du cap *Trafalgar*. Nelson fut tué, mais ses vaisseaux détruisirent complètement la flotte franco-espagnole (21 octobre 1805).

Trafalgar est une date importante dans l'histoire navale. Les Français ne purent plus faire de grandes expéditions maritimes. L'Angleterre resta dès lors maîtresse de la mer.

La Grande Armée. — Au moment du départ pour l'Allemagne Napoléon donna à l'armée de Boulogne le nom de Grande Armée.

La Grande Armée comptait à cette époque 200 000 hommes. Elle était recrutée par conscription (p. 92).

Les uniformes avaient été renouvelés et changés. Au lieu du chapeau, les troupes portèrent le *shako* en toile cirée ou en cuir. L'infanterie en tenue de campagne eut la *capote* et le pantalon.

La cavalerie comprenait des corps à brillants uniformes, hussards, chasseurs à cheval, dragons, cuirassiers.

A côté de l'armée ordinaire, la *garde impériale* formait un corps d'élite où toutes les armes étaient représentées. L'infanterie de la garde portait le bonnet à poil destiné à faire paraître les hommes plus grands : on la divisait en grenadiers et en chasseurs.

A côté de l'armée française marchaient les contingents des vassaux et des alliés, italiens, hollandais, suisses, espagnols, plus tard allemands et polonais.

Les *officiers* furent en partie recrutés parmi les soldats comme sous la Révolution ; mais Napoléon rétablit les écoles d'officiers d'où les jeunes gens sortaient comme sous-lieutenants. Pour le commandement supérieur, Napoléon rétablit des *maréchaux de France* comme sous l'Ancien Régime. Les premiers maréchaux furent presque tous des généraux qui avaient servi sous Bonaparte en Italie et en Égypte. La plupart étaient âgés de trente-cinq à quarante ans. En 1805 Napoléon n'avait que trente-six ans.

« L'âme de toutes les armées, disait Napoléon, c'est le franc attachement de toutes les parties à un chef. » L'armée devint la chose de Napoléon. On accoutuma les soldats à défiler et à attaquer aux cris de « Vive l'Empereur ! »

La troisième coalition. — Pendant que Napoléon préparait un débarquement en Angleterre, le ministre anglais Pitt cherchait des alliés en Europe pour occuper l'armée française sur le continent. Il réussit à entraîner l'*Autriche*, mécontente de l'intervention de Napoléon en Italie, et la Russie dont le jeune tsar, *Alexandre I*er, désirait jouer un grand rôle en Europe ; Pitt leur promit *31 millions par an* par fraction de 100 000 soldats qu'ils opposeraient à Napoléon. La troisième coalition fut ainsi formée au printemps de 1805. Les coalisés cherchèrent à s'assurer l'appui de la Prusse, mais le roi de Prusse différa sa réponse; il voulait attendre les événements.

Capitulation d'Ulm. — L'Autriche commença la guerre. Le général autrichien Mack envahit la *Bavière* dont le souverain était allié de Napoléon et menaça l'Alsace. Il s'attendait à être attaqué par le Sud.

Napoléon fit marcher rapidement l'armée de Boulogne dans la direction du Main, arriva par le Nord, coupa Mack de l'Autriche et le bloqua dans la place forte d'*Ulm*. Le 20 octobre 1805 Marck capitula avec 30 000 hommes. « J'ai rempli mon dessein, écrivit l'Empereur, j'ai détruit l'armée ennemie par de simples marches. » Les soldats de Napoléon disaient, par allusion à la rapidité des manœuvres, que l'Empereur faisait la guerre avec leurs jambes.

COLONEL DE HUSSARDS, d'après un portrait peint par Gros (1771-1835), conservé au musée du Louvre

Grand shako à plumet (posé à terre). Pelisse de fourrure; dolman à brandebourgs dorés. Culotte collante à broderies d'or; bottes molles à pompons. Sabre courbe avec poche de cuir brodé, ou sabretache, pendant à la ceinture.

Napoléon à Vienne. — Après la capitulation d'Ulm, l'Empereur marcha sur Vienne en suivant la rive sud du Danube. L'armée russe, partie trop tard pour secourir Ulm, battit en retraite par la rive nord. Napoléon occupa Vienne sans difficulté, puis il passa le Danube et poursuivit l'armée austro-russe sur la route de Vienne en Russie.

Austerlitz. — L'armée française était loin de son pays, en territoire ennemi, et l'hiver avait commencé : les approvisionnements et les vêtements lui arrivaient difficilement. Le général russe Koutouzof conseillait de refuser le combat pensant que l'armée française se fatiguerait et se démoraliserait. Mais les deux empereurs ne voulurent pas attendre. Ils réunirent leurs troupes sur le plateau de Pratzen, en avant du village d'*Austerlitz*.

Napléon les y attaqua le jour anniversaire de son couronnement (2 décembre 1805) et mit leur armée en déroute.

Paix de Presbourg. — Quelques jours après l'Autriche signa le traité de Presbourg (25 décembre 1805). Elle reconnaissait tout ce que Napoléon avait fait en *Italie*; elle cédait la Vénétie qui fut annexée au royaume d'Italie. En *Allemagne* elle perdait le Tyrol et plusieurs de ses possessions qui furent données aux alliés de Napoléon, les états de l'Allemagne du Sud, Bavière, Wurtemberg et Bade.

Royaumes de Naples et de Hollande. — Le roi de Naples avait pris parti pour la coalition. Napoléon lui prit ses états et mit à sa place son frère aîné *Joseph Bonaparte* avec le titre de roi (1806). Le roi de Naples ne garda que la Sicile défendue par la flotte anglaise.

La république de Hollande était l'alliée de Napoléon; néanmoins il changea sa constitution, la transforma en royaume et lui imposa comme roi l'un de ses frères *Louis Bonaparte* (1806).

La Confédération du Rhin. — Enfin Napoléon remania toute la partie de l'Allemagne voisine de la France. La Bavière et le Wurtemberg furent érigés en *royaumes*. Bade et la Hesse en *grands-duchés*. Puis tous les alliés allemands de Napoléon formèrent une *Confédération du Rhin*. Napoléon fut déclaré Protecteur de la Confédération et la Confédération s'engagea à lui fournir des troupes en cas de guerre.

C'était la fin de l'empire d'Allemagne. Le souverain de l'Autriche abandonna le titre d'empereur d'Allemagne, que sa famille portait depuis plusieurs siècles, et prit celui d'*empereur d'Autriche*, qu'il a conservé (1806).

Pendant tous ces remaniements, la moitié de l'armée française, 100 000 hommes environ, restait dans l'Allemagne du Sud et s'y conduisait comme en pays conquis.

Politique du roi de Prusse. — Le roi de Prusse hésitait

entre Napoléon et ses ennemis ; il n'avait pas voulu d'abord entrer dans la coalition, puis il s'était décidé trop tard à s'allier à l'Autriche. Il avait envoyé alors un diplomate pour déclarer la guerre à Napoléon, mais le diplomate arrivé au camp français quelques jours avant Austerlitz avait attendu le résultat de la bataille, puis, après la victoire, avait déclaré à Napoléon qu'il était chargé de le féliciter. « Voilà, dit Napoléon, un compliment dont la fortune a changé l'adresse. »

Pour compromettre le roi de Prusse, Napoléon l'obligea à annexer le *Hanovre* pris au roi d'Angleterre.

Quelques mois plus tard, Napoléon offrit à l'Angleterre, si elle voulait faire la paix, de reprendre le Hanovre au roi de Prusse et de le rendre au roi d'Angleterre.

SOLDAT D'INFANTERIE DE LIGNE
Grande tenue. Shako élevé pour augmenter la taille de l'homme : habit bleu à revers : culotte blanche collante ; guêtres et souliers.

Quatrième coalition. — Le roi de Prusse était déjà mécontent de la création de la Confédération du Rhin ; après l'affaire du Hanovre il écouta les conseils de la reine Louise, sa femme, et des partisans de la guerre. Il s'allia à la *Russie* qui n'avait pas désarmé après Austerlitz, à l'*Angleterre* qui continuait la guerre, et il somma Napoléon de retirer d'Allemagne les troupes françaises qui occupaient les pays du Main depuis 1805.

En même temps il réunit son armée et la fit entrer en Saxe pour marcher sur les pays du Main.

Iéna. — Napoléon partit de Francfort, surprit les défilés de la forêt de Thuringe qui séparent les pays du Main de la Saxe, entra en Saxe et coupa l'armée prussienne de Berlin.

L'armée prusienne, divisée en deux corps, essaya de battre

en retraite pour couvrir Berlin. L'un des corps fut repoussé par Napoléon à *Iéna*, l'autre par le maréchal Davoust, à *Auerstaedt*. Les Prussiens se mirent en déroute ; la cavalerie française les poursuivit sans relâche et détruisit leur armée.

Dix jours après Iéna, Napoléon s'emparait de Berlin « La Prusse a disparu », écrivait-il alors. Tel était le résultat de six semaines de campagne. Il ne resta au roi de Prusse que deux places fortes, Dantzig et Königsberg.

Napoléon en Pologne. — La Prusse possédait depuis 1795 Varsovie et la plus grande partie de la Pologne. Napoléon se rendit à Varsovie, réunit les nobles polonais et leur promit de restaurer la nation polonaise (décembre 1806). Il leur demanda en échange des soldats. Alors furent créés des régiments de cavaliers qui portaient le chapka ou casque polonais et qui étaient armés de la lance dont l'usage s'était perdu dans l'armée française.

En même temps Napoléon renouvelait l'alliance de la France et du sultan de Constantinople. Le général français Sébastiani, envoyé à Constantinople, défendit avec succès la ville contre la flotte anglaise.

Un autre général fut envoyé en Perse pour essayer de décider le shah à prendre les armes contre le tsar de Russie.

Campagne contre la Russie. — Les Russes n'avaient pas été prêts à temps pour secourir les Prussiens avant Iéna. En novembre 1806, leur armée, enfin mobilisée, entra dans la Pologne prussienne. Napoléon essaya d'attaquer les Russes, mais ils reculèrent devant lui et se retirèrent dans la place de Königsberg.

Napoléon fit hiverner son armée en Pologne. Le pays était peu peuplé, les villages très distants, les habitants pauvres. L'armée française souffrit de la faim, du froid et dut se disperser sur une immense étendue pour trouver de quoi vivre.

Eylau. — En janvier 1807, l'armée russe, profitant de la gelée qui permettait de traverser les marais et les rivières de la Prusse, sortit de Königsberg et marcha sur Dantzig pour essayer de débloquer la ville. Napoléon réunit ses soldats pour attaquer les Russes. Les Russes reculèrent. Napoléon les poursuivit. L'armée russe s'arrêta brusquement et fit front contre

Napoléon près du village d'*Eylau*. La bataille dura toute la journée au milieu d'une tourmente de neige. Ce fut un épouvantable carnage, 40 000 hommes y furent tués ou blessés. Le soir l'armée russe battit en retraite; Napoléon ne put la poursuivre (8 février). On considéra cette bataille comme un demi-succès pour les Russes.

Peu de temps après Napoléon prit Dantzig, place prussienne.

Friedland. — Dans l'été de 1807, les Russes sortirent encore une fois de Königsberg. Cette fois Napoléon réussit à les envelopper dans la ville de *Friedland* : 20 000 Russes y furent tués ou pris (14 juin). Königsberg, la dernière place prussienne, se rendit. L'empereur Alexandre offrit la paix.

OFFICIER DE MAMELOUKS

Bonaparte avait ramené d'Egypte des cavaliers musulmans qui portaient le costume des mamelouks et qui servirent dans sa garde.

Traité de Tilsit. — Napoléon et Alexandre se rencontrèrent près de Tilsit, sur un pavillon flottant érigé au milieu du fleuve Niémen. Napoléon refusa de recevoir le roi de Prusse et de discuter avec lui.

Il démembra la Prusse : à l'est, il lui enleva la Pologne prussienne dont il fit le *grand-duché de Varsovie* ; cet état fut donné à l'électeur de Saxe allié de Napoléon, qui devint *roi de Saxe*. A l'ouest, Napoléon reprit à la Prusse le Hanovre et plusieurs provinces : il en fit le *royaume de Westphalie*, capitale Cassel, qu'il donna à son plus jeune frère, Jérôme Bonaparte.

Avec Alexandre, au contraire, Napoléon se montra fort prévenant ; il invita le tsar dans son camp, lui fit passer une revue de sa garde, lui offrit des cadeaux. Il ne lui demanda rien. Il lui promit de ne pas restaurer le royaume de Pologne. Il le laissa libre d'attaquer la *Suède*. Il lui abandonna la *Turquie*, son alliée. A ces conditions, Alexandre consentit à *s'allier avec Napoléon* : il renonçait à s'occuper de l'Occident, mais il avait toute liberté dans l'Est de l'Europe. C'est ce qu'on appela l'alliance des deux empereurs (9 juillet 1807).

Questionnaire.

Politique étrangère et coloniale du Consulat (1802-1803). — Politique du Premier Consul en Suisse. Remaniements territoriaux en Allemagne. Pour quelles raisons? Qui les dirigea? Au profit de qui se firent-ils? Aux dépens de qui? Politique de la France en Piémont ; à Milan. Etendue du royaume d'Italie. Qui fut roi d'Italie? Qu'est-ce que l'idée d'unité italienne?

Rétablissement de l'esclavage. Politique de Bonaparte aux Antilles ; en Louisiane ; dans l'océan Indien.

Nouvelle guerre avec l'Angleterre (1803). — Pourquoi la guerre recommença-t-elle avec l'Angleterre? Occupation du Hanovre. Le camp de Boulogne. Pourquoi fut-il formé? Combien de temps dura-t-il? Quel allié eut Napoléon? Les diverses tentatives contre l'Angleterre. Importance du désastre de Trafalgar.

La guerre d'Autriche (1805). — Qu'appelait-on la Grande Armée? Costume et équipement. Qu'était-ce que la garde? Napoléon n'employa-t-il que des Français? Comment étaient recrutés les officiers? Qu'était-ce que les maréchaux? Esprit de l'armée de Napoléon.

De qui fut formée la troisième coalition? Rôle de l'Angleterre. Expliquez la capitulation d'Ulm. Que signifie « faire la guerre avec les jambes de ses soldats » ?

Conséquences de la capitulation d'Ulm. Difficulté de vivre pour l'armée française. Austerlitz. Paix de Presbourg. Que perdit l'Autriche en Italie? en Allemagne?

Les deux nouveaux rois de la famille Bonaparte. La confédération du Rhin. Abandon du titre d'empereur d'Allemagne. Quel autre titre prit le souverain de l'Autriche?

La guerre de Prusse et de Pologne (1806-1807). — Attitude du roi de Prusse avant Austerlitz; après Austerlitz. Affaire du Hanovre. Qui fit partie de la quatrième coalition? Comment commença la guerre? Iéna. Disparition de la Prusse.

Pourquoi Napoléon alla-t-il à Varsovie? A qui appartenait alors Varsovie? Politique de Napoléon avec les puissances de l'Europe orientale.

Où se fit la campagne contre les Russes? Difficultés de la guerre. Batailles d'Eylau, de Friedland. Avec qui Napoléon accepta-t-il de traiter? Démembrement de la Prusse. Le grand-duché de Varsovie. Qui en fut le souverain? Le nouveau royaume de Saxe. Le royaume de Westphalie. Qui en fut roi?

Qu'est-ce que l'alliance des deux empereurs? Quelles en furent les conditions?

SUJETS COMPLÉMENTAIRES

Les colonies sous le Consulat et l'Empire.

L'esclavage et la traite.

Récits militaires d'après des mémoires de soldats et sous-officiers (La vie au camp de Boulogne, Austerlitz, Campagne d'hiver en Pologne).

CHAPITRE IX

LE BLOCUS CONTINENTAL. — LES RÉSISTANCES NATIONALES

Le Blocus continental. — Le traité de Tilsit est le point de départ d'une nouvelle politique. Désormais Napoléon prétend devenir partout le maître absolu.

Pendant la guerre de 1806, le gouvernement anglais avait déclaré qu'il considérait toutes les côtes de France comme *bloquées*, c'est-à-dire qu'il ferait saisir tout navire de commerce à destination d'un port de France, même si ce navire était *neutre*, c'est-à-dire appartenait à une puissance qui ne prenait pas part à la guerre, même si ce port n'était pas réellement bloqué par une escadre anglaise.

Napoléon répliqua de Berlin en prenant des mesures analogues contre tous les navires neutres qui iraient faire du commerce en Angleterre (21 novembre 1806). C'était interdire aux puissances du continent d'Europe tout commerce avec l'Angleterre. On appela cette interdiction le *blocus continental.*

Napoléon rendit ses défenses plus rigoureuses par plusieurs autres mesures (1807-1810). Il fit saisir et brûler toutes les marchandises anglaises trouvées en territoire français.

Annexions en Italie. — Napoléon essaya d'obliger tous ses *alliés* et tous ses voisins à proscrire le commerce anglais. Ces exigences l'entraînèrent à de nouvelles annexions et à de nouvelles guerres.

Napoléon prétendit obliger tous les petits souverains à faire observer le blocus continental sous peine de perdre leurs états. En Italie il annexa à son empire le royaume d'Étrurie et les *États du pape* (1807-1810) pour fermer leurs ports aux Anglais. Toute la péninsule fut alors placée sous son influence.

Occupation du Portugal. — Le Portugal continuait à faire le commerce avec l'Angleterre. Napoléon s'entendit avec le gouvernement espagnol qui était *son allié* et obtint l'autorisation d'envoyer un corps d'armée contre le Portugal à travers l'Espagne. Ce corps entra à Lisbonne sans combat. Le roi de Portugal et sa famille s'étaient enfuis au Brésil (1807). Napoléon fit imprimer dans le *Moniteur*, journal officiel de Paris : « La perte de quiconque s'attache aux Anglais est inévitable ».

Joseph roi d'Espagne. — Napoléon continua à envoyer des troupes en Espagne sous prétexte d'occuper le Portugal : mais le désir lui était venu de remplacer par un prince de sa famille les Bourbons qui régnaient en Espagne. Il en trouva bientôt l'occasion.

Le vieux roi Charles IV fut obligé d'abdiquer à la suite d'une émeute et remplacé par son fils Ferdinand. Napoléon appela le père et le fils près de lui à Bayonne sous prétexte de les réconcilier, décida Charles IV à se retirer en France, obligea Ferdinand à abdiquer et le fit interner dans un château français.

Puis il nomma son frère aîné *Joseph roi d'Espagne*, convoqua une assemblée de notables espagnols à Bayonne et leur fit approuver très vite une *constitution*, la première qu'ait eue l'Espagne (1808).

Soulèvement des Espagnols. — Napoléon espérait que le roi Joseph serait appuyé par les libéraux; mais il y avait peu de libéraux en Espagne; la masse de la nation suivit les curés, les moines et les nobles qui se soulevèrent contre le roi étranger et contre ce qu'ils appelaient l'influence jacobine. Alors commença la *guerilla* ou petite guerre faite par des bandes armées qui attaquaient les convois, les petits détachements, les isolés, qui massacraient les prisonniers, les malades, les blessés et souvent les faisaient périr dans les supplices les plus cruels.

Le roi Joseph entra dans Madrid sous la protection d'un corps français. L'armée espagnole était trop faible pour résister; une partie de ses effectifs se trouvaient alors en Allemagne sous les ordres d'un maréchal français. Ce qui restait se retira vers le Sud autour d'un gouvernement national extraordinaire appelé la *junte* (l'Assemblée) qui siégeait à Séville.

TAMBOUR-MAJOR D'INFANTERIE DE LIGNE

A la tête des tambours et des fifres (tenant lieu de nos clairons actuels) de chaque régiment d'infanterie, marchait un tambour-major toujours choisi parmi les hommes les plus hauts et dont la taille était encore rehaussée par un grand chapeau surmonté d'un énorme plumet.

Capitulation de Baylen. — Le corps français du général Dupont fut envoyé de Madrid contre Séville : l'armée espagnole l'enveloppa à *Baylen* et l'obligea à capituler. C'était la première fois qu'une fraction importante de l'armée napoléonienne subissait un désastre : l'effet produit en Europe fut considérable.

Vers le même temps, une *armée anglaise* débarqua en *Portugal* et obligea le corps français qui occupait ce pays à capituler. Alors le roi Joseph abandonna Madrid et se retira vers le Nord (1808).

Entrevue d'Erfurth. — Napoléon savait que l'Autriche se préparait à recommencer la guerre et que la capitulation de Baylen et les échecs des Français en Espagne pouvaient être pour elle l'occasion de chercher à prendre sa revanche.

Il voulut intimider l'Autriche en lui montrant que l'*alliance des deux empereurs* tenait toujours. Il invita Alexandre de Russie à venir le voir dans la ville allemande d'Erfurth, capitale d'un petit prince allemand allié de Napoléon. L'empereur y donna des fêtes magnifiques pour lesquelles on fit venir tous les artistes de la Comédie-Française. « Je vous donnerai, disait-il à l'un d'eux, un parterre de rois. » En effet tous les nouveaux rois allemands (p. 122 et 126) vinrent à Erfurth faire leur cour à Napoléon (septembre-octobre 1808).

Napoléon à Madrid. — Pendant l'entrevue, Napoléon avait réuni ses meilleures troupes à la frontière des Pyrénées. Il alla se mettre à leur tête et entra en Espagne malgré l'hiver.

Au bout d'un mois, il avait ramené le roi Joseph à Madrid, après avoir battu aisément l'armée espagnole. Espérant toujours amener à son frère les libéraux, il abolit les droits féodaux, l'inquisition (*1re Année*, p. 20) et supprima les deux tiers des couvents (1808).

De Madrid, il conduisit son armée à marches forcées contre les Anglais qui battaient en retraite vers le Nord. Pendant cette poursuite, il fut obligé de revenir précipitamment en France, rappelé par les préparatifs de guerre de l'Autriche.

La guerre d'Espagne en 1809. — L'armée française continua à poursuivre les Anglais, mais ils atteignirent le port de la Corogne et s'y embarquèrent.

Un autre corps français prit d'assaut *Saragosse*, sur l'Èbre, après une résistance acharnée de trois mois; les assiégés perdirent 40 000 personnes de maladies et de blessures.

Un troisième corps français occupa le Sud; mais la *junte* nationale se réfugia dans le port de *Cadix*, que les Français ne purent bloquer par mer, parce qu'ils n'avaient pas de navires à opposer à la flotte anglaise.

Pendant que Napoléon faisait la guerre en Autriche, une nouvelle armée anglaise, sous les ordres de Wellesley (plus tard duc de Wellington) débarqua en Portugal et s'y maintint (1809). Ce fut elle qui finit par vaincre les Français.

Agitation nationale en Allemagne. — Napoléon avait été rappelé brusquement d'Espagne parce que l'Autriche avait recommencé la guerre. Comme en 1805, l'empereur d'Autriche recevait des *subsides* de l'Angleterre. Mais la guerre de 1809 ne fut plus une simple guerre de souverains; l'Autriche la présenta comme une guerre allemande, nationale, contre l'envahisseur, ce qui était nouveau.

Depuis quelque temps, les patriotes allemands avaient formé

des sociétés secrètes où l'on discutait les moyens d'affranchir la nation allemande de la domination française.

Il y avait eu depuis 1806 cinq complots d'officiers *prussiens* pour essayer de soulever les troupes allemandes contre le *roi français* Jérôme qui régnait en Westphalie. Tous avaient été

réprimés par les troupes des alliés allemands de Napoléon.

La deuxième guerre d'Autriche. — L'Autriche espéra qu'en prenant les armes elle ferait naître en Allemagne un véritable soulèvement. Son général lança une proclamation à la nation allemande où il disait : « L'Autriche ne tire pas l'épée seulement pour sa propre indépendance, mais aussi pour celle de l'Allemagne. » Puis il envahit la Bavière, alliée de Napoléon, sans déclaration de guerre. Les Allemands ne bougèrent pas, bien que Napoléon ne fût pas prêt.

Napoléon n'avait plus qu'une partie de son armée, le reste étant occupé en Espagne : pour se procurer des hommes, il se fit autoriser par le Sénat à rappeler les dispensés et les rachetés depuis 1805 et à lever les conscrits de 1810 en même temps que ceux de 1809.

Ces troupes comprenant trop de nouveaux soldats ne valaient pas l'ancienne armée. Napoléon s'efforça d'avoir la supériorité du nombre.

A côté de 200 000 Français, il fit marcher 100 000 soldats allemands et italiens des États alliés.

Campagne de Bavière. — Napoléon arriva en Bavière par le Sud, attaqua les Autrichiens et tâcha de les prendre entre son armée et la bouche du Danube : il fut victorieux dans cinq combats, mais le gros de l'armée autrichienne s'échappa sur la rive nord du Danube par le pont de Ratisbonne et le détruisit derrière elle (avril 1809).

Comme en 1805, les Autrichiens battirent en retraite par la rive nord ; Napoléon marcha sur Vienne par la rive sud du Danube et occupa la capitale sans combat.

Essling. — De Vienne, Napoléon essaya de passer sur la rive nord du Danube pour attaquer l'armée autrichienne. L'armée autrichienne avait détruit les ponts du Danube. Napoléon choisit un endroit où le Danube est séparé en deux par une très grande île, appelée Lobau ; il fit jeter rapidement un pont de bateaux sur chaque bras, fit occuper le village d'Essling sur la rive nord et essaya de faire passer son armée sur cette rive. Les Autrichiens l'attaquèrent sans tarder ; en même temps ils firent jeter au Danube d'énormes pièces de bois qui, emportées par le rapide courant du fleuve, rompirent l'un des ponts entre la rive sud et l'île Lobau. L'armée de Napoléon fut alors coupée en deux ; la partie qui luttait contre l'ennemi dans le village d'Essling dut battre en retraite et se réfugia dans l'île Lobau (22 mai). Le maréchal Lannes, le meilleur lieutenant de Napoléon, fut blessé à mort pendant la retraite. Essling fut regardé dans toute l'Europe comme un échec pour Napoléon.

Wagram. — L'Empereur s'efforça de regagner la partie le plus vite possible. Il garda l'île Lobau et y entassa son armée, renforcée de troupes italiennes. Enfin, par une nuit d'orage, il réussit à jeter six ponts et à faire passer la plus grande partie de ses troupes avant que les Autrichiens s'en fussent aperçus. Le général autrichien surpris fit reculer son armée et s'installa dans une bonne position sur le plateau de Wagram.

LANCIER POLONAIS DE LA GRANDE ARMÉE

Après la campagne de Pologne (1807) Napoléon prit dans son armée des régiments polonais qui servirent sous ses ordres jusqu'en 1814. Les cavaliers avaient comme arme la lance que la cavalerie française n'employait plus depuis longtemps. Ils portaient un habit rouge à plastron et le casque polonais ou chapka, ici représenté.

Napoléon l'y attaqua dès le lendemain matin. La bataille dura toute la journée; elle fut très dure et resta très longtemps indécise. A la fin le nombre l'emporta. Le centre autrichien, chargé par toutes les réserves de Napoléon et écrasé par les projectiles de 100 canons, céda. Le général autrichien dut ordonner la retraite (6 juillet 1809).

Traité de Vienne. — Cinq jours plus tard, un armistice mit fin à la guerre. Le 14 octobre 1809, Napoléon démembra l'Autriche par le *traité de Vienne*. Il lui prit la Galicie ou Pologne autrichienne, qui fut ajoutée au grand-duché de Varsovie formé déjà de la Pologne prussienne.

Il lui enleva *toutes ses côtes*, tous ses ports et en fit les

Provinces illyriennes, qu'il plaça sous l'administration d'un maréchal de France.

L'Autriche était ruinée par les guerres : elle fit banqueroute en 1811 : le manque de ressources l'obligea à réduire son armée à 50 000 hommes.

Le mariage autrichien. — Napoléon exigea que l'empereur d'Autriche devînt son allié et qu'il lui donnât en mariage sa fille Marie-Louise (1810). Pour épouser Marie-Louise, Bonaparte fit rompre par le divorce le mariage qui l'unissait depuis quatorze ans à Joséphine de Beauharnais. L'union de Napoléon et de Marie-Louise fut célébrée par des fêtes copiées sur celles qui avaient eu lieu pour le mariage de Marie-Antoinette et de Louis XVI.

Marie-Louise donna un fils à Napoléon en 1811. Ce fils reçut à sa naissance le titre de *Roi de Rome* qu'avaient porté autrefois les fils des empereurs d'Allemagne.

L'Empire en 1810. — A cette époque, l'Empire français comptait 130 départements. L'Empereur avait continué à l'agrandir des petits états maritimes qui refusaient d'appliquer le Blocus continental.

Ainsi, en juillet 1810, le royaume de *Hollande* fut supprimé par sénatus-consulte et annexé à l'Empire. Napoléon en donnait pour raison que la Hollande « est une alluvion des fleuves de notre Empire ».

En février 1811, Napoléon déclara que les mesures prises par les Anglais pour empêcher tout commerce des neutres avec la France avaient « déchiré le droit public de l'Europe ». En conséquence il annexa *toute la côte allemande* entre la Hollande et la Baltique avec les trois ports de Brême, Hambourg et Lübeck. L'Empire français s'étendit alors de la Baltique aux îles Ioniennes (p. 187) et à la frontière du royaume de Naples (p. 122).

Il était entouré de principautés et de royaumes vassaux ou alliés qui devaient fournir des troupes en cas de guerre. Les sujets directs et ceux des vassaux ou alliés étaient au nombre de 71 millions. « J'ai la force d'un éléphant, disait alors Napoléon ; tout ce que je touche, je l'écrase. »

L'Espagne en 1810. — De 1810 à 1812, Napoléon n'eut

qu'un ennemi, le gouvernement anglais, et la guerre se fit en Espagne et en Portugal. Napoléon considérait l'Espagne comme soumise à son frère. Pourtant plusieurs ports défendus par les flottes anglaises résistaient toujours : d'autre part des bandes de guérilleros attaquaient les courriers, les convois et les petits détachements même dans les provinces considérées comme soumises.

Bien que Joseph fût, en théorie, un souverain indépendant,

VOITURE D'AMBULANCE, d'après une gravure de l'époque révolutionnaire.

Sous l'Empire comme sous la Révolution, on transportait les blessés sur des voitures de paysan réquisitionnées. On ne connaissait pas l'usage des produits destinés à endormir les patients; on faisait, sans les endormir, les opérations les plus difficiles et les plus cruelles. On ne connaissait pas l'antisepsie, c'est-à-dire les précautions à prendre pour empêcher les plaies de s'envenimer. Aussi la gangrène enlevait-elle une quantité considérable de blessés. — La gravure se rapporte à l'époque du Directoire.

Napoléon devait le faire défendre par 100 000 soldats français. L'Empereur envoyait en Espagne les jeunes soldats pour les aguerrir. Les généraux qui commandaient en Espagne détestaient cette guerre qui leur semblait pénible au milieu de la paix générale dont profitaient leurs camarades de France. Ils s'efforçaient de faire le moins possible d'opérations militaires : chacun d'eux se cantonnait dans la province que Napoléon lui avait donnée à commander et se gardait d'aider ses voisins quand ils étaient attaqués.

L'armée anglaise. — Le Portugal était occupé par l'armée anglaise du duc de Wellington. Cette armée était composée des soldats les meilleurs et les plus aguerris de l'Angleterre.

C'étaient des mercenaires mieux payés et mieux vêtus, mieux nourris que les Français, exercés au tir et disciplinés. Les troupes françaises d'Espagne battirent les Portugais et les Espagnols toutes les fois qu'elles les rencontrèrent, jamais elles ne purent entamer l'armée anglaise. Du reste Wellington était un général prudent qui combattait presque toujours sur une position choisie d'avance et derrière des retranchements.

Campagne de Portugal. — En 1810, Napoléon donna une armée à Masséna qu'il considérait comme le meilleur de ses maréchaux et le chargea de reprendre le Portugal et de forcer l'armée anglaise à se rembarquer.

L'armée de Masséna parvint jusqu'à deux jours de marche de Lisbonne, suivant Wellington qui reculait en bon ordre. Wellington s'arrêta sur les collines de Torres Vedras où il avait fait établir depuis un an trois lignes de retranchements. Masséna passa tout l'hiver devant les *lignes de Torres Vedras* sans parvenir à les forcer. Manquant de tout, il ordonna la retraite et rentra en Espagne en mai 1811.

Le Portugal était perdu pour les Français. En Espagne, leur dernier succès fut la prise de Valence (janvier 1812) par Suchet que Napoléon nomma en récompense duc et maréchal de France.

Questionnaire.

Le blocus continental. — Qu'est-ce qu'une puissance, un navire neutres? Qu'est-ce que bloquer un port? Quelle était la prétention de l'Angleterre? Qu'est-ce que le blocus continental? Comment cette mesure amena-t-elle de nouvelles annexions? Annexions en Italie et occupation du Portugal.

La guerre d'Espagne. — Qui régnait en Espagne? Comment Napoléon fit-il de Joseph un roi d'Espagne? La première constitution espagnole. Pourquoi les Espagnols se soulevèrent-ils? La guerilla. Forces des deux gouvernements en présence en Espagne. Baylen. Quelle puissance envoya une armée en Portugal?

Qu'est-ce que l'entrevue d'Erfurth? Pourquoi eut-elle lieu? Campagne de Napoléon en Espagne. Son retour précipité. Départ de la première armée anglaise. Les Français occupèrent-ils toute la péninsule? Second débarquement des Anglais.

La seconde guerre d'Autriche (1809). — Agitation nationale en Allemagne. La nouvelle coalition. Rôle de l'Autriche. L'armée de 1809. Campagne de Bavière. Ses résultats. Essling. Effet produit en Europe. Wagram. Traité de Vienne. Que perdit l'Autriche? Ruine de l'Autriche.

Divorce et mariage de Napoléon. Le roi de Rome.

L'Empire en 1819. — Annexion de la Hollande; de la côte allemande. Étendue de l'empire. Les vassaux et les alliés.

Situation de l'Espagne en 1810. Le roi Joseph. Les généraux français. Le Portugal. L'armée anglaise. Campagne de Portugal.

SUJETS COMPLÉMENTAIRES

Les ports et la guerre de course. Récits relatifs au soulèvement de l'Espagne.

Mouvement national en Allemagne.

CHAPITRE X

LA CHUTE DE NAPOLÉON

Brouille entre Napoléon et Alexandre. — Depuis le traité de Tilsit, le tsar Alexandre avait tourné son activité vers l'Orient. Il avait pris la Finlande à la Suède (1809), puis il avait déclaré la guerre à la Turquie et lui avait enlevé un morceau de la Roumanie.

Il commençait à trouver qu'il avait tiré du traité de Tilsit tous les avantages possibles, et il se mit à écouter ceux de ses conseillers qui étaient partisans d'une coalition avec l'Angleterre.

Le *Blocus continental* fut entre Napoléon et Alexandre le principal sujet de brouille. Napoléon prétendit qu'Alexandre fermât ses ports aux Anglais; le tsar n'en fit rien. Napoléon avait annexé les côtes du Nord de l'Allemagne pour fermer leurs ports aux Anglais; parmi les États supprimés, il y avait un duché appartenant à un parent d'Alexandre. Alexandre protesta en faveur de son parent.

Enfin Alexandre était inquiet de voir que Napoléon agrandissait le grand-duché de Varsovie et maintenait des garnisons françaises dans les places fortes prussiennes. Il craignit qu'on ne voulût refaire le royaume de *Pologne* en ajoutant au grand-duché la Pologne russe.

La guerre de 1812. — Pendant toute l'année 1811, les deux empereurs échangèrent des notes menaçantes; ils préparaient leurs armées et toute l'Europe considérait la guerre comme inévitable. Au printemps de 1812 Alexandre accepta un *subside de l'Angleterre* et alla se mettre à la tête de son armée. En même temps, il somma Napoléon de retirer ses troupes de Prusse et du grand-duché de Varsovie et de laisser les neutres libres de commercer avec l'Angleterre. Pour toute réponse Napoléon dit à l'ambassadeur russe : « Vous agissez comme la Prusse avant Iéna! » (27 avril 1812).

SOLDAT D'INFANTERIE PRUSSIENNE EN 1813, EN TENUE DE CAMPAGNE

Shako enveloppé de toile cirée : habit et culotte gris de fer, guêtres noires; capote roulée en sautoir; buffleteries blanches.

Napoléon avait réuni près de 500 000 hommes en Allemagne; c'était la plus formidable armée qu'on eût jamais vue. Elle comprenait, outre les Français de langue française, les conscrits de tous les départements nouvellement annexés, les contingents des alliés, allemands, polonais, italiens. Pour la première fois un corps prussien et une armée autrichienne marchaient avec l'armée de Napoléon.

Les Russes ont appelé ces troupes de langues si diverses « l'armée des vingt nations ». Les fonctionnaires et les prêtres russes représentèrent les Français et leurs alliés comme des impies qui venaient pour détruire la religion. On prêcha contre eux la *guerre sainte*.

Invasion de la Russie. — Napoléon traversa la Prusse avec 325 000 hommes qui passèrent le Niemen en juillet 1812 et entrèrent en Russie.

Les troupes russes n'étaient pas encore concentrées. L'armée principale russe recula devant Napoléon pour gagner du temps. *Deux mois* se passèrent pendant lesquels Napoléon s'enfonça toujours plus avant dans la Russie, sans trouver l'occasion de livrer une bataille décisive.

Napoléon marchait sur Moscou qu'il considérait comme plus important que Saint-Pétersbourg. A la fin plusieurs des conseillers d'Alexandre s'indignèrent qu'on ne fît rien pour l'arrêter : Alexandre les écouta; il enleva le commandement de l'armée à un général allemand qui l'occupait depuis le début de la guerre et le donna au russe Koutouzof.

Bataille de la Moskowa. — Koutouzof essaya de barrer la route de Moscou aux Français. Il établit 120 000 soldats russes sur des mamelons garnis de retranchements ; il fit bénir l'armée par les prêtres et ordonna de promener devant les troupes une

PONTON ANGLAIS SERVANT DE PRISON AUX PRISONNIERS FRANÇAIS

Les prisonniers français en Angleterre étaient enfermés dans des pontons, vieux vaisseaux hors d'usage, ancrés loin du rivage de manière à rendre les évasions difficiles.

image vénérée de la Vierge. Il déclara aux soldats que les ennemis étaient des impies venus pour détruire les sanctuaires.

Les Français, au nombre de 130 000, attaquèrent Koutouzof. La bataille dura tout un jour ; ce fut la plus sanglante qu'on eût vue jusqu'alors. Du côté français seul 30 000 hommes, dont 50 généraux, furent tués ou blessés. Enfin, après plusieurs attaques malheureuses de l'infanterie, les cuirassiers français prirent les Russes à revers et les chassèrent du retranchement principal. L'Empereur fit appeler cette journée bataille de la Moskowa.

Napoléon à Moscou. — Les débris de l'armée de Koutouzof se retirèrent au delà de Moscou. Napoléon fit son entrée à Moscou le 14 septembre. La ville avait été abandonnée par les autorités et par les riches; le gouverneur, avant de partir, avait ordonné d'ouvrir les prisons, et d'emmener les pompes à incendie.

Les prisonniers se mirent à piller, et, comme la plupart des maisons étaient en bois, le feu y fut bientôt mis et gagna une grande partie de la ville.

L'incendie fut éteint par les troupes françaises; il leur restait des abris suffisants, des vivres et des vêtements pris dans la ville, mais la cavalerie et l'artillerie n'avaient *pas de fourrages*; enfin Napoléon ne pouvait espérer faire garder solidement la longue *ligne de communication* qui l'unissait à l'Allemagne.

La saison était trop avancée pour qu'il pût essayer de marcher sur Saint-Pétersbourg avant l'hiver. Il ne restait donc qu'un parti à prendre, battre en retraite.

La retraite. — Napoléon aurait voulu qu'on lui fît au moins des propositions de paix pour ne pas avoir l'air de reculer devant les Russes. Il attendit trop longtemps et, ne recevant rien, il se décida à partir trop tard, alors que les gelées avaient commencé (19 octobre).

L'armée française abandonna ses blessés à Moscou où ils furent massacrés. Elle comptait environ 100 000 hommes valides : elle traînait avec elle les prisonniers russes; une quantité de *voitures* où s'entassaient les objets pris à Moscou s'ajoutaient aux convois réglementaires et les encombraient.

Il était difficile de faire vivre et loger une grande armée dans un pays comme la Russie où les habitants sont pauvres et les villages très espacés. Les soldats *bivouaquaient*, c'est-à-dire qu'ils couchaient en plein air autour de feux allumés. Il fallait absolument qu'on pût faire cantonner les troupes en pays ami avant le fort de l'hiver.

Napoléon ne voulait pas reprendre la route d'arrivée, parce que les fourrages et les provisions y avaient été mangés. Il essaya d'aller par le Sud-Est vers le grand-duché de Varsovie, pays allié.

LE DÉPART DES CONSCRITS VERS 1810; d'après une peinture conservée au musée Carnavalet.
Les conscrits sortent de Paris par la route d'Allemagne; ils vont à pied rejoindre leurs garnisons, précédés de tambours et de fifres.

L'armée russe de Koutouzof, qui avait reçu des renforts, lui barra le chemin. Napoléon ne voulut pas risquer une bataille : il ordonna de reprendre le même chemin qu'à l'arrivée, ce qui fit perdre une semaine. Koutouzof poursuivit sans relâche l'armée française en la faisant harceler par des Cosaques à cheval.

La débâcle. — Il gelait chaque nuit ; bientôt la neige se mit à tomber ; les *chevaux* moururent de froid ; on dut abandonner les voitures, les ambulances, les canons. Les soldats ne recevaient *aucuns vivres* : ils se nourrissaient de viande de cheval bouillie dans la neige fondue et assaisonnée avec de la poudre en guise de sel. Leurs vêtements et leurs chaussures s'usèrent et ne purent être remplacés. Beaucoup moururent de froid pendant les nuits de bivouac. D'autres se rendirent aux Russes. Il n'y eut plus de discipline.

Au bout d'un mois de marche, plus des deux tiers de l'armée ne formaient plus qu'une cohue de traînards de tous régiments, sans ordre, sans armes, que les corps restés groupés poussaient devant eux.

La Bérésina. — Le 25 novembre, les restes de l'armée française, toujours poursuivis par Koutouzof, arrivèrent sur les bords de la rivière Bérésina. Un dégel venait de se produire et les Français n'avaient plus d'équipages de bateaux pour faire un pont. Enfin, de l'autre côté de la rivière se trouvait une seconde armée russe qui barrait le passage. Napoléon crut un moment qu'il allait être pris.

Mais les Français découvrirent un gué ; les pontonniers et les soldats du génie, travaillant dans l'eau glacée pendant vingt-quatre heures sans arrêt, construisirent deux ponts volants avec toutes sortes de bois arrachés aux maisons. L'un des ponts se rompit : sur l'autre les troupes en ordre passèrent avant que Koutouzof fût arrivé sur les bords de la rivière ; à ce moment l'arrière-garde mit le feu au pont. 20 000 traînards restaient de l'autre côté : ils furent pris par les Russes.

Napoléon venait d'apprendre que, pendant son absence, le général républicain Malet, détenu à Paris, s'était échappé de prison, avait fait courir le bruit de la mort de l'Empereur et avait essayé de former un gouvernement provisoire. Il quitta l'armée et se rendit en toute hâte à Paris.

Destruction de l'armée. — L'armée continua sa retraite pendant plus de deux semaines, toujours harcelée par les Russes : le froid devint de plus en plus vif et fit plus de victimes qu'auparavant.

Enfin le 12 décembre, deux mois environ après le départ de Moscou, 18 000 hommes en haillons repassèrent le Niemen et rentrèrent en Prusse. Les Russes arrêtèrent leur poursuite à la frontière.

En tout 400 000 soldats français ou étrangers étaient entrés en Russie. 250 000 étaient morts, blessés ou malades, 100 000 prisonniers, 50 000 avaient déserté. C'est le plus grand désastre militaire de l'histoire.

Les Russes considèrent la campagne de 1812 comme leur plus beau triomphe national.

Défection de la Prusse. — Un corps prussien faisait partie de l'armée française : il n'était pas allé à Moscou et se trouvait prêt à faire campagne.

Koutouzof, qui avait arrêté sa poursuite à la frontière de Prusse, invita le général prussien à faire défection. Quand le général vit qu'il n'y avait plus d'armée française, il réunit ses officiers et leur dit : « L'armée française a été détruite par les mains de Dieu ». Puis il les informa qu'il n'obéirait plus aux ordres des Français (31 décembre 1812).

A cette nouvelle le roi de Prusse quitta Berlin où se trouvait une garnison française et se réfugia dans la place forte de Breslau. Là il s'allia avec Alexandre contre Napoléon (28 février 1813). « C'est un allié que m'envoie la Providence », s'écria Alexandre.

Une *nouvelle coalition* était formée entre la Russie et la Prusse. L'armée russe passa la frontière de Prusse. Les Français évacuèrent Berlin et se retirèrent derrière l'Elbe.

Mouvement national en Prusse. — Dans les provinces qu'abandonnait l'armée française, les habitants manifestaient leur joie d'être débarrassés de l'occupation étrangère. Le roi de Prusse fit un *manifeste à son peuple* et l'invita à prendre les armes. Un ex-ministre prussien que Napoléon avait fait exiler vint diriger ce qu'il appelait « le combat des vertueux contre les méchants ».

On organisa sous le nom de *landwehr* une sorte de garde nationale qui devait combattre à côté de l'armée. Des nobles et des étudiants formèrent un corps de francs-tireurs où s'engagea Koerner, auteur de poèmes contre les Français.

Ce mouvement national fut surtout prussien. En dehors de la Prusse, les Allemands souhaitaient que Napoléon fût définitivement rejeté en France, mais il n'y eut pas de soulèvement.

La landwehr prussienne et le corps franc ne jouèrent pas un rôle important. Les opérations furent faites par les armées régulières; les souverains alliés reçurent des subsides de l'Angleterre. L'Angleterre versa 16 millions et demi de francs au roi de Prusse, tandis que les dons volontaires des Prussiens faisaient à peu près un million.

Perte de la Saxe. — Napoléon conservait les troupes de tous les États allemands, sauf la Prusse. Il croyait pouvoir compter sur l'armée de son beau-père l'empereur d'*Autriche*.

L'armée russe et prussienne s'empara de la *Saxe* dont le roi était l'allié de Napoléon : elle se trouva ainsi sur la frontière d'Autriche.

L'empereur d'Autriche déclara à Napoléon que tout ce qu'il pouvait c'était d'offrir sa médiation pour la paix. En réalité le premier ministre autrichien Metternich croyait que Napoléon serait battu ; il réunissait des troupes et demandait en secret de l'argent à l'Angleterre pour se joindre à la coalition.

L'armée française de 1813. — Napoléon fut obligé de se faire une nouvelle armée. Il rappela tous les hommes dispensés ou rachetés depuis 1806, il leva d'avance les conscrits de 1813 et ceux de 1814. Il rappela d'Espagne 30 000 soldats aguerris : il envoya en Allemagne les fusiliers et canonniers de la marine qui ne servaient à rien, puisque la France ne pouvait plus lutter sur mer contre l'Angleterre. Il réunit ainsi en Allemagne, pendant les premiers mois de 1813, 400 000 hommes en comptant les contingents allemands, polonais et italiens.

L'infanterie et l'artillerie furent dès le début en état de faire campagne. Mais comme tous les chevaux avaient péri en Russie, Napoléon n'avait presque *pas de cavalerie*. Il ne put ni faire éclairer son armée pendant les marches, ni poursuivre l'ennemi après les batailles.

Campagne de Saxe. — Au printemps de 1813, Napoléon vint prendre le commandement de son armée; il voulait reprendre la Saxe pour séparer les coalisés de l'Autriche. Les coalisés l'attaquèrent à *Lutzen* près de Leipzig (2 mai), et furent repoussés après une journée de lutte acharnée. Napoléon entra à Dresde, puis il attaqua les coalisés à *Bautzen*, les battit (21 mai) et les rejeta derrière l'Oder en Silésie.

UNIFORMES DE LA LANDWEHR PRUSSIENNE, d'après un album dessiné et peint pendant l'occupation française à Hambourg.

La landwehr prussienne était une garde nationale qu'on pouvait employer à côté de l'armée régulière en cas de guerre. Ses officiers et soldats portaient le costume gris de fer de l'armée prussienne : au lieu du shako ils avaient une casquette avec une petite croix de fer-blanc. Le soldat de droite porte encore ses guêtres et ses chaussures de paysan.

Armistice de Pleiswitz. — Il pouvait alors marcher sur Berlin. Le roi de Prusse inquiet demanda un armistice. Napoléon accepta parce qu'il cherchait à gagner du temps pour reformer sa cavalerie; il s'imaginait aussi que l'empereur d'Autriche resterait neutre. L'armistice fut conclu à Pleiswitz pour jusqu'au 10 août 1813.

Politique de l'Autriche. — Metternich voulait chasser Napoléon de l'Allemagne. Il s'entendit avec les coalisés pour demander à Napoléon de rendre à la Prusse et à l'Autriche ce qui leur avait été pris depuis 1805 et 1806, de détruire la confédération du Rhin, en un mot de refaire l'Allemagne telle qu'elle existait en 1804. Si Napoléon acceptait ces conditions, on lui accorderait la paix *temporairement* jusqu'à la réunion d'un congrès qui fixerait des conditions définitives, sans doute moins avantageuses. Pendant ces négociations, l'Angleterre, qui ne voulait pas rester isolée en face de Napoléon, augmenta les subsides qu'elle versait à la Russie et à la Prusse.

CHASSEUR A CHEVAL AUTRICHIEN EN 1809

Casque « à chenille »; uniforme blanc avec collet et poignets de couleur, longtemps en usage dans l'armée autrichienne.

Metternich se rendit à *Dresde* pour présenter à Napoléon les conditions convenues pour une paix provisoire (28 juin). L'entrevue dura neuf heures. Napoléon essaya d'intimider Metternich en déclarant qu'il ne redoutait pas de faire la guerre à l'Autriche. « Que veut-on de moi? s'écria-t-il. Que je me déshonore? Jamais! Vos souverains nés sur le trône peuvent se laisser battre vingt fois et chaque fois revenir dans leurs capitales. Moi je ne suis qu'un enfant de la Fortune et je cesserai de régner le jour où je cesserai d'être le plus fort. » A un autre moment Metternich lui dit : « J'ai vu vos soldats, ce sont des enfants. Quand la génération appelée d'avance ne sera plus, appellerez-vous la suivante? » Napoléon s'emporta et, lançant violemment son chapeau sur le parquet : « Vous n'êtes pas soldat, s'écria-t-il, vous ne savez pas ce que c'est qu'une âme de soldat! j'ai grandi dans les camps; un homme comme moi se moque de la vie d'un million d'hommes. »

L'Autriche déclare la guerre. — A la fin Napoléon consentit à envoyer un représentant à *Prague*, où devait se réunir un *Congrès* des puissances qui prendrait fin le 10 août avec l'armistice. Le Congrès s'ouvrit. Le 7 août Metternich fit envoyer à Napoléon un ultimatum qui lui demandait d'accepter comme limite de la France les frontières naturelles et de renoncer à toute intervention dans les pays étrangers, sauf en Italie : c'étaient là toujours des conditions *provisoires* en attendant la paix définitive. Le 10 à minuit la réponse de Napoléon n'était pas arrivée. Metternich déclara le congrès terminé. L'Autriche se joignit à la coalition.

Napoléon eut contre lui près de 500 000 hommes divisés en trois armées. Les alliés avaient convenu qu'ils n'attaqueraient pas Napoléon avant d'avoir concentré toutes leurs forces, et qu'ils feraient cette concentration sans perdre de temps. C'était la tactique de Napoléon retournée contre lui-même.

Dresde. — Napoléon se porta avec la partie principale de son armée contre l'armée russe et prussienne de Silésie. Alors l'armée autrichienne envahit la Saxe. Napoléon revint en toute hâte, battit l'armée autrichienne devant *Dresde* (26-27 août) et l'obligea à repasser en Autriche. Ce fut sa dernière victoire en Allemagne.

Les premiers revers. — Un corps français chargé de poursuivre les Autrichiens fut enveloppé par eux et dut capituler.

Un autre, chargé de tenir en respect l'armée de Silésie, fut surpris par la cavalerie prussienne, rejeté dans le ravin de la rivière *Katzbach* et complètement battu. La Silésie fut perdue.

Enfin un troisième corps qui marchait sur Berlin fut deux fois battu et repoussé (août-septembre).

Néanmoins Napoléon s'obstinait à rester à Dresde comme l'année précédente à Moscou, espérant qu'on traiterait avec lui et ne voulant pas avoir l'air de reculer.

Leipzig. — En octobre, Napoléon apprit que toutes les armées coalisées étaient sur le point de se réunir à Leipzig pour lui couper la route de France.

Il se résigna à battre en retraite et arriva à Leipzig au moment où les armées alliées faisaient leur apparition, l'une au nord, l'autre au sud. Il avait 155000 hommes contre 220000. Il rangea ses troupes autour de la ville et se défendit pendant trois jours (16-18 octobre). Les troupes saxonnes qui combattaient sous ses ordres passèrent à l'ennemi sur le champ de bataille. Néanmoins l'armée française tint bon. Mais, le soir du troisième jour, les Français n'avaient plus de munitions.

Napoléon ordonna la retraite qui se fit à la faveur de la nuit; mais elle fut lente parce qu'il fallait franchir l'Elster, qui passe près de Leipzig, sur un pont unique et que l'on n'avait pas songé à en établir d'autres. Napoléon était fatigué, malade, il ne donnait pas d'ordres et regardait passer ses troupes d'un air égaré, en sifflant.

Au matin les alliés s'aperçurent de la retraite et se mirent à attaquer l'arrière-garde. Les Français firent sauter le pont trop tôt : près de 30000 Français et une grande partie des canons restèrent sur l'autre rive et furent pris. Près de 90000 hommes avaient été tués ou blessés dans cette bataille gigantesque. Comme les combattants appartenaient à presque tous les pays d'Europe, les Allemands ont appelé Leipzig la *bataille des Nations*.

Les derniers alliés allemands de Napoléon prirent parti contre lui. Les Bavarois essayèrent même de l'empêcher d'arriver au Rhin. Il les battit à *Hanau* (30 octobre) et revint à Mayence avec 50000 hommes à peine.

Il laissait derrière lui 150000 hommes dans les places fortes d'Allemagne. Toutes ces garnisons furent assiégées. Aucune ne put revenir pour défendre la France.

Perte de l'Espagne. — Pour faire la campagne de Russie, Napoléon avait pris une partie des troupes d'Espagne. Wellington, parti du Portugal avec l'armée anglaise, battit les Français près de *Salamanque* (juillet 1812), mais ne put s'emparer de Madrid.

En 1813 l'armée française d'Espagne fut encore appauvrie

par des prélèvements pour l'armée d'Allemagne. Napoléon autorisa le roi Joseph à rentrer en France. Les restes de l'armée se mirent en route, emmenant 10 000 Espagnols ralliés au roi Joseph, qui craignaient d'être massacrés, et un immense convoi. Wellington se mit à la poursuite des Français et les battit à *Victoria* (juin 1813).

L'invasion. — Wellington franchit les Pyrénées derrière eux et les poursuivit jusqu'à *Toulouse*, où il les battit encore une fois (1814).

FUSILIER ANGLAIS EN 1813

Shako, habit rouge écarlate, pantalon bleu. Avec la poire à poudre, le fusilier amorce le bassinet de son fusil, c'est-à-dire la partie sur laquelle portera l'étincelle produite par le choc de la pierre à feu (1re Année, p. 186).

Au commencement de 1814 le royaume d'*Italie*, la *Hollande* furent occupés par les alliés, la *Suisse* envahie par eux. Napoléon n'avait pas d'hommes à opposer aux invasions qui débordaient par toutes les frontières.

Après la victoire de Leipzig, l'état-major des coalisés s'arrêta quelques semaines à Francfort. De cette ville, Metternich fit offrir à Napoléon les frontières naturelles comme bases d'un accord provisoire avant la paix (9 novembre). Les alliés demandaient aussi à Napoléon d'abandonner l'Italie. Napoléon fit une réponse évasive et les négociations furent rompues (2 décembre). Les coalisés franchirent le Rhin et arrivèrent jusqu'en *Champagne* sans trouver de résistance.

Échecs de Napoléon. — Napoléon comptait que les coalisés ne recommenceraient pas la guerre avant le printemps, ce qui lui donnerait, comme l'année précédente, le temps de préparer une armée.

Il rappela les ajournés et les dispensés depuis 1803 ; il ordonna de lever par avance les conscrits de 1815, de prendre les 50 000 hommes les plus valides de la garde nationale et de les envoyer à l'armée. Mais il avait à peine réuni 40 000 hommes que les alliées étaient déjà en Champagne.

Les coalisés avaient en effet décidé de marcher sans tarder

sur Paris. A la fin de janvier 1814, Napoléon essaya d'empêcher l'armée prussienne de Blücher de se joindre à l'armée autrichienne de Schwarzemberg, dans la vallée de l'Aube. Il fut repoussé : ne pouvant résister dans la plaine de Champagne où il aurait été écrasé par les 150 000 hommes des deux armées, il recula jusqu'à l'*Ile-de-France* où la nature plus accidentée lui permettait de tenir avec quelque chance. Les alliés le crurent perdu. « Nous n'aurons plus à livrer qu'une seule bataille qui ne sera ni sanglante ni dangereuse, » écrivait un des coalisés.

SENTINELLE D'INFANTERIE DE LIGNE EN TENUE DE CAMPAGNE

Shako, qui remplaça sous Napoléon le chapeau à cornes. Longue capote, adoptée sous Napoléon pour la tenue de campagne et conservée jusqu'à nos jours, avec quelques modifications.

Succès de Napoléon. — Les deux armées ennemies se séparèrent pour vivre plus facilement sur le pays. Blücher marcha sur Paris par la vallée de la Marne, Schwarzemberg par la vallée de la Seine.

Napoléon réunit toutes ses troupes; il attaqua Blücher de flanc dans la vallée du Morin à deux jours de Paris, le battit trois fois et le rejeta sur Châlons.

Puis il se rejeta au sud sur Schwarzemberg, l'attaqua à Montereau au confluent de la Seine et de l'Yonne, le poursuivit et le fit reculer jusqu'à Langres et Chaumont (février).

Congrès de Châtillon. — Après leurs premières victoires, les coalisés avaient tenu un congrès à Châtillon-sur-Seine. Ce congrès avait de nouveau offert une paix provisoire à Napoléon, mais il ne lui accordait plus que les frontières de l'Ancien Régime. « Laisser la France plus petite que je ne l'ai trouvée, dit Napoléon, jamais! Que répondrai-je aux républicains du Sénat s'ils réclament leur frontière du Rhin? » Il allait pourtant céder quand ses victoires le décidèrent à rompre. « Je n'accorde pas d'armistice avant qu'ils aient évacué mon territoire, déclara-t-il, je suis maître de mes conditions. » Le Congrès se sépara (19 mars).

Laon. — L'armée de Blücher se remit en marche, mais elle se dirigea vers le nord pour s'unir à une autre armée coalisée qui arrivait par la Belgique. Napoléon réussit à serrer l'armée de Blücher dans l'angle formé par le confluent de l'Aisne et de l'Oise. Il la croyait prise quand la place forte de Soissons capitula. Les coalisés traversèrent l'Aisne sur le pont de *Soissons* et furent renforcés par l'armée du Nord.

Napoléon essaya pourtant d'attaquer Blücher qui s'était posté sur la côte escarpée qui couronne la ville de *Laon*. Les Français furent repoussés et durent battre en retraite (9 mars).

Prise de Paris. — Napoléon voulait à tout prix sauver Paris. Il se porta *sur les derrières* des armées coalisées, espérant les entraîner à sa poursuite et ramener la guerre en Lorraine. Mais les alliés apprirent par des dépêches interceptées que Paris ne pouvait se défendre; ils furent prévenus par les royalistes que la ville ne tiendrait pas.

Ils marchèrent sur la capitale, sans rencontrer d'autre résistance que celle de deux petits corps, en route pour rejoindre Napoléon, qui furent anéantis. Ils arrivèrent le 30 mars devant *Paris*, qui n'était pas fortifié. Le gouvernement n'avait donné aucun ordre. Des groupes de gardes nationaux, de volontaires, d'élèves des Écoles militaires défendirent pendant une journée les barrières ou portes du mur d'octroi qui entouraient la ville. Le soir, Paris capitula. Ses défenseurs eurent le droit de se retirer avec armes et bagages.

Napoléon apprenant que Paris était menacé revint à marches forcées. Il arriva trop tard et se retira à Fontainebleau avec les 60 000 soldats qui lui restaient.

Questionnaire.

Campagne de Russie (1812). — Qu'avait fait Alexandre depuis 1807? Sujets de brouille entre Napoléon et Alexandre. La guerre. L'armée de Napoléon. Pourquoi l'appelait-on l'armée des vingt nations?

Pourquoi les Russes reculèrent-ils d'abord? Bataille de la Moskowa. L'incendie de Moscou. Motifs pour ne pas hiverner à Moscou. Pourquoi Napoléon attendit-il un mois à Moscou? La retraite. Les difficultés. L'armée de Koutouzof. Les Cosaques.

Ruine de l'armée. Danger couru sur la Bérésina. Passage de la rivière. Que resta-t-il de l'armée?

Première campagne de 1813. — Défection de la Prusse. Ses conséquences. Qu'est-ce que le mouvement national prussien? Quand avait-il commencé? Que produisit-il en 1813? Qu'était-ce que la landwehr? Avec quelles troupes, avec quel argent les souverains résistèrent-ils?

Rôle de l'Autriche. Perte de la Saxe. Comment Napoléon trouva-t-il des soldats? Quels alliés lui restaient? Que manquait-il à son armée?

Reprise de la Saxe. L'armistice.

Deuxième campagne de 1813. — Politique de Metternich. Ses propositions. Entrevue de Dresde. Congrès de Prague. De quels États se composait la coalition d'avril 1813? Forces en présence. Plan des alliés. Dresde. Défaite des lieutenants de Napoléon. Leipzig. Perte de l'Allemagne. Perte de l'Espagne.

Campagne de France (1814). — Invasion générale.

Propositions de Francfort. Où étaient les armées coalisées au début de 1814? Pourquoi Napoléon ne put-il résister?

L'armée de 1813. Perte de la Champagne. Derniers succès de Napoléon. Leurs résultats. Propositions de Châtillon. Pourquoi furent-elles rejetées?

Défaite de Laon. Dernière tentative de Napoléon. Perte de Paris.

SUJETS COMPLÉMENTAIRES

La retraite de Russie d'après les mémoires du sergent Bourgogne.

Épisodes locaux de la campagne de France. Lectures de passages d'Alfred de Vigny (Servitude et Grandeur militaires), d'Erckmann-Chatrian (surtout le Conscrit de 1813).

Guerres de Napoléon Ier
1805-1815

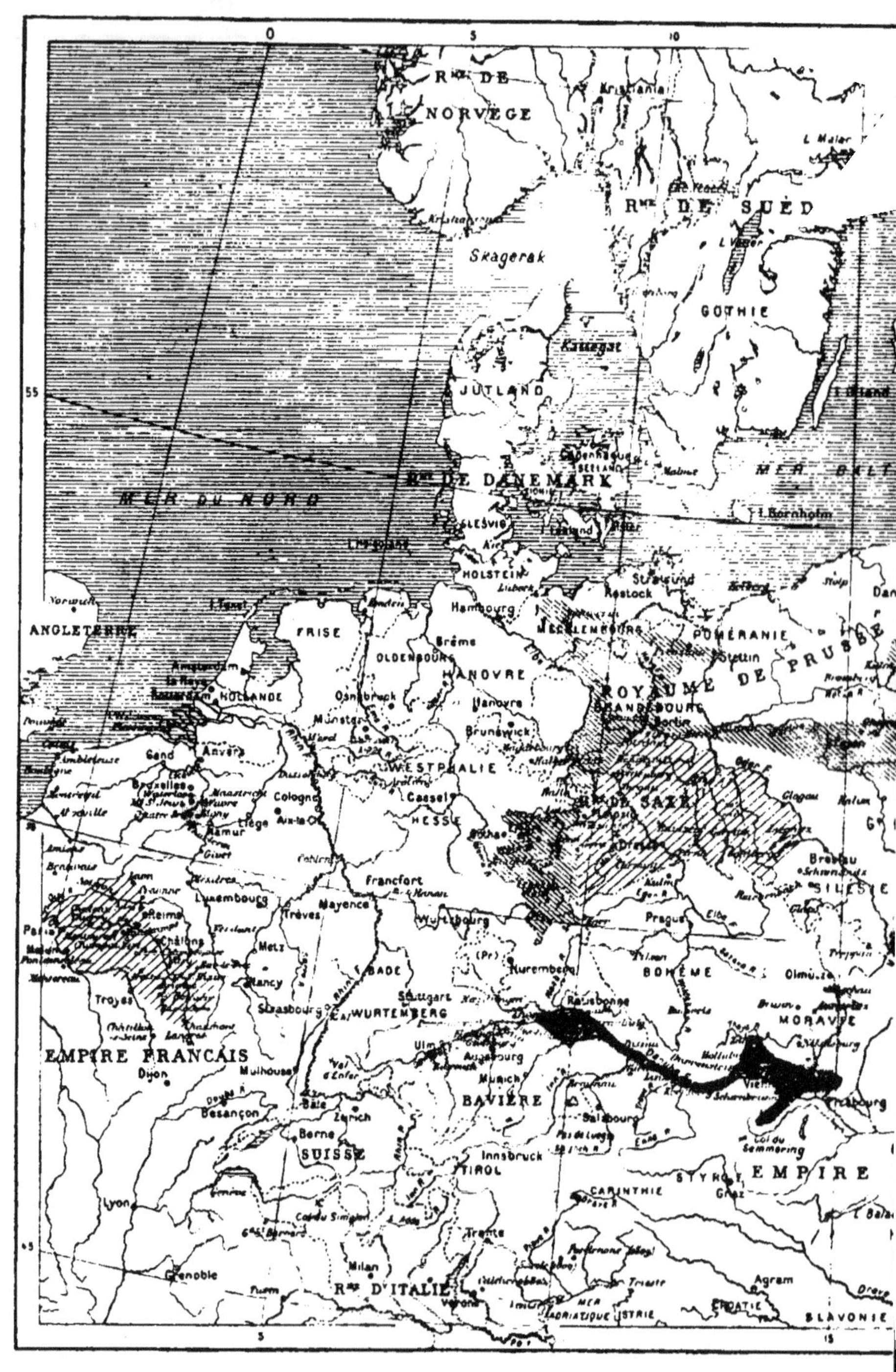

Rme DE NORVÈGE
Rme DE SUÈDE
Skagerak
GOTHIE
JUTLAND
Rme DE DANEMARK
MER DU NORD
HOLSTEIN
Hambourg
Rostock
Stralsund
ANGLETERRE
FRISE
OLDENBOURG
Brême
HANOVRE
POMÉRANIE
Stettin
ROYAUME DE PRUSSE
Amsterdam
HOLLANDE
Osnabruck
Hanovre
Brunswick
Münster
Gand
Anvers
WESTPHALIE
Cologne
Cassel
HESSE
Liège
Namur
Breslau
SILÉSIE
Luxembourg
Reims
Francfort
Mayence
Trèves
Wurtzbourg
Prague
Paris
Châlons
Metz
Nancy
Nuremberg
BOHÊME
Olmütz
MORAVIE
Troyes
Strasbourg
BADE
Stuttgart
WURTEMBERG
Ratisbonne
EMPIRE FRANÇAIS
Dijon
Mulhouse
Ulm
Augsbourg
Munich
BAVIÈRE
Salzbourg
Besançon
Bâle
Zurich
Berne
SUISSE
Innsbruck
TIROL
Col du Semmering
EMPIRE
STYRIE
Graz
CARINTHIE
Lyon
Trente
Milan
Grenoble
Rme D'ITALIE
Vérone
Trieste
Agram
CROATIE
SLAVONIE
ISTRIE

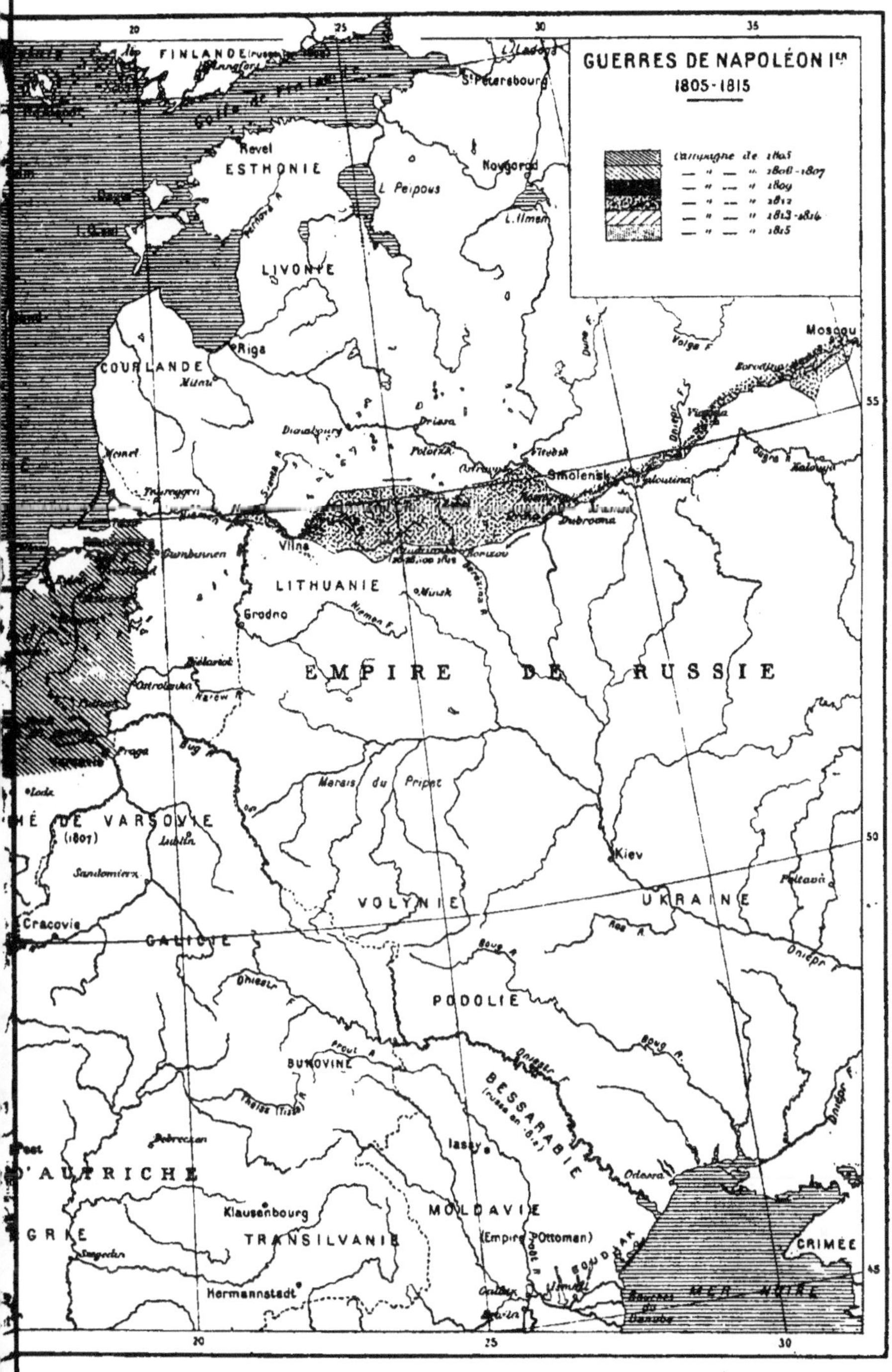
GUERRES DE NAPOLÉON Ier
1805-1815
FINLANDE
S.t Pétersbourg
ESTHONIE
LIVONIE
COURLANDE
Riga
Revel
Novgorod
L. Peipous
L. Ilmen
Moscou
Smolensk
Vilna
LITHUANIE
Grodno
EMPIRE DE RUSSIE
Marais du Pripet
VOLYNIE
UKRAINE
Kiev
PODOLIE
BUKOVINE
BESSARABIE
Iassy
MOLDAVIE
(Empire Ottoman)
TRANSILVANIE
Klausenbourg
Hermannstadt
CRIMÉE
Cracovie
GALICIE
(1807)
Praga
D'AUTRICHE

CHAPITRE XI

LA FRANCE SOUS LE PREMIER EMPIRE

La Cour. — Quand il fut empereur, Napoléon créa autour de lui une Cour copiée sur l'ancienne cour de Versailles. On fit venir le maître de danse et la femme de chambre de Marie-Antoinette pour enseigner l'*étiquette* qu'on avait oubliée depuis la chute du roi, c'est-à-dire pour régler les cérémonies et apprendre les manières d'autrefois aux parvenus civils et militaires qui entouraient Napoléon.

On rétablit les costumes de Cour, riches et pompeux, pour les grandes réceptions.

Napoléon n'aimait pas à les porter, mais il les imposa à son entourage. Il resta toujours négligé dans sa tenue qui comprenait d'habitude un uniforme militaire recouvert d'un pardessus ou *redingote* de couleur *grise*, et un chapeau tout simple « avec une méchante cocarde d'un sou ». Il garda ses manières de soldat, s'emportant facilement, usant de jurons et de gros mots.

Mais il voulait, autour de lui, beaucoup de luxe et d'apparat.

La Légion d'honneur. — Napoléon rétablit les distinctions entre individus que la Révolution avait supprimées comme contraires à l'égalité.

La Constituante avait supprimé les décorations qui sous l'Ancien Régime étaient réservées aux nobles. Napoléon institua l'ordre de la *Légion d'honneur* avec des insignes et des titres empruntés à l'Ancien Régime, chevalier, commandeur, etc.

MEMBRE DU CORPS LÉGISLATIF

SÉNATEUR DE L'EMPIRE

COSTUME HABILLÉ (1803)

PROFESSEUR DE LA FACULTÉ DES SCIENCES
SOUS L'EMPIRE

L'IMPÉRATRICE JOSÉPHINE
dans le costume qu'elle portait au sacre.

COSTUME D'HOMME EN 1810

TOILETTE DE DAME EN 1810

PORTEUR D'EAU SOUS L'EMPIRE

Mais il décida que cette décoration serait accessible à tous et qu'un simple soldat pourrait l'obtenir s'il la méritait (1803-4).

La noblesse d'Empire. — Napoléon cessa d'appliquer les lois contre les émigrés. Il reçut à la Cour tous les anciens nobles qui revinrent d'émigration et qui se rallièrent. « Il n'y a, disait-il, que ces gens-là qui sachent servir. »

Après la victoire d'Austerlitz, qui affermit l'Empire, il distri-

LES SABINES, d'après le tableau de David (1748-1825) au musée du Louvre.

Tableau célèbre du chef de l'école classique. Il représente les femmes sabines qui ont épousé des Romains se jetant avec leurs enfants entre les Romains et les Sabins prêts à se combattre. On remarquera le choix du sujet emprunté à l'histoire romaine et le soin apporté à la composition et au dessin.

bua des titres de *noblesse héréditaire* qui commençaient aux barons d'Empire et allaient jusqu'aux ducs et princes. « Je fais de la monarchie, disait-il, en créant une hérédité, mais je reste dans la Révolution parce que ma noblesse n'est point exclusive. »

Tous les chefs militaires, tous les hauts fonctionnaires et les personnages importants furent décorés et anoblis. Souvent Napoléon donna des terres rapportant un gros *revenu* ou de fortes rentes à ceux qu'il anoblissait. Il voulait rétablir une *classe dirigeante* qui se distinguât des autres par ses titres et par sa fortune. La seule différence avec l'Ancien Régime, c'est que la noblesse était ouverte aux fonctionnaires et aux riches.

Les sciences et la littérature. — Napoléon avait toujours

Mme Récamier, d'après le portrait peint par David (musée du Louvre).

Robe empire, pieds nus; chaise longue à formes copiées sur des dessins antiques. Lampe de style antique.

cherché à se montrer « le plus civil de tous les militaires », comme disait Sieyès. Il voulut attirer autour de lui les savants, les écrivains et les artistes. Il comprenait et aimait surtout les mathématiciens. Il témoigna une grande faveur à Monge qu'il fit comte; à Laplace, auteur du *Système* ou explication *du monde*. Les progrès des sciences mathématiques, physiques, naturelles, qui s'étaient accentués au XVIIIe siècle (*1re Année*, p. 274), continuèrent sous la Révolution et l'Empire.

Le mouvement des idées philosophiques et économiques

(*1re Année*, p. 267) fut arrêté par la censure et la suppression de la liberté sous le régime napoléonien. Comme Napoléon ne pouvait supporter une opposition quelconque, il écarta de lui une partie des gens de valeur.

Le naturaliste LAMARCK eut le premier l'idée du transfor-

ARC DE TRIOMPHE DE LA COUR DU CARROUSEL

Ce monument, qui servait d'entrée au palais impérial des Tuileries, est imité de ceux que les empereurs romains faisaient bâtir pour célébrer leurs victoires.

misme et de l'évolution des êtres vivants. Soupçonné de nier la création par Dieu, il ne reçut aucun encouragement du gouvernement. Le mathématicien Lalande avait déclaré qu'il ne croyait pas à Dieu ; on était alors au moment de signer le Concordat. Bonaparte ordonna à l'Académie des Sciences d'expulser Lalande, qui était l'un des membres de cette Société.

Mme DE STAEL, fille du célèbre ministre Necker, écrivait

des ouvrages de tendance monarchiste libérale et d'autres où elle cherchait à faire connaître aux Français la littérature et la philosophie allemandes. Elle essaya de donner des conseils de libéralisme au Premier Consul. Bonaparte lui fit mauvais

ÉGLISE DE LA MADELEINE, A PARIS (commencée en 1764).

Cette église, faite sur le modèle d'un temple grec, devait être, dans l'esprit de Napoléon, un Temple de la Gloire, destiné à rappeler les victoires de l'Empire. Le gouvernement de la Restauration l'acheva et en fit une église catholique.

accueil : plus tard il ordonna à la police de la surveiller et l'obligea à s'exiler.

Le vicomte DE CHATEAUBRIAND, ancien émigré, était rentré sous le Consulat, avait publié un ouvrage de propagande catholique intitulé le *Génie du christianisme*, et après le Concordat avait accepté une fonction publique. Il démissionna et redevint monarchiste opposant quand Napoléon eut fait fusiller le duc d'Enghien. Napoléon ne le lui pardonna jamais. Il le contraignit à s'exiler. En 1811 l'Académie française élut Chateaubriand. Napoléon signifia au président qu'il ne voulait pas que Chateaubriand fût reçu. « Si l'Académie désobéit, dit-il, je la casserai comme un mauvais Club. »

Mme de Stael et Chateaubriand étaient les écrivains français les plus remarquables de l'époque.

Napoléon ne put garder autour de lui que des écrivains

CHAPELLE IMPÉRIALE AU PALAIS DES TUILERIES

Piliers et colonnes imités des monuments antiques : disposition générale d'après les temples grecs : ensemble imposant, mais froid et sombre.

médiocres. « J'ai pour moi, disait-il à l'un d'eux, la petite littérature et contre moi la grande. »

Les arts. — Napoléon réussit mieux avec les artistes. Il employa David, le plus célèbre peintre de l'époque, qui représenta toutes les scènes historiques depuis le Serment du Jeu de Paume au couronnement de Napoléon. Napoléon fit des commandes à l'Italien Canova, qui était alors considéré comme le plus habile des sculpteurs.

Ces artistes et leurs disciples s'inspiraient de l'*antiquité*. Ils aimaient les sujets empruntés à l'*histoire* de la Grèce et de Rome. Ils s'attachaient surtout à la correction du *dessin*, à l'harmonie des lignes. David dessinait le corps de tous les per-

VUE INTÉRIEURE DU MARCHÉ SAINT-GERMAIN (commencé en 1814).
Sous Napoléon Ier on commença à transformer Paris : plusieurs grands marchés couverts comme celui-ci furent élevés dans la capitale.

sonnages avant de peindre leurs habits. Aujourd'hui nous trouvons les œuvres de cette époque à la fois un peu trop arrangées et un peu froides.

Le style Empire. — Depuis la fin du XVIIIe siècle, le goût de l'antiquité, l'imitation des Grecs et des Romains se répandait partout. On parlait à la tribune, on écrivait dans les journaux et les livres en style imité des anciens; on appelait les institutions nouvelles de noms romains, Préfet, Sénat, Tribunat. Les meubles, les motifs de décoration, les vêtements féminins, furent plus ou moins copiés sur des dessins antiques. On orna

LE CANAL SAINT-MARTIN SOUS NAPOLÉON Ier : AU FOND, LA BARRIÈRE DE LA VILLETTE

Ce canal, qui traverse Paris, est la suite du canal de l'Ourcq, qui permet d'éviter les boucles de la Marne et d'arriver plus rapidement à Paris. Ces canaux ont été creusés en grande partie sous Napoléon Ier pour rendre plus facile l'approvisionnement de Paris.

Le bâtiment rond à colonnes, au fond, était le bureau d'octroi établi à la « barrière » qui marquait l'entrée de la ville de ce côté.

les murs, les chaises, les fauteuils d'urnes, de lauriers, d'aigles, de sphinx.

On employa le marbre, le bronze, les bois de couleur. Ce fut le *style Empire* massif et sombre qui remplaça les formes élégantes, les bois sculptés blancs, les soieries à fleurs claires de style Louis XVI (*1re Année*, p. 277).

Monuments et Travaux publics. — Les architectes élevèrent des édifices imités des temples gréco-romains, comme la *Madeleine* dont Napoléon voulait faire un temple de la gloire militaire et qui a été transformée en église. Napoléon fit élever à Paris, avec le bronze des canons autrichiens, la *colonne Ven-*

dôme en mémoire des victoires de 1805, il fit commencer l'*arc de triomphe* de l'Étoile en l'honneur de la grande armée. Ces monuments étaient une copie de ceux que les empereurs romains construisaient autrefois pour célébrer leurs victoires.

Pendant la Révolution, on avait manqué d'argent pour entre-

TRAVAUX DE PERCEMENT DE LA RUE DE RIVOLI ; d'après une eau-forte représentant un ouvrier serrurier travaillant à l'installation de la grille des Tuileries.

Des rues nouvelles, larges et droites, furent percées dans le vieux Paris : ces transformations se continuèrent sous les successeurs de Napoléon Ier.

tenir les voies de communication. Napoléon fit refaire les routes, reconstruire les ponts. Il ordonna de construire à travers les Alpes les routes du *Mont-Cenis*, qui mettait en communication Paris et Turin, et du *Simplon*, entre Paris et Milan.

Gendarmerie et Police. — Le brigandage avait continué comme sous l'Ancien Régime et s'était étendu pendant les guerres civiles. De soi-disant chouans ou royalistes arrêtaient les diligences. Napoléon mit des *gendarmes* dans chaque chef-lieu de canton ; il fit opérer des gendarmes et des soldats dans les régions à brigands et débarrasser la plus grande partie de la France des bandes qui l'infestaient. Les membres de ces bandes furent fusillés ou guillotinés.

Napoléon mit une forte garnison à *Napoléon-ville* (Pontivy), au cœur de la Bretagne, et à *Napoléon-Vendée* (La Roche-sur-Yon), au cœur de la Vendée, pour surveiller ces régions; elles restèrent calmes jusqu'en 1814.

Napoléon n'employait pas seulement la force armée contre les criminels. Il eut un ministère et deux directions qui s'occupèrent de police politique. Il se fit rendre compte des moindres actions de tous les suspects et, par précaution, de tous les personnages importants. « Pour être efficace, disait-il, il faut que la surveillance soit de tous les moments, qu'elle s'étende à tous les détails. »

Napoléon fit arrêter et détenir sans jugements, comme sous l'Ancien Régime, tous ceux qu'il jugeait dangereux. Les prisons d'État furent remplies. Il y eut plus de *détenus* de 1800 à 1814 que pendant les mois les plus sombres de la Terreur. Il y eut aussi un très grand nombre d'*exécutions* après jugement sommaire, soit par fusillade, soit par guillotine.

La censure. — Napoléon avait commencé à supprimer les journaux d'opposition dès le 19 brumaire. Il continua à en réduire le nombre. Les journaux furent, comme les livres, soumis à la censure, c'est-à-dire qu'il fut interdit de rien imprimer sans autorisation de la police. C'est ce qu'on appelle la *censure* préalable. Même après autorisation donnée, le journal ou le livre pouvaient être saisis par ordre de la censure, les éditeurs et auteurs poursuivis; c'était la même situation que sous l'Ancien Régime.

« Toutes les fois, prescrivait Napoléon, qu'il parviendra une nouvelle désagréable au gouvernement, elle ne doit point être publiée jusqu'à ce qu'on soit tellement sûr de la vérité qu'on ne doive plus la dire parce qu'elle est connue de tout le monde. »

En réalité, il ne voulait pas de journaux; il a dit un jour qu'un état bien policé devrait n'avoir qu'un seul périodique, le Journal officiel. L'un de ses alliés d'Allemagne réalisa ce désir dans son état en édictant qu'il n'y paraîtrait qu'un seul journal, dirigé par le ministre de la police.

L'Université. — Napoléon ne fit rien pour l'instruction primaire : il pensait que le peuple devait rester ignorant pour qu'on pût le maintenir dans l'obéissance.

Il voulait au contraire que la classe dirigeante fût instruite. Il créa pour ses enfants des établissements payants appelés *lycées*, d'un nom emprunté à l'antiquité. Le programme des lycées ne fut plus le programme moderne qu'avaient esquissé les hommes de la Révolution; on enseigna de nouveau le *latin*

FAUTEUIL EMPIRE (palais du Grand-Trianon à Versailles).

Ce fauteuil conserve encore les formes et les tons clairs du style Louis XVI. Mais déjà les détails des moulures sont des reproductions de motifs antiques.

CHAISE EMPIRE (palais de Compiègne).

Mêmes observations que pour le fauteuil : la forme cintrée du dossier est fréquente dans les meubles Empire.

et les mathématiques comme dans les collèges des jésuites sous l'Ancien Régime. Mais les professeurs furent des *laïques*.

Napoléon ordonna qu'il n'y aurait pas d'établissements d'enseignement secondaire ou supérieur autres que ceux de l'Etat. On appela l'ensemble de ces établissements l'Université de France, nom que nous avons conservé, et le monopole de l'enseignement qui leur fut donné, *monopole universitaire*. Les lycéens portèrent un uniforme *militaire* et leurs mouvements furent réglés, comme à la caserne, au son du tambour.

Les Codes. — Les assemblées révolutionnaires avaient préparé des Codes, c'est-à-dire des recueils de lois conformes aux principes de la Déclaration des droits et uniformes pour toute la France.

Napoléon fit terminer et remanier ces Codes par le Conseil d'État.

Le plus important, le *Code civil*, qui contient toutes les lois relatives à la famille, à la propriété, à l'héritage, fut publié en 1804 sous le nom de *Code Napoléon*. Il maintint l'égalité entre les personnes établie en 1789, le partage des successions pour mettre fin au droit d'aînesse, mais il rétablit la sujétion

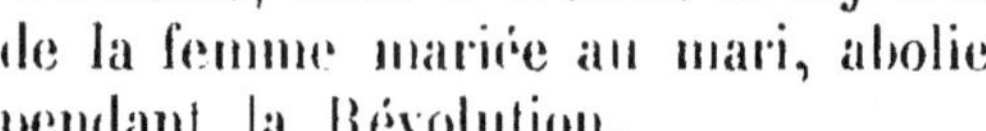

de la femme mariée au mari, abolie pendant la Révolution.

TABLE DE NUIT EMPIRE (palais de Compiègne).

Meuble de bois sombre avec ornements de cuivre. Les tons clairs du style Louis XVI passent de mode : ils ne reparaîtront qu'à la fin du siècle, avec l' « art nouveau ».

En 1806 fut publié le *Code de procédure civile*, qui règle la manière dont les procès sur les affaires de droit civil doivent être conduits.

Le *Code pénal* et le *Code d'Instruction criminelle*, qui règlent tout ce qui est relatif à la répression des délits et crimes, furent publiés en 1808 et en 1810. Napoléon maintint le jury de jugement, mais supprima le jury d'accusation (p. 74), parce qu'il le trouvait trop enclin à l'indulgence. Il rétablit ou maintint des peines cruelles : le poing coupé avant l'exécution pour les parricides, la marque au fer rouge pour les forçats.

En 1807 avait été publié le *Code de commerce*, qui règle ce qui est relatif aux marchands, banquiers, entrepreneurs de transports, hommes d'affaires. Ce code traitait les faillis en criminels et ordonnait qu'ils fussent emprisonnés. Il plaçait les sociétés commerciales et les opérations de Bourse sous un contrôle plus gênant qu'efficace.

Réformes financières. — Sous le Consulat, le papier-monnaie était de plus en plus déprécié. Bonaparte le retira de la circulation. Il donna à une banque privée formée par des actionnaires le droit d'émettre des billets qui étaient toujours remboursables en argent. Cet établissement, appelé *Banque de France*, fut contrôlé par un administrateur que le gouvernement désignait. Elle existe toujours.

Le produit des impôts ne suffisait pas. Bonaparte rétablit les impôts indirects, sur les boissons, le sel, les objets de consommation, impôts qui avaient été supprimés comme iniques pendant la Révolution. Il rétablit aussi les *octrois* des villes. Il institua le monopole du tabac. Ces impôts furent très impopulaires.

Brouille avec le Pape. — On a vu que Napoléon enleva

COMMODE DE STYLE EMPIRE (palais du Petit-Trianon, à Versailles).
Ornements de style antique en cuivre appliqués sur acajou.

au pape ses États parce que le pape ne voulait pas appliquer chez lui le blocus continental. Le pape *excommunia* Napoléon; l'Empereur le fit *arrêter* par les gendarmes (1809) et enfermer à Savone, près de Gênes.

La plupart des *évêques*, jusque-là tout dévoués à Napoléon, prirent parti pour le pape. Napoléon fit arrêter les plus résolus et obligea les autres à quitter leurs fonctions. Dans les diocèses où les évêques enseignaient la soumission au pape, Napoléon refusait la dispense militaire aux *séminaristes*. Un séminaire s'étant révolté contre un évêque soumis à Napoléon, l'Empereur fit envoyer tous les élèves au régiment.

Enfin Napoléon fit amener le pape à Fontainebleau et l'obligea à signer le *Concordat de 1813* d'après lequel le pape s'engageait à résider en France. « Paris, disait plus tard Napoléon, fût devenu la capitale du monde chrétien et j'aurais dirigé le monde religieux aussi bien que le monde politique. Mes conciles eussent été les représentants de la chrétienté; les papes n'en eussent été que les présidents. »

L'invasion de 1814 délivra le pape avant que le nouveau concordat eût été appliqué; le gouvernement qui succéda à l'Empire s'en tint à l'ancien.

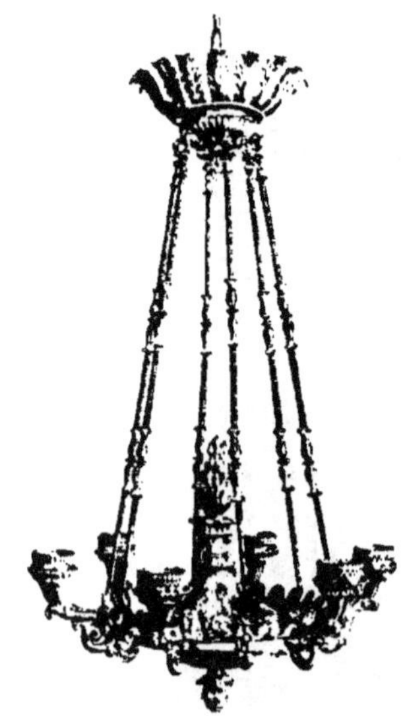

TORCHÈRE EMPIRE (palais de Compiègne).

Forme copiée sur les lustres antiques.

Dans sa lutte contre le pape, Napoléon s'était aliéné les populations catholiques; la Provence, le Nord, l'Ouest, tous les départements croyants recommencèrent à souhaiter le retour du roi.

Suppression des libertés publiques. — Napoléon déclarait un jour, dans une réception officielle : « Il n'y a que deux puissances dans le monde, le sabre et l'esprit : j'entends par esprit les institutions civiles et religieuses. A la longue, le sabre est toujours battu par l'esprit. » Il disait aussi : « Mon fils sera forcé d'être libéral. Mon successeur ne pourra se soutenir qu'avec les idées libérales. »

En ce qui le concernait, il désirait retarder le plus possible cette échéance. Il répétait volontiers que les Français ne sont pas faits pour la liberté. « L'égalité, au contraire, disait-il, plait à la multitude. » Pourvu qu'on maintienne l'égalité civile, les Français, pensait-il, vivront heureux, car ils ne savent pas se servir de la liberté : pendant la Révolution ils se sont déchirés les uns les autres.

« Je n'ai pas encore compris, disait Napoléon, les avantages d'une opposition quelconque. Quelle qu'elle soit, elle ne sert qu'à déconsidérer le pouvoir aux yeux du peuple. » Il ne toléra jamais que personne lui fît des représentations. On a vu qu'il supprima la seule assemblée où l'on eût le droit de discuter, le Tribunat. Le Corps législatif, qui correspondait à peu près à notre Chambre des députés, se montrait fort docile. Néanmoins Napoléon ne voulut jamais s'adresser à lui quand il eut besoin de mesures exceptionnelles; il les demanda au Sénat, composé de personnages qu'il avait anoblis et enrichis. Ce fut le Sénat qui, par *sénatus-consulte*, autorisa le rappel des hommes ajournés et les levées de conscrits un ou deux ans avant l'époque légale; ce fut lui aussi qui prononça les annexions des petits États.

BERCEAU DU ROI DE ROME exécuté sur un dessin de Prud'hon, conservé aujourd'hui au Palais impérial à Vienne.

Pieds dessinés d'après ceux des sièges antiques. En avant, un aigle; à la tête une Victoire.

Après les défaites de 1813, le Corps législatif essaya de faire des représentations timides. Il pria l'Empereur de « ne continuer la guerre que pour l'indépendance du peuple français et l'intégrité de son territoire ». Napoléon se fâcha; il accusa les députés d'être dévoués à l'Angleterre. « Que voulez-vous? leur dit-il. Le pouvoir. Qu'en feriez-vous? Que faut-il à la France? Un général. » Il suspendit les séances du Corps législatif.

Pourtant, Napoléon se rendait compte de la tyrannie qu'il faisait peser sur les Français. « Savez-vous, demandait-il un jour, ce qu'on dira quand je n'y serai plus? On dira : « Ouf! »

L'opposition. — Les ouvriers et les paysans ne souffraient pas trop de l'absence des libertés publiques; ils étaient satisfaits de l'égalité civile et n'auraient pour rien au monde consenti au rétablissement d'une noblesse à privilèges. Mais ils regrettaient la lutte *contre le pape*. Ils trouvaient la *conscription* trop pénible : une foule de conscrits réfractaires se cachaient dans les montagnes et les bois où la gendarmerie les traquait ; il y en eut, dit-on, près de 100 000 dans l'Empire.

Les gens du peuple détestaient aussi les *droits réunis*, c'est-à-dire les impôts indirects. En 1814, ils accueillirent les Bourbons aux cris de : « A bas les droits réunis et la conscription ! »

La bourgeoisie demandait la fin de la surveillance policière, une *liberté* modérée de la presse, une *représentation* nationale élue par les riches.

Tout le monde était d'accord pour réclamer la *paix*. Les maréchaux eux-mêmes étaient fatigués de la guerre qui ne leur rapportait plus que des fatigues. « Votre armée veut la paix », disait Metternich à Napoléon en 1813. « Pas l'armée, répliqua Napoléon, mes généraux. » Napoléon avait fait tuer ou périr plus d'un million d'hommes tant français qu'étrangers. Il avait en 1813 et 1814 pris tout ce qu'il y avait d'hommes valides dans les 130 départements de son empire, excepté les réfractaires. Dans les campagnes il n'y avait plus d'ouvriers : les femmes menaient la charrue et travaillaient la terre.

Questionnaire.

La Cour et la noblesse. — Qu'est-ce qu'une Cour ? Qu'est-ce que l'étiquette ? Depuis quand n'y avait-il plus de Cour ? Que fit Napoléon pour en rétablir une ?

Depuis quand les décorations avaient-elles été supprimées ? Pourquoi ? Qu'est-ce que la Légion d'honneur ?

Quand fut créée la noblesse de l'Empire ? Différence avec l'ancienne noblesse. Pourquoi Napoléon voulait-il faire des nobles ? Leur donnait-il autre chose qu'un titre ?

Sciences. Lettres et Arts. — Napoléon s'intéressa-t-il aux sciences ? Progrès des sciences. Suite du mouvement philosophique et économique. Qu'est-ce que Lamarck ? Mme de Staël ? Chateaubriand ? Pourquoi Napoléon fit-il persécuter les deux écrivains précédents ? Que pensait-il des écrivains qui l'entouraient ?

Quels furent le grand peintre, le grand sculpteur de l'époque ? Donner une idée de leur art.

France pendant la
Révolution et l'Empire.

FRANCE
PENDANT
LA RÉVOLUTION ET
L'EMPIRE
Légende
Extension de la France après le traité de Lunéville (1801)
En 1812
États dépendant de l'Empire français
ROYme DE Gde BRETAGNE ET D'IRLANDE
IRLANDE
ANGLETERRE
MER DU NORD
MANCHE
OCÉAN
ATLANTIQUE
EMPIRE FRANÇAIS
ROYme D'ESPAGNE
Iles Baléares
MER
SUISSE
Londres
York
Paris
Rouen
Rennes
Angers
Nantes
Poitiers
Bordeaux
Toulouse
Montpellier
Marseille
Lyon
Dijon
Besançon
Strasbourg
Bruxelles
Lille
Cologne
Amsterdam
Barcelone
I. Majorque
I. Minorque

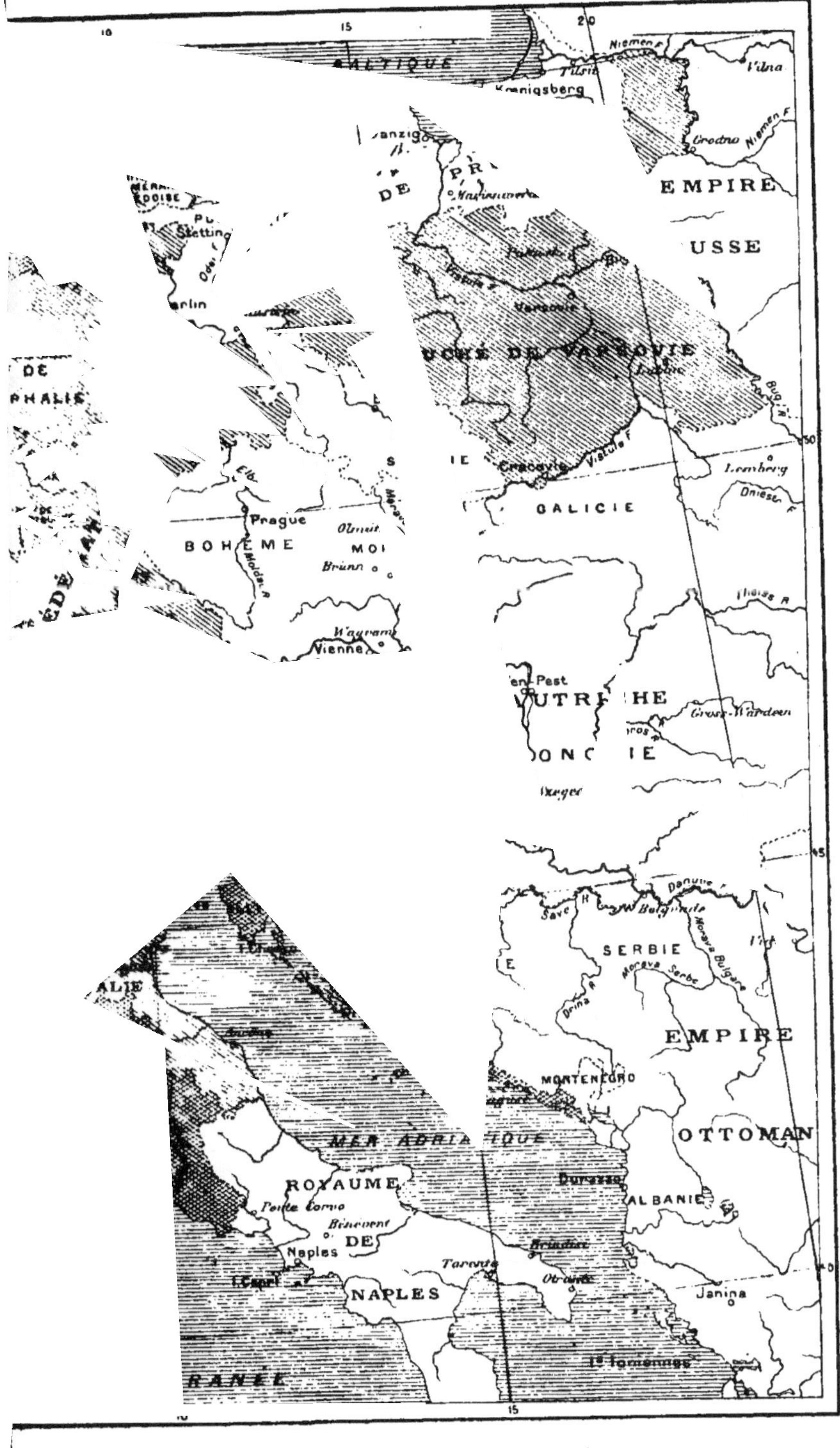

BALTIQUE
Tilsit
Kœnigsberg
Niemen F.
Vilna
Grodno
EMPIRE
RUSSE
Stettin
Berlin
DUCHÉ DE VARSOVIE
Varsovie
Lublin
Cracovie
Vistule F.
GALICIE
Lemberg
Dniester F.
Prague
BOHÊME
Olmutz
Brünn
Wagram
Vienne
Pest
AUTRICHE
HONGRIE
Gross-Wardeen
Theiss R.
Danube F.
Save R.
Belgrade
SERBIE
Morava Serbe
Morava Bulgare
Drina R.
EMPIRE
OTTOMAN
MONTENEGRO
MER ADRIATIQUE
ROYAUME
DE
NAPLES
Ponte Corvo
Bénévent
Naples
I. Capri
Tarente
Brindisi
Otrante
Durazzo
ALBANIE
Janina
Is Ioniennes
RANÉE

Qu'appelle-t-on style Empire en ameublement? Les principaux monuments. Les Travaux publics.

Le gouvernement absolu. — Répression du brigandage. Mesures contre les Chouans et Vendéens. La police. Les prisons d'État. Les détenus. Les exécutions.

Qu'est-ce que la liberté de la presse? la censure? la censure préalable? Idées de Napoléon au sujet des journaux.

L'enseignement primaire. L'enseignement des lycées. Son programme. Était-il laïque? Qu'appelle-t-on Université de France? Qu'était-ce que le monopole universitaire?

Qu'est-ce qu'un Code? Que renferme le Code civil? le Code de procédure civile? les autres Codes? Quels principes de la Révolution sont maintenus par le Code civil?

Qu'est-ce que la banque de France? Différence entre billets de banque et assignats. Qu'est-ce que des impôts indirects? un octroi? un monopole? Nouveaux impôts créés par Napoléon.

L'opposition. — Pourquoi Napoléon se brouilla-t-il avec le pape? Arrestation du pape. Mesures contre les évêques et les curés. Pour quelles raisons? Le pape à Fontainebleau. Projets de Napoléon. Conséquences de la brouille avec le pape.

Que pensait Napoléon des idées libérales? de la liberté publique? de l'opposition? Sa conduite vis-à-vis du pouvoir législatif. Quand le Corps législatif essaya-t-il une opposition? Quel en fut le résultat?

Quels étaient les mécontents? Que demandait le peuple? la bourgeoisie? Quel était le vœu commun à toutes les classes?

SUJETS COMPLÉMENTAIRES

L'industrie et la classe ouvrière sous le premier Empire.

Explication pour visites locales de monuments et collections.

Épisodes et tableaux de la vie locale (brigandage, chouannerie, sénatoreries et domaines de nobles d'Empire, conscription, réfractaires).

CHAPITRE XII

LA PREMIÈRE RESTAURATION ET LES CENT-JOURS

Politique des alliés. — Les souverains coalisés ne voulaient pas laisser Napoléon sur le trône de France ; mais ils ne savaient pas s'ils reconnaîtraient Napoléon II ou s'ils rétabliraient les Bourbons. Ils avaient remarqué que la France avait oublié la famille de Louis XVI ; ils craignaient, en imposant un Bourbon, d'être obligés de le soutenir par la force et leur désir était de cesser le plus tôt possible la guerre, qui lui coûtait cher.

Ce fut Talleyrand qui fit décider le rétablissement des Bourbons, auxquels presque personne ne pensait. Talleyrand, ex-ministre des Affaires étrangères, avait été disgracié par Napoléon en 1809 ; il s'était alors rapproché des émigrés partisans de Louis XVIII ; il avait conservé de bonnes relations avec le souverain de Russie et le premier ministre de l'Autriche. Pendant la campagne de France, il fit donner secrètement aux alliés l'avis de marcher tout droit sur Paris qui n'était pas défendu.

Quand les souverains firent leur entrée dans Paris, un groupe de nobles royalistes les escorta en agitant des mouchoirs blancs et en criant : « Vive le Roi ! » pour leur donner à croire que la population désirait le retour des Bourbons (30 mars).

Le soir même, Talleyrand proposa aux alliés de faire « restaurer » les Bourbons par les autorités existantes sans qu'ils eussent à intervenir.

L'abdication de Napoléon. — Le Sénat avait le soin d'interpréter la constitution (p. 102). Talleyrand réunit quelques sénateurs présents à Paris, et leur fit déclarer que Napoléon

GENS DU PEUPLE A PARIS, EN 1814; d'après une aquarelle représentant des chanteurs populaires, conservée à la Bibliothèque nationale

était déchu et approuver la formation d'un *gouvernement provisoire* composé de 5 royalistes (2 avril). Puis il fit ratifier cette décision par quelques députés présents à Paris.

Alors il invita le maréchal Marmont, qui commandait les

troupes cantonnées au sud de Paris, à se mettre sous les drapeaux de ce que les royalistes appelaient « la bonne cause ». Marmont consentit à faire passer ses troupes en Normandie derrière les lignes des alliés, à condition qu'elles ne seraient pas prisonnières et qu'on ne ferait aucun mal à Napoléon.

Pendant ce temps, Napoléon était à Fontainebleau avec les restes de son armée : les maréchaux présents à Fontainebleau virent que Napoléon n'avait plus aucune chance de reprendre Paris; ils le forcèrent à abdiquer en faveur de son fils (4 avril). Ils allèrent porter l'abdication à Alexandre Ier, dont ils pensaient avoir l'appui. Alexandre leur répondit que la défection de Marmont prouvait que l'armée n'était pas tout entière bonapartiste et qu'il ne pouvait rien faire pour Napoléon II. Les maréchaux revinrent à Fontainebleau et obligèrent *Napoléon à abdiquer* sans conditions (6 avril).

Première Restauration. — Le même jour, les *sénateurs* de Paris, toujours dirigés par Talleyrand, appelèrent *Louis XVIII* au trône de France. Ils rédigèrent une constitution qui maintenait le Sénat, le Corps législatif, les grades, les décorations, les dotations en argent ou en terre, reconnaissait la vente des biens nationaux et promettait le paiement des intérêts de la dette. Ils s'étaient préoccupés surtout de garantir leurs situations et celles de leurs amis.

Les maréchaux et la plupart des officiers abandonnèrent Napoléon : l'Empereur, déchu, accepta la souveraineté de la petite île d'*Elbe* que lui offraient les alliés; il fit ses adieux à la garde et partit de Fontainebleau sous la surveillance d'officiers étrangers (20 avril).

Louis XVIII et le comte d'Artois. — Le comte de Provence, frère de Louis XVI, qui fut appelé à régner sous le nom de Louis XVIII, était âgé de cinquante-neuf ans; c'était un gros homme, goutteux et infirme, qui pouvait à peine marcher; il adopta un costume ridicule moitié civil, moitié militaire. Émigré après la fuite à Varennes (1791), Louis XVIII était fatigué de l'exil : bien qu'il se crût roi de droit divin, il était prêt à toutes les concessions pour finir en paix ses jours sur le trône. Il n'avait pas d'enfants : le comte d'Artois, son frère, héritier du trône, alors âgé de cinquante-sept ans, était au contraire un partisan obstiné de l'ancien régime; il avait émigré dès la prise de la Bastille : toute sa famille partageait ses passions.

Le comte d'Artois rentra le premier; le 12 avril, il arriva à Paris et prit la direction des affaires de sa propre autorité sans consulter personne. Il arbora la cocarde *blanche*; il écrivit à son frère de ne pas accepter la constitution préparée par le Sénat.

COSTUMES DE DÉPUTÉ ET DE PAIR SOUS LA RESTAURATION
Député à gauche, pair à droite. On voit que ces costumes officiels sont ceux de l'Empire (pp. 101 et 111) avec quelques modifications dues à la mode

Louis XVIII ne pouvait souffrir une constitution imposée; mais le tsar Alexandre, conseillé par Talleyrand, lui fit comprendre qu'il ne pourrait rétablir le pouvoir absolu.

La Charte. — Louis XVIII voulut alors se donner l'air d'un roi légitime qui concède de son plein gré une constitution. A cet effet, il fit rédiger, la veille de son entrée à Paris, la *Déclaration de Saint-Ouen* (2 mai); il se disait « résolu d'adopter une constitution libérale et ne pouvant en accepter une qu'il est indispensable de modifier ». Il promettait de publier une constititution dont il indiquait sommairement les principes, parmi lesquels figuraient « l'irrévocabilité de la vente des biens nationaux, le maintien de la Légion d'honneur ».

La constitution fut préparée par une commission en quelques jours, car Alexandre et les alliés voulaient qu'elle fût publiée avant leur départ. On l'appela *Charte*, pour employer un mot pris à la tradition du moyen âge, au lieu du nom moderne de constitution. Les mêmes raisons firent que Louis XVIII déclara qu'il en faisait *octroi et concession*, et s'intitula dans le préambule « *par la grâce de Dieu, roi de France et de Navarre* », ce qui était nier le principe de la souveraineté nationale ; enfin il data la Charte de la *19e année de son règne*, comme s'il ne voulait reconnaître rien de ce qui s'était fait, en France, depuis la mort de Louis XVI.

La Charte établissait en France un régime *imité de l'Angleterre*.

Le roi avait le pouvoir exécutif et choisissait ses ministres ; en outre, il avait seul le droit de présenter et d'approuver les lois. Mais les lois et le budget devaient toujours être votés par les représentants.

La Charte instituait deux chambres. La *Chambre des pairs* était formée de membres *nobles* héréditaires nommés par le roi, sur le modèle des LORDS anglais ; la *Chambre des députés* était élue par ceux qui payaient au moins 300 francs d'impôts.

On remit l'application de la Charte à plus tard. Jusqu'en 1815 on gouverna avec le Corps législatif et le Sénat de Napoléon, pour ne pas faire de mécontents. Toutes les institutions de Bonaparte étaient conservées.

Traités de Paris de 1814. — Pendant la campagne de France, les alliés s'étaient entendus pour ramener la France aux *limites de 1792*. A peine arrivé à Paris, le comte d'Artois signa avec eux l'*armistice* du 23 avril 1814 par lequel il reconnaissait leurs prétentions en échange d'une paix provisoire, et leur abandonnait sans compensation les 53 places fortes situées hors des frontières de 1792 où les garnisons françaises résistaient encore, ainsi que 12 000 canons et tout le matériel qui s'y trouvait.

Après l'arrivée de Louis XVIII et la publication de la Charte, la *paix* fut *définitivement conclue* aux conditions précédentes par les *traités de Paris* signés le 30 mai 1814 entre la France et les sept puissances avec lesquelles elle était en guerre, Russie, Prusse, Autriche, Angleterre, Suède, Espagne et Portugal. Par ces traités, Louis XVIII abandonnait définitivement tout ce que la France avait conquis depuis 1792, *excepté la Savoie*; mais les alliés ne réclamèrent pas d'indemnité et laissèrent aux musées de Paris les objets enlevés aux différentes collections de l'Europe. Leurs troupes évacuèrent le territoire français.

Les mécontents. — La bourgeoisie fut satisfaite d'avoir la paix et un régime constitutionnel; mais les causes de mécontentement ne tardèrent pas à se produire.

Le comte d'Artois avait promis l'abolition des *droits réunis* ou impôts indirects (p. 172); le ministre des finances les fit maintenir.

Les *curés* se mirent à menacer les acquéreurs de biens nationaux de l'enfer s'ils ne rendaient pas ce qu'ils avaient acheté.

Les derniers *émigrés* revinrent : on disait d'eux qu'ils n'avaient « rien oublié ni rien appris ». Ils prétendaient reprendre leurs biens vendus à des particuliers sous la Révolution. Ils réclamaient des indemnités, des places. Les plus acharnés d'entre eux se groupaient autour du comte d'Artois qui parlait d'épurer l'administration pour donner des postes aux royalistes et de rétablir les institutions de l'Ancien Régime. Les bourgeois craignirent pour l'égalité civile établie en 1789; les fonctionnaires pour leurs places.

L'*armée* surtout était irritée; les soldats n'aimaient pas la cocarde et le drapeau *blancs* qui avaient remplacé les trois couleurs : la garde impériale avait été versée dans des régiments de ligne et remplacée par une *Maison du roi* composée de gens qui n'avaient pas combattu. On avait mis en non-activité avec *demi-solde* 12 000 officiers qui souhaitaient le retour de Napoléon pour rentrer au service.

Le retour de l'île d'Elbe. — Napoléon fut informé du mécontentement qui régnait en France. Après dix mois de séjour à l'île d'Elbe, il s'embarqua secrètement avec 1 100 soldats qu'on lui avait laissés, réussit à échapper à la flotte anglaise et française qui le surveillait et débarqua près de Cannes (1er mars 1815).

Aussitôt il marcha sur *Grenoble*; à quelques heures de cette ville, sa petite troupe se trouva pour la première fois en présence de soldats français qui lui barraient le passage. Napoléon s'avança seul, parla aux soldats et les décida à passer de son côté : toute la garnison de Grenoble les imita malgré son chef. Dès lors Napoléon avait une petite armée. Il continua sa marche sur Paris : la garnison de *Lyon* passa de son côté : il en fut de même d'une armée commandée par Ney qui devait lui livrer bataille; Ney suivit ses soldats bien qu'il eût promis de « ramener Napoléon dans une cage de fer ». 20 jours après son débarquement, Napoléon arriva sans combat à Paris. Louis XVIII venait de s'enfuir à Bruxelles.

Les Cent Jours. — Le nouveau règne de Napoléon dura environ 100 jours (mars-juin 1815). Il fut marqué au début par des promesses de réformes *libérales*. En effet Napoléon se rendit compte qu'en dehors de l'armée, il devait chercher son appui sur les partisans de la Révolution.

Pour les rassurer, il fit préparer très vite une nouvelle constitution qu'on appela *Acte additionnel aux Constitutions de l'Empire*. Elle maintenait le régime établi par la Charte; mais elle faisait élire les députés par un vote à deux degrés; au premier degré le *suffrage* était *universel*. Cette concession rallia à Napoléon les républicains.

L'Acte additionnel fut solennellement promulgué dans une grande réunion faite au Champ de Mai sur le modèle de la Fédération de 1789; on l'appela le *Champ de Mai*, nom emprunté aux institutions de Charlemagne. Puis la Chambre fut convoquée; mais au bout de quelques jours Napoléon lui interdit de se réunir parce qu'elle discutait ses volontés.

Waterloo. — La guerre était inévitable. Les alliés réunis au Congrès de Vienne avaient déclaré qu'ils ne traiteraient pas avec Bonaparte « ennemi et perturbateur du repos du monde ».

Les alliés avaient encore 700 000 hommes sous les armes. Napoléon n'en avait que 200 000. Il résolut pourtant d'attaquer le premier, espérant détruire les armées étrangères l'une après l'autre.

Les armées les plus voisines de Paris étaient celle de Wellington (100 000 h.) et celle de Blücher (150 000), qui occupaient la Belgique. Napoléon se jeta entre les deux : il repoussa Blücher à *Ligny*, mais sans détruire son armée (16 juin). Puis il se tourna contre Wellington, qui s'était retranché sur des coteaux en avant de *Waterloo*, barrant la route de Bruxelles. Napoleon fit attaquer Wellington pendant toute l'après-midi du

CAMPEMENT DE COSAQUES EN 1815 ; d'après une gravure de C. Vernet (1758-1835).

Les Cosaques étaient des cavaliers portant le costume du paysan russe, mal tenus et grossiers, que le tsar employait à côté de l'armée régulière.

18 juin ; ses troupes furent repoussées trois fois ; enfin il engagea sa garde qui enfonça le centre anglais. Mais Blücher avait fait marcher son armée toute la journée pour rejoindre Wellington ; le général français Grouchy, envoyé par Napoléon pour surveiller les mouvements de Blücher, ne sut ni l'arrêter ni venir rejoindre Napoléon. A la nuit toute l'armée prussienne tomba sur les troupes de Napoléon qui furent mises en com-

plète déroute. Seuls les derniers bataillons de la garde résistèrent jusqu'au milieu de la nuit pour donner à Napoléon le temps d'échapper.

Napoléon revint à Paris. Mais les Chambres avaient formé un gouvernement provisoire qui refusa d'entrer en relations avec lui, traita avec les alliés et rappela les Bourbons. Abandonné de tous, Napoléon se rendit aux Anglais qui le déportèrent dans l'île de Sainte-Hélène. Il y mourut en 1821.

Le traité de Paris de 1815. — Les alliés, revenus à Paris, eurent des exigences beaucoup plus grandes qu'en 1814. Ils *reprirent* à la France la *Savoie* et plusieurs *places fortes*, Landau, Sarrelouis, Philippeville et Marienbourg, en tout un demi-million d'habitants.

Les Prussiens auraient voulu qu'on reprît toutes les conquêtes de Louis XIV, l'Alsace, la Franche-Comté, les provinces du Nord ; mais le tsar et l'Angleterre s'y opposèrent.

Les alliés reprirent des objets d'art enlevés sous la Révolution et l'Empire aux collections de l'Europe. Ils exigèrent une *indemnité* de 700 millions et, en attendant qu'elle fut payée, 150 000 soldats étrangers occupèrent les départements du Nord et de l'Est aux frais de la France. Telles furent les stipulations du second *traité de Paris* (20 novembre 1815).

L'occupation devait durer jusqu'en 1820. Mais le gouvernement français paya l'indemnité en trois ans et réussit à obtenir l'*évacuation* du territoire en 1818.

Questionnaire.

La première Restauration. — Quels furent les projets des alliés? Qui les conseilla? Les Bourbons étaient-ils populaires? Comment fut formé un gouvernement provisoire? Comment fut arrachée l'abdication de Napoléon? La Restauration. Que fit-on de Napoléon?

Louis XVIII. Le comte d'Artois. Comment fut obtenue la déclaration de Saint-Ouen? La Charte. Sens du mot Charte. Pourquoi l'avait-on employé? Reconnaissait-on la souveraineté nationale? De qui fut imitée la Constitution? Comment était formée la Chambre des pairs? La Chambre des députés.

Premier traité de Paris. Que prirent les alliés à la France? Que lui laissèrent-ils?

Qui fut mécontent de la Restauration ? Pourquoi ? Mécontentement de l'armée.

Les Cent Jours. — Comment Napoléon revint-il à Paris ? Qui eut-il pour lui ? Pourquoi Napoléon fit-il des promesses libérales ? Quelles furent ces promesses ? Les tint-il ? Les alliés acceptèrent-ils Napoléon ? Forces en présence. Où se fit la guerre ? Contre qui ? Waterloo. Que pensait Napoléon ?

Second traité de Paris. Que prirent les alliés à la France ? Qu'exigèrent-ils en outre ? Pourquoi occupèrent-ils le territoire français ? Pendant combien de temps ?

SUJETS COMPLÉMENTAIRES

Le retour de l'île d'Elbe, la bataille de Waterloo, d'après « 1815 » de M. H. Houssaye.

CHAPITRE XIII

LA SECONDE RESTAURATION

La réaction royaliste. — Les royalistes étaient revenus furieux contre ceux qui avaient pris le parti de Napoléon pendant les Cent Jours; ils dirigèrent contre eux une réaction sans merci qu'on appela la *Terreur blanche*. Le maréchal Ney et plusieurs généraux, officiers et fonctionnaires, qui s'étaient prononcés les premiers pour Napoléon après son retour de l'île d'Elbe, furent condamnés à mort et exécutés.

En Provence et en Languedoc, les royalistes massacrèrent les bonapartistes et les représentants de l'autorité qui essayaient de rétablir l'ordre. Les élections se firent au milieu de la Terreur blanche; elles donnèrent presque tous les sièges à des royalistes ardents. Louis XVIII déclara qu'une pareille *Chambre* était *introuvable* et le nom lui resta.

La Chambre vota toutes les mesures d'exception demandées par le gouvernement : l'une suspendait la liberté individuelle, ce qui permit d'*emprisonner* tous les *suspects* comme en 1793-94; une autre punissait des travaux forcés les cris séditieux; une troisième instituait dans chaque département des *cours prévôtales* présidées par un colonel ou un général; elles jugeaient les accusés politiques, sans jury, sans appel et condamnaient à la prison, aux travaux forcés, à mort. Le roi ne pouvait faire grâce que si la cour le demandait. Ces cours durèrent jusqu'en 1817 et prononcèrent de nombreuses condamnations à *mort* qui furent exécutées.

Tous les survivants de la Convention qui avaient voté la mort du roi furent bannis sans exception. Le grand peintre David et Carnot, l'organisateur de la victoire, étaient du nombre.

La Chambre se montra bientôt « plus royaliste que le roi », c'est-à-dire qu'elle réclama d'autres lois de réaction. Elle voulait *épurer l'administration* pour remplacer les fonctionnaires des régimes précédents par des royalistes. Louis XVIII résista

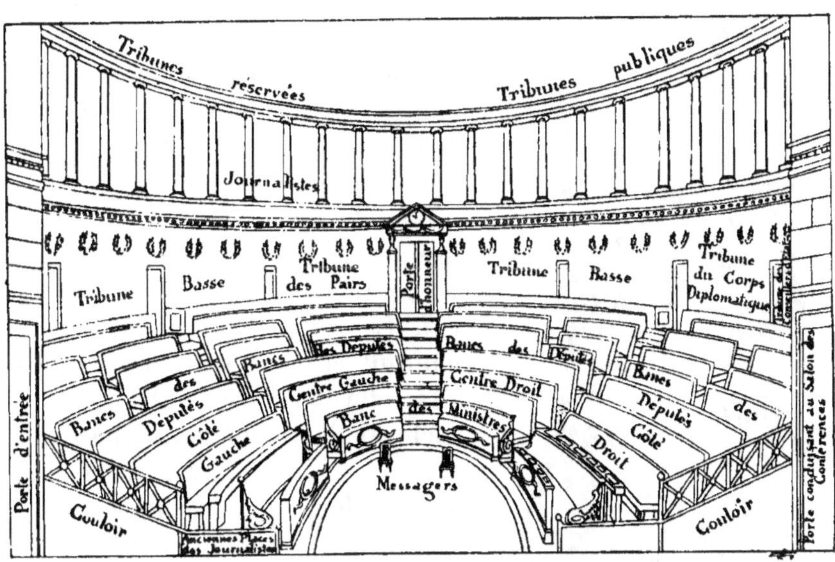

PLAN DE LA SALLE DES SÉANCES DE LA CHAMBRE DES DÉPUTÉS SOUS LA RESTAURATION

Les inscriptions expliquent la disposition, qui est encore celle de la Chambre actuelle, à peu de chose près.

Le côté gauche (à gauche du président) est celui des libéraux : le côté droit (à droite du président), celui des conservateurs (les ultras, *sous la Restauration). Le président et la tribune des orateurs se trouvent dans la partie coupée, face au banc des ministres.*

parce qu'il craignait de soulever un mécontentement général. Le roi écouta les conseils de modération que lui donnaient les Anglais et le tsar. « Si ces Messieurs étaient libres, dit-il à l'ambassadeur de Russie, ils m'épureraient moi-même. »

La Chambre, mécontente, rejeta les projets de loi présentés par le roi ; plusieurs députés déclarèrent qu'ils représentaient l'*opinion nationale* et que le roi devait leur céder : c'était la doctrine de 1789, ce n'était pas celle de la Charte. Le roi renvoya la Chambre au bout d'un an (septembre 1816) et les nouvelles élections donnèrent une Chambre plus modérée.

Loi électorale. — Ce fut alors qu'on vota des lois pour compléter les dispositions de la Charte. Les plus importantes furent la loi électorale et la loi sur la presse, qui ont été *sans cesse remaniées jusqu'en 1830.*

L'EXPOSITION AU PILORI SOUS LA RESTAURATION, CHATIMENT DES « PETITS VOLEURS »

L'exposition au pilori, en place publique, fut pratiquée jusqu'à l'avènement de la seconde République.

1° Les élections précédentes avaient été faites avec le système en usage sous l'Empire (voir p. 101). Les préfets avaient été autorisés à ajouter des électeurs à la liste. La Charte disait que les futurs électeurs seraient ceux qui payaient *au moins* 300 francs de contributions directes (foncière, personnelle et mobilière, portes et fenêtres, patentes). La *loi électorale de 1817* maintint ce *cens* ou chiffre d'impôts ; elle décida en outre que les électeurs devraient avoir trente ans au moins. Il n'y avait alors que 88 000 électeurs en France.

Pour être député, il fallait payer au moins 1 000 francs d'impôt direct.

Les élections se faisaient au chef-lieu de département comme aujourd'hui celles des sénateurs.

La Chambre était renouvelée chaque année par cinquième. En réalité toutes les Chambres furent dissoutes avant d'avoir fait leur temps.

Loi sur la presse. — La loi de 1819 sur la *presse* donna aux journaux plus de liberté que sous Napoléon. On put faire paraître un journal sans demander préalablement une *autorisation* que le gouvernement pouvait refuser. Les articles purent être imprimés sans être préalablement soumis à la *censure* (p. 166). Les journalistes pouvaient être poursuivis pour les articles une fois parus; mais les procès de presse devaient être portés devant la cour d'assises où le *jury* est porté à acquitter les accusés politiques, et non devant les tribunaux correctionnels composés uniquement de magistrats : cependant on faisait exception pour la diffamation contre un particulier.

Les procès de presse étaient alors plus fréquents

DRAPEAU D'INFANTERIE DE LIGNE SOUS LE RÈGNE DE LOUIS XVIII (6e RÉGIMENT)

C'est le drapeau blanc avec les fleurs de lys en bordure.

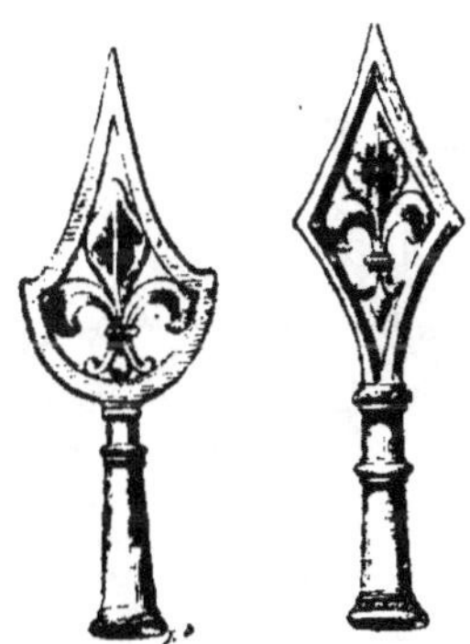

ENSEIGNES DE DRAPEAUX SOUS LA RESTAURATION

L'aigle de Napoléon est remplacée par la fleur de lys.

qu'aujourd'hui; les journalistes étaient obligés d'écrire en termes vagues, de procéder par allusions, de ménager leurs critiques et leurs expressions.

D'autre part, la loi de 1819 obligeait les fondateurs d'un journal à déposer un *cautionnement* pour garantir le paiement des amendes auxquelles ils pourraient être condamnés : à Paris le cautionnement dépassait 200 000 francs. Seuls les riches pouvaient publier des journaux.

Les journaux se vendaient cher : la loi de 1819 leur imposait un *droit de timbre* de 10 centimes par exemplaire : le port était plus coûteux qu'aujourd'hui. Les journaux ne se vendaient pas dans la rue; ils étaient envoyés aux *abonnés* comme les revues d'aujourd'hui. Un abonnement coûtait 80 francs par an. Seuls les bourgeois lisaient les journaux. La feuille la plus prospère avait alors 20 000 abonnés, tous les journaux ensemble n'en réunissaient pas 60 000.

Loi sur le recrutement. — Le roi avait promis d'abolir la *conscription* établie sous le Directoire (p. 92) et de recruter l'armée par engagements comme sous l'Ancien Régime. La *loi sur le recrutement de 1817* consacra en apparence ces principes, mais elle ajouta. « En cas d'insuffisance, l'armée se recrute par des appels. » Or les appels devinrent la source la plus importante. Pour trouver les appelés, on rétablit le *tirage au sort* entre tous les jeunes gens de chaque canton âgés de vingt et un ans. Comme la France n'entretenait qu'une armée de 240 000 hommes et que le service durait sept ans, on n'avait pas besoin de tous les jeunes gens; on prenait seulement les numéros le plus bas. Ceux qui étaient pris pouvaient se faire *remplacer* en payant un homme qui servait à leur place. C'était en somme le système de 1798 (p. 92) : il a duré jusqu'en 1872. L'armement et l'équipement restèrent ceux de l'Empire. En 1829, le pantalon blanc ou noir fut remplacé par le *pantalon rouge*.

LE FERREMENT DES FORÇATS EN 1836

Les condamnés aux travaux forcés portaient une chaîne attachée à un anneau rivé au pied. Les plus dangereux avaient un autre anneau rivé au cou.

On conservait, à côté de l'armée, la *garde nationale*, composée des bourgeois des villes, désignés par une commission de fonctionnaires ; ses officiers étaient nommés par le roi.

Les partis. — La période modérée dura de 1816 à 1820 : les élections partielles de chaque année furent favorables aux *libéraux*, qu'on appelait la gauche à cause de la place où ils siégeaient dans la Chambre : plusieurs d'entre eux souhaitaient le rétablissement du drapeau tricolore et le remplacement de la branche aînée des Bourbons par la branche cadette plus libérale; ils avaient pour eux, outre les bourgeois libéraux, les bonapartistes et les républicains, trop peu nombreux pour pouvoir se faire représenter à la Chambre : la plupart étaient élus dans les villes. C'étaient pour la plupart des industriels, des commerçants, ou des avocats, ou des gens qui avaient pris part à la Révolution.

FORÇATS EN 1830

Les forçats étaient enchaînés deux à deux. On les emprisonnait dans des « bagnes » placés dans les ports militaires, où ils étaient employés aux travaux les plus dangereux et les plus pénibles.

En 1819, Grégoire, ex-évêque constitutionnel, ex-membre de la Convention et qui avait approuvé la condamnation de Louis XVI, fut élu à Grenoble; mais la Chambre refusa de l'admettre.

Les mesures libérales étaient combattues par la *droite*; les plus conservateurs de ce côté de la Chambre étaient surnommés les ultra-royalistes, ou les *ultras*; pour la plupart c'étaient de grands *propriétaires* fonciers, presque tous *nobles*, ou anoblis, ou appartenant à de vieilles familles bourgeoises. Leurs chefs se groupèrent autour du comte d'Artois, frère du roi, qui devait lui succéder.

Avec les ultras opéraient les catholiques dirigés par une société secrète, la *Congrégation*, composée de prêtres et de laïques, qui avait été formée sous Napoléon pour travailler à rétablir la foi : les catholiques organisaient dans les campagnes des *missions* destinées à restaurer la pratique du culte qui se perdait depuis la Révolution. Leurs adversaires les appelaient le *parti-prêtre*. Les ultras n'étaient pas tous satisfaits de l'alliance avec le parti-prêtre. Beaucoup d'entre eux, en effet, soit nobles, soit riches bourgeois, conservaient les idées philosophiques du XVIIIe siècle; ils étaient absolutistes, mais anticléricaux.

Les écrivains romantiques. — Comme il y avait plus de liberté que sous l'Empire, les discussions politiques recommencèrent. On se remit aussi à publier des ouvrages de philosophie politique et économique comme au XVIIIe siècle. Ces sujets n'absorbèrent pas toute l'attention de la classe instruite. Elle fut divisée aussi par des querelles littéraires et artistiques.

COSTUME D'HOMME SOUS LA RESTAURATION

Costume très semblable à celui de la fin de l'Empire, avec le chapeau haut de forme, le grand manteau, l'habit à queue, le pantalon.

Des auteurs *classiques* continuaient, comme sous l'Empire, à écrire des tragédies en imitant Racine; mais aucun ne fut un grand poète. Les écrivains de talents se groupèrent autour de LAMARTINE qui publia ses premières poésies en 1820 et de VICTOR HUGO qui étaient *romantiques*.

Le nom de romantisme avait été inventé par les écrivains allemands comme Gœthe et Schiller; il signifiait à l'origine retour aux sujets traités dans les *romans* de chevalerie du moyen âge.

Les romantiques renoncent à s'inspirer de l'antiquité, ils prennent leur sujets dans le moyen âge : plusieurs d'entre eux, CHATEAUBRIAND, Lamartine, Victor Hugo à ses débuts, se déclarent *catholiques*. Mais ce qu'ils aiment dans le moyen

LA CHAÎNE, DANS LES PREMIÈRES ANNÉES DU RÈGNE DE LOUIS-PHILIPPE

Une fois enchaînés, les forçats étaient placés sur des charrettes et dirigés vers les « bagnes » ou prisons. On appelait « chaîne » le convoi des forçats enchaînés.

âge, c'est surtout le pittoresque. Plusieurs d'entre eux écrivirent des pièces à personnages et décors avec une mise en scène compliquée. C'est alors qu'ALEXANDRE DUMAS père créa le drame et le roman *historiques*. Victor Hugo écrivit en 1828 un drame historique, *Cromwell*, précédé d'une préface retentissante qu'on surnomma le manifeste du Romantisme. Il fit jouer un autre drame, *Hernani*, en février 1830 : les partisans des classiques le sifflèrent; les romantiques se battirent avec eux dans la salle.

TOILETTE DE FEMME SOUS LA RESTAURATION
Modification du costume Empire, un peu plus étoffé.

Les œuvres les plus remarquables des romantiques sont leurs poésies *lyriques*. Lamartine, Hugo, ALFRED DE MUSSET, ont fait renaître en France ce genre de poésie où le poète parle de sa personne, exprime ses émotions; ils l'ont porté à la perfection.

Un prosateur romantique, Honoré de BALZAC (1799-1850), créa le *roman* réaliste où il peint les mœurs de la petite noblesse et de la bourgeoisie de son temps, les ultras, les libéraux, les électeurs censitaires, les gardes nationaux, et surtout les types vicieux, avares, usuriers, aventuriers.

L'art romantique. — Les arts du dessin changeaient aussi d'inspiration. Des peintres comme INGRES maintinrent les traditions de dessin correct et un peu froid léguées par David (p. 158 et 162).

DELACROIX (1798-1863) fut au contraire chef de l'école de peinture romantique. Il commença à exposer en 1822 et fut dès lors très discuté. C'est un coloriste plus qu'un dessinateur : il aime les sujets pittoresques pris à la littérature et à l'histoire du moyen âge.

Rude (1785-1855), né à Dijon, fut le grand sculpteur de la période romantique. Il abandonna le genre classique de Canova (p. 162) et revint aux figures et aux groupes animés, parfois tourmentés comme au xve siècle. Son chef-d'œuvre est le groupe gigantesque si vivant du Départ des Volontaires qui

CAFÉ SOUS LA RESTAURATION : LE CAFÉ LAMBLIN, AU PALAIS-ROYAL, d'après un tableau de Boilly (1761-1845) daté de 1817, aujourd'hui au musée Condé, à Chantilly.

A droite, vieillards portant encore le chapeau à cornes, la culotte; à gauche, joueur en costume plus moderne.

orne l'Arc de triomphe de l'Étoile; il fut exécuté sous Louis-Philippe.

Les architectes continuèrent durant presque toute la Restauration à élever des édifices à colonnades et frontons sur les modèles antiques.

Puis les romantiques répandirent le goût du moyen âge. Sous Louis-Philippe, on se mit à admirer les édifices gothiques et romans autant qu'on les méprisait auparavant. On cessa de les détruire et de les mutiler. On restaura les cathédrales et les vieux châteaux féodaux. On les imita et on construisit les églises et édifices publics tantôt en gothique ou roman, tantôt en Renaissance.

Aucun nouveau style ne se créa sous Louis-Philippe ni sous Napoléon III, soit pour l'architecture, soit pour l'ornementation et l'ameublement; il y eut des imitations, des fantaisies, mais aucune création entre le *style Empire* qui se prolonge jusqu'à la Restauration et l'*art nouveau* de l'époque actuelle.

LA RUE A PARIS SOUS LA RESTAURATION APRÈS UN ORAGE; d'après un dessin de C. Vernet (1758-1836).

Il n'y avait pas alors d'égouts assurant l'écoulement rapide des eaux.

La dame a le visage caché sous une grande capote ou cabriolet.

Chute des libéraux (1820) — Les ultras demandèrent au roi de changer la loi électorale pour restreindre le nombre des électeurs libéraux : le roi refusa. Ils s'adressèrent à la Sainte-Alliance, qui était une coalition de souverains conservateurs, et dirigée par l'Autriche; la Sainte-Alliance conseilla au roi de changer le mode d'élection. Le roi ne l'écouta pas. Mais une partie du *centre*, c'est-à-dire du groupe des députés ministériels, se mit à voter avec la *droite* par peur des libéraux.

Pourtant le roi soutint quelque temps encore le ministre Decazes, ancien fonctionnaire de l'Empire, qui résistait aux ultras. Mais en 1820 un ouvrier assassina le duc de Berry, fils du comte d'Artois, et déclara qu'il avait voulu détruire le prince qui semblait destiné à perpétuer « cette race ennemie de la France ». Louis XVIII n'avait pas d'enfants et ses neveux n'avaient pas de fils; mais, sept mois après l'assassinat, la duchesse de Berry mit au monde un fils que les royalistes appelèrent « l'enfant du miracle ». Ce fut le duc de Bordeaux, plus tard appelé Henri V (comte de Chambord).

La droite au pouvoir (1816-1817). — Après l'assassinat du duc de Berry, tous les membres de la famille royale supplièrent Louis XVIII de renvoyer son ministre libéral et de gouverner avec la *droite*. Il céda. Il accepta aussi de faire adopter par la Chambre une modification de la loi électorale Ce fut la *loi du double vote* (1820). Désormais, tous les électeurs à partir de 300 francs se réunissaient au chef-lieu d'arrondissement pour nommer un député, 258 pour toute la France; puis les électeurs payant au moins 1 000 francs d'impôt se réunissaient au chef-lieu de département pour élire 172 députés. Ainsi les plus riches, qu'on supposait être les plus conservateurs, votaient deux fois.

UN BUREAU D'ÉCRIVAIN PUBLIC EN 1825, d'après une lithographie.

Les gens du peuple ne savaient ni lire ni écrire; aussi faisaient-ils rédiger leurs lettres par un « écrivain public », profession qui a à peu près disparu avec les progrès de l'instruction.

Les élections partielles furent favorables aux ultras. Un de leurs chefs, Villèle, noble du Midi, entra au ministère, puis en prit la direction de 1821 à 1827.

Les complots. — Les républicains, les bonapartistes et les plus avancés des libéraux, essayèrent alors de recourir à la violence. Ils formèrent à Paris, puis dans d'autres villes une société secrète qui prit le nom de *Charbonnerie*, emprunté à une société analogue de libéraux italiens. Les charbonniers ou *Carbonari* s'engageaient à avoir chez eux des armes et à s'en servir quand on leur en donnerait l'ordre, pour renverser les Bourbons.

Ils firent des recrues dans l'*armée*, où il restait beaucoup d'hommes ayant servi sous Napoléon. Dans l'année 1822, il y

LA PRISON POUR DETTES SOUS LA RESTAURATION : LE CAFÉ DES PRISONNIERS

Autrefois, les créanciers pouvaient faire enfermer les mauvais payeurs, à condition de verser une redevance pour leur nourriture. Les mauvais payeurs restaient enfermés dans « la prison pour dettes » jusqu'à ce qu'ils eussent remboursé leur créancier ou que leur créancier se fût lassé de payer leur entretien.

Cette caricature représente les prisonniers pour dettes prenant du vin chaud pour occuper leurs loisirs dans la prison.

eut plusieurs complots militaires qui furent tous réprimés; l'un d'eux est resté populaire, celui des *quatre sergents de la Rochelle*, qui furent guillotinés à Paris. La nouvelle de la mort de Napoléon Ier déconcerta les bonapartistes : les sociétés secrètes continuèrent à vivre, mais il n'y eut plus d'émeute jusqu'en 1830.

En Italie et en Espagne des complots libéraux militaires

LE ROI CHARLES X

Costume du sacre. Couronne, sceptre, main de justice : manteau d'hermine semé de fleurs de lys.

analogues à ceux de France éclatèrent et réussirent un moment. Mais les libéraux italiens furent écrasés par l'Autriche. Le gouvernement ultra de la France se chargea de faire une expédition militaire contre les libéraux vainqueurs en Espagne. Les députés de l'opposition protestèrent. L'un d'eux, Manuel, fut exclu de la Chambre; il refusa de sortir : le président le fit expulser de force par les gendarmes (1823). L'expédition eut lieu et le pouvoir absolu fut rétabli à Madrid par l'armée française.

A la fin de 1823, Villèle fit dissoudre la Chambre; après les élections, la gauche ne compta plus que 17 membres. La nouvelle Assemblée fut surnommée par les ultras la *Chambre retrouvée*. Pour la conserver, le ministère fit décider qu'elle resterait en fonctions *sept ans*, sans changement; elle ne dura que jusqu'en 1827 : mais, dès lors, on prit l'habitude, qui s'est conservée jusqu'à nos jours, de renoncer aux renouvellements partiels chaque année et de *renouveler toute la Chambre* d'un coup à intervalles de plusieurs années.

Charles X et la droite. — Louis XVIII mourut en 1824; son frère, Charles X, âgé de soixante-sept ans, lui succéda. Le parti *ultra* fut dès lors sûr d'avoir le souverain pour lui. « J'aimerais mieux, disait Charles X, scier du bois que de gouverner aux conditions du roi d'Angleterre », c'est-à-dire en tenant compte de la volonté des Chambres. Charles X était aussi catholique très ardent. Il se fit *sacrer* par l'Église à Reims comme les anciens rois; il assista officiellement aux fêtes *religieuses* et aux processions.

La politique de droite s'accentua. Les ultras firent voter un *milliard pour distribuer des indemnités*, à ceux dont les biens avaient été confisqués parce qu'ils avaient *émigré* sous la Révolution; ainsi fut réglée définitivement la question des biens nationaux.

Puis la majorité vota une loi qui punissait de *mort* le *sacrilège*, c'est-à-dire le vol dans les églises et la profanation des hosties consacrées; cette loi ne fut jamais appliquée, mais elle irrita les libéraux qui refusaient de considérer les offenses à la religion catholique comme un crime punissable par la loi; sans cela, disaient-ils, la liberté de conscience n'existerait plus.

Le ministère présenta un projet pour rétablir le *droit d'aînesse* dans les familles payant plus de 300 francs d'impôt, et un autre pour rendre la *censure* obligatoire avant la publication d'un journal ou d'un livre. La Chambre des députés vota ces projets, mais la Chambre des pairs, qui comptait encore beaucoup d'anciens députés ou fonctionnaires de la Révolution et de l'Empire, les rejeta (1827).

Les libéraux de Paris et des villes illuminèrent à l'occasion du rejet. La garde nationale de Paris, à une revue passée par le roi, cria : « Vive la Charte ! A bas Villèle ! » Villèle la fit dissoudre. Il obtint du roi la nomination de nouveaux pairs pour changer la majorité dans la Haute Chambre. Puis, comme la Chambre retrouvée n'était plus aussi docile qu'auparavant, il la fit dissoudre, espérant que les nouvelles élections lui seraient favorables. Mais les élections tournèrent contre lui (décembre 1827).

Ministère Martignac (1828-29). — Le roi prit, malgré lui, un ministère de centre présidé par Martignac (1828-29). Le nouveau ministère rendit au *jury* le jugement des procès de presse que le précédent ministère lui avait fait enlever ; il rétablit les cours de Guizot et de quelques autres professeurs libéraux que le précédent ministère avait supprimés ; il annonça l'intention d'empêcher les *jésuites*, dont l'ordre était toujours interdit, d'avoir en France des maisons d'éducation. Mais la Chambre repoussa un projet que le ministère présentait pour l'organisation des conseils municipaux. Charles X en profita pour renvoyer Martignac.

Ministère Polignac. Au mois d'août 1829, Charles X prit un ministère entièrement formé des ultras les plus violents et allié au parti-prêtre.

Il était présidé par le prince de Polignac, qui avait conspiré avec Cadoudal contre Bonaparte et qui était membre de la *Congrégation*. Polignac disait que la Vierge lui était apparue et lui avait ordonné de combattre l'ennemi de l'intérieur, c'est-à-dire le libéralisme. Le ministre de la guerre était le comte de Bourmont qui, général dans l'armée de Napoléon, avait passé à l'ennemi la veille de Waterloo.

Le ministère fut attaqué par tous les journaux libéraux. On l'accusait de préparer un coup d'état.

Un journal se fonda pour préparer les esprits au remplacement de la branche aînée par la branche cadette représentée par Louis-Philippe duc d'Orléans. Louis-Philippe, alors âgé de cinquante-sept ans, était mal vu des ultras parce que son père avait siégé à la Convention et voté la mort de Louis XVI et parce que lui-même avait servi comme officier sous Dumouriez. Il avait suivi Dumouriez dans le camp autrichien. De 1793 à 1814, il avait vécu en exil assez pauvrement. Il vivait à Paris, simplement, recevant chez lui les bourgeois *libéraux*.

Ses partisans parlaient de lui par allusions, par insinuations, en citant l'exemple de la Révolution d'Angleterre. Le principal journaliste orléaniste était Thiers : les fonds du journal de Thiers avaient été fournis par Talleyrand mécontent des Bourbons.

Les libéraux essayèrent de former des ligues pour refuser l'impôt si le gouvernement le percevait illégalement, c'est-à-dire sans consulter la Chambre, en majorité libérale.

Le ministère fit poursuivre les journaux opposants et dissoudre les ligues; mais ces actes entretenaient l'agitation.

Il fit décider l'expédition d'Alger pour avoir le prestige de la victoire et peut-être aussi pour se procurer des fonds (il espérait prendre à Alger un trésor important).

Conflit avec la Chambre. — Polignac ne réunit la Chambre qu'en mars 1830. La Chambre des députés décida par *221 voix* contre 181 de représenter au roi que « le concours permanent des vues du gouvernement avec les vœux du peuple était condition indispensable de la marche régulière des affaires publiques et que *ce concours n'existait pas* ». C'était demander un changement de ministère.

Le roi garda ses ministres; il ajourna immédiatement la Chambre, puis la déclara dissoute et fit procéder à de nouvelles *élections*. La majorité libérale fut augmentée après ces élections (juillet 1830).

Les Ordonnances. — On venait d'apprendre la prise d'Alger. Charles X et ses ministres se crurent assez forts pour dissoudre la Chambre nouvelle avant qu'elle eût siégé et pour changer les lois fondamentales sur les élections et la presse. Les lois devaient, d'après la Charte, être votées par les

Chambres, mais un article de la charte autorisait le roi à « faire les *ordonnances* nécessaires pour l'exécution des lois et la sûreté de l'État ».

Charles X signa, le 25 juillet, sous le nom d'*Ordonnances*, de véritables lois nouvelles qui n'avaient pas été soumises à la Chambre et qui détruisaient les lois votées précédemment par elle.

SAISIE DES PRESSES DU JOURNAL « LE TEMPS » EN 1830

En vertu des ordonnances de Charles X la police fit saisir les presses du journal libéral « Le Temps » pour en empêcher la publication. Le rédacteur en chef est représenté ici debout, montrant le Code aux policiers et déclarant que la saisie est illégale et que le Code punit ceux qui mettent illégalement la main sur la propriété d'autrui. Ce fut la première résistance aux ordonnances.

Par ces ordonnances :

1° Le roi cassait les nouvelles élections ;

2° Il déclarait que la contribution *foncière* seule compterait pour le cens électoral, ce qui écartait les commerçants, les industriels, les rentiers des villes suspects de libéralisme ; que les députés seraient désignés simplement par les collèges d'arrondissement, et *élus* par les collèges de départements formés des électeurs les plus riches ;

3° Il imposait l'obligation de demander comme sous Napoléon l'*autorisation* du gouvernement avant de fonder un journal.

La Révolution de 1830. — Le 26 juillet, quand les Ordonnances furent connues à Paris, le public les considéra comme la préparation d'un coup d'État : à la Bourse, la rente baissa de 6 francs par titre de 100 francs.

Les journalistes libéraux se réunirent dans le bureau du journal qui faisait campagne pour remplacer les Bourbons par le duc d'Orléans. Là, Thiers fit rédiger et signer une protestation déclarant que les journalistes ne demanderaient pas l'autorisation parce que les Ordonnances étaient illégales; la protestation fut imprimée et affichée. Le gouvernement fit alors saisir et briser les presses du journal. Les députés libéraux s'assemblèrent de leur côté mais ne purent rien décider. Le roi et ses ministres crurent qu'il n'y aurait pas de résistance sérieuse.

Mais les membres des petites *sociétés secrètes* républicaines et bonapartistes descendirent dans la rue avec des armes, arborèrent le *drapeau tricolore* et décidèrent les ouvriers et des gardes nationaux à dresser des barricades. Il y en eut partout le matin du 27. La plupart des rues étaient tortueuses et étroites, comme sous la Révolution : il était facile aux insurgés de barrer le passage à la troupe.

Le roi était à la chasse. Le maréchal Marmont, qui commandait les troupes de la capitale, n'avait que 12 000 hommes : il se savait impopulaire parce qu'il avait abandonné Napoléon en 1814; il voulait éviter de tirer sur la foule. Il ne fit rien le 27 et envoya porter au roi le conseil de révoquer les Ordonnances. Le roi lui ordonna de réprimer l'émeute. Marmont essaya, le 28, d'enlever les barricades, mais ses troupes durent reculer; un régiment passa aux insurgés.

Le 29, les insurgés attaquèrent à leur tour et marchèrent sur les Tuileries. Marmont sortit de Paris avec les troupes restées fidèles et rejoignit le roi qui n'était pas revenu à Paris.

Avènement de Louis-Philippe. — Le roi se décida alors à révoquer les ordonnances. Mais il était trop tard. Paris avait deux gouvernements insurrectionnels.

A l'Hôtel de Ville, les républicains et bonapartistes, auteurs

BARRICADES EN 1830, d'après un tableau d'Horace Vernet.

Le duc d'Orléans (plus tard Louis-Philippe) parcourant les rues de Paris le soir du 29 juillet 1830.

de la Révolution, avaient installé une commission sous la Présidence de La Fayette.

A la Chambre, les députés libéraux s'étaient réunis sur la proposition du banquier Laffitte, partisan du duc d'Orléans; ces députés ne voulaient pas de la République; ils adoptèrent une proclamation rédigée par Thiers qui faisait appel au duc d'Orléans.

Thiers alla chercher le duc d'Orléans qui attendait les événements hors de Paris. Il revint aussitôt et les députés le proclamèrent *lieutenant-général du royaume* (31 juillet).

Sans tarder, Louis-Philippe se rendit à l'Hôtel de Ville auprès de la Commission, la décida à lui remettre les pouvoirs, puis se montra à une fenêtre tenant le drapeau tricolore et embrassa La Fayette. La foule, d'abord peu sympathique à ce prétendant qu'elle n'attendait pas, l'acclama et se dispersa. Il n'y eut plus dès lors à Paris qu'un gouvernement, celui de la Chambre.

Charles X, qui s'était retiré au château de Rambouillet, essaya de conserver le pouvoir à sa famille. *Il abdiqua* en faveur de son petit-fils, le duc de Bordeaux, âgé de dix ans. Mais les partisans du duc d'Orléans décidèrent les gardes nationaux parisiens à marcher sur Rambouillet. Charles X prit peur, s'enfuit avec sa famille et s'embarqua à Cherbourg pour l'Angleterre.

Dès le 9 août, la Chambre déclara que, par suite du départ de Charles X et de sa famille, le trône était *vacant* et « que le vœu du peuple français appelait au trône Louis-Philippe d'Orléans ».

Politique étrangère de la Restauration. — Louis XVIII et Charles X restèrent les alliés des puissances coalisées qui avaient envahi la France pour chasser Napoléon. Depuis 1815, le tsar Alexandre avait imaginé d'appeler cette coalition *Sainte-Alliance* et de la mettre sous la protection de la Trinité.

La Sainte-Alliance fut dirigée par le ministre autrichien Metternich, partisan de la monarchie absolue, et décida de faire intervenir les armées coalisées partout où les libéraux reprendraient le pouvoir.

Les puissances coalisées tinrent plusieurs Congrès de 1818 à 1822. Le gouvernement français s'y fit toujours représenter. Ces Congrès décidèrent d'écraser par la force les mouvements libéraux qui se produisirent aux environs de 1820 en Italie et en Espagne. Les souverains étrangers conseillèrent à Louis XVIII de renvoyer ses ministres libéraux. Au congrès de Vérone (1822) les puissances discutèrent les moyens de rétablir en Espagne la monarchie absolue. Chateaubriand, l'écrivain *ultra* qui représentait la France, demanda que la France fût chargée d'aller soumettre les libéraux d'Espagne. Cette proposition fut adoptée et Louis XVIII envoya en *Espagne* une armée qui battit les troupes constitutionnelles et rétablit le roi absolu (1823).

La Sainte-Alliance et l'expédition d'Espagne furent violemment attaquées par les libéraux français. Par contre, ils prirent parti pour les Grecs qui s'étaient révoltés contre le Sultan.

Metternich aurait voulu qu'on laissât les Turcs écraser l'insurrection grecque. Mais les deux gouvernements constitutionnels, l'Angleterre et la France, et de plus le tsar Nicolas, qui voulait profiter de l'occasion pour prendre un morceau de Turquie, intervinrent en faveur des Grecs (1827). Ainsi, la Triple Alliance fut rompue.

Puis le gouvernement français prépara l'expédition d'Alger, qui mécontenta le gouvernement anglais. Charles X alors se rapprocha de l'Autriche. En 1830 la France, l'Autriche, la Russie formaient une coalition réactionnaire : elle fut rompue par la Révolution de 1830 qui rendit en France le pouvoir aux libéraux.

Questionnaire.

La Terreur blanche (1815-1816). — Qu'est-ce que la Terreur Blanche? Exemples de représailles. Qu'est-ce que la Chambre introuvable? Pourquoi ne put-elle s'accorder avec le roi? Qu'en résulta-t-il?

Les lois libérales (1816-1820). — Quand fut votée la loi électorale? Conditions pour être électeur; député. Qu'est-ce que le cens électoral? Nombre des électeurs.

Quand fut votée la loi sur la presse? Fut-elle libérale? Qu'était-ce que la censure préalable? Pourquoi les procès de presse furent-ils portés devant le jury? Qu'était-ce que le cautionnement? le droit de timbre? Leur effet. Différence entre les journaux d'alors et ceux d'aujourd'hui?

Loi sur le recrutement. La conscription fut-elle maintenue?

Éveil de l'opinion. Les lettres et les arts. — Les libéraux. Leurs forces. Les ultras. Sens de ce mot. Qu'était-ce que le parti-prêtre?

Qu'est-ce que le romantisme? Caractériser les principaux écrivains romantiques. La peinture, la sculpture romantique. L'architecture.

La réaction (1820-27). — Quel événement amena la chute des libéraux? Qui leur succéda? Expliquer la loi du double vote. Qu'était-ce que la Charbonnerie? Où fit-elle des adhérents? Les complots. Qu'appela-t-on la Chambre retrouvée?

Charles X. Son âge. Ses opinions. Qu'est-ce que le milliard des émigrés? La loi du sacrilège. Le droit d'aînesse. Rôle de la Chambre des Pairs. L'opinion parisienne.

L'opposition et la Révolution (1827-30). — Le ministère Martignac. Sa politique.

Qu'était-ce que Polignac? Louis-Philippe. Ses partisans. Mesures prises par Polignac. Conflit avec la Chambre. Qu'est-ce que les Ordonnances de juillet? Leurs principales dispositions. Protestation de journalistes. Eut-elle un résultat? Intervention des sociétés secrètes. Les trois journées de juillet.

Qui donna le pouvoir à Louis-Philippe? Fut-il aisément reconnu? Départ de Charles X.

SUJETS COMPLÉMENTAIRES

Indications pour la visite des collections et musées.

Lecture de pages choisies des écrivains romantiques.

Lecture et commentaire de chansons politiques de Béranger, de quelques pages de Paul-Louis Courier.

CHAPITRE XIV

GOUVERNEMENT DE LOUIS-PHILIPPE

Revision de la Charte. — Les républicains auraient voulu qu'on élût une Constituante, mais la Chambre de 1830 resta en fonctions. Il fallut pourtant faire quelques réformes. On assurait que Louis-Philippe en avait promis à l'Hôtel de Ville pour décider les républicains à lui remettre le pouvoir. La Chambre *revisa la Charte* de 1814. Ce travail fut achevé en 1831. On changea les formes extérieures. Louis-Philippe s'intitula *roi des Français* (et non de France et de Navarre) et reconnut qu'il tenait son pouvoir de la *volonté nationale*. Il adopta le drapeau *tricolore*. Les absolutistes l'appelèrent « le roi des barricades ».

Il conserva la Chambre des *pairs* nommée par le roi; les pairs étaient nommés pour leur vie, mais leur dignité ne fut plus héréditaire comme sous la Restauration.

On conserva la Chambre élue par des censitaires, mais on abaissa le *cens* électoral à 200 francs d'impôts directs; il y eut en 1831 200 000 électeurs au lieu de 88 000.

La Chambre eut le droit de proposer des lois et non plus seulement de délibérer sur les projets présentés par le roi et les ministres.

Les *municipalités* et les *conseils généraux*, qui étaient depuis le Consulat *nommés* par le gouvernement, furent *élus* par des électeurs censitaires; mais les maires et adjoints restèrent à la nomination du roi.

La garde nationale. — La garde nationale de Paris avait été dissoute par Charles X pour avoir crié : « A bas Villèle! » (p. 199). Pendant les trois journées de 1830, les gardes nationaux reprirent leurs armes et se mirent avec les insurgés.

Après la révolution, Louis-Philippe rétablit la garde nationale dans toute la France, mais, pour en écarter les ouvriers, il la constitua exclusivement de ceux qui pouvaient *s'acheter* un uniforme; les sous-officiers et les lieutenants étaient élus; les capitaines et les officiers supérieurs, nommés par le roi.

BISET, ou garde national non encore en uniforme.

Dans les premiers jours du règne de Louis-Philippe, alors que le roi venait de reconstituer la garde nationale, dissoute par Charles X.

Ce fut une institution bourgeoise qui combattit à côté de l'armée les émeutes républicaines. « La Charte et tous les droits qu'elle consacre, disait le texte même de la Charte, demeurent confiés au patriotisme et au courage des gardes nationales. » Louis-Philippe ne voulut pas avoir de garde royale comme ses prédécesseurs; il faisait garder son palais, les Tuileries, par la garde nationale; il invitait à sa table les officiers de cette garde. Plusieurs fois par an, il passait en revue la garde nationale de Paris, distribuait des grades et des croix; alors la garde acclamait le roi et poussait des cris que Louis-Philippe regardait comme la manifestation de l'opinion publique *bourgeoise*, la seule dont il voulût tenir compte.

Louis-Philippe. — Louis-Philippe vivait en bourgeois; il ne tenait pas de cour, invitait des bourgeois et leurs femmes, les recevait avec bonhomie, envoyait ses fils suivre les cours des collèges avec ceux de la bourgeoisie; il sortait parfois à pied, sans escorte, vêtu en bourgeois.

Mais, dans le gouvernement, il tenait à exercer une influence réelle; il voulait des ministres dociles, il voulait aussi des gens d'autorité, décidés à réprimer les émeutes : à l'extérieur, il tenait absolument à rester en *paix* avec les puissances.

Les députés qui l'avaient porté au pouvoir se divisaient en *parti du mouvement* qui voulait à l'intérieur continuer les réformes. à l'*extérieur* aider les Polonais, les Italiens et tous les libéraux qui s'étaient soulevés à la nouvelle de la révolution

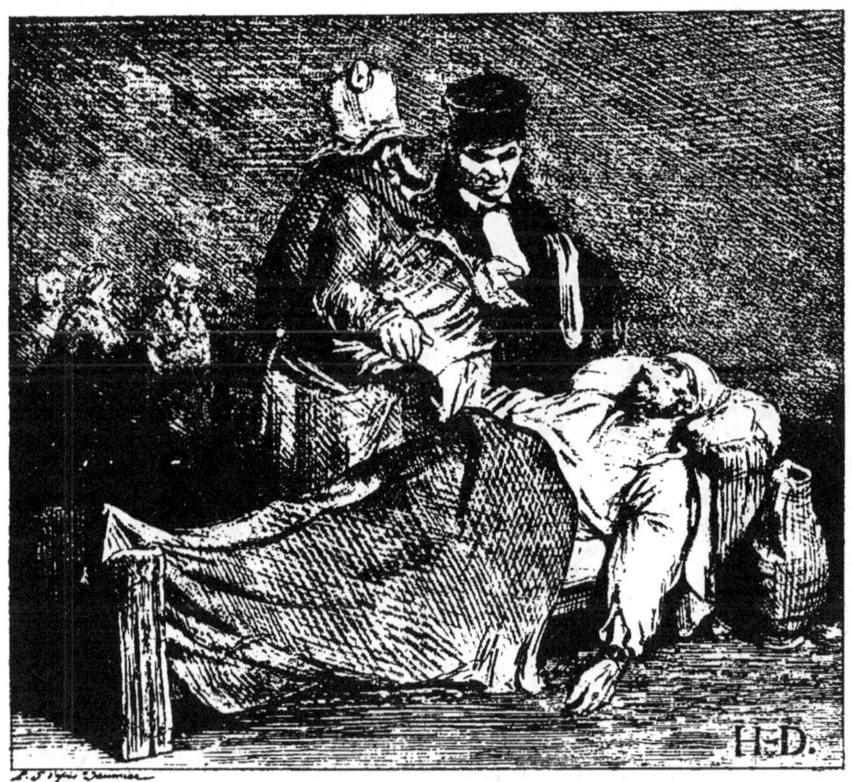

CARICATURE POLITIQUE par H. Daumier (1808-1879)

Daumier fut l'un des grands caricaturistes de l'époque de Louis-Philippe. Il représente ici un républicain assommé dans les manifestations contre Louis-Philippe (1831-1834). Le commissaire, qui lui tâte le pouls, constate qu'il est mourant et dit au magistrat : « Celui-là, on peut le remettre en liberté, il n'est plus dangereux. »

parisienne, et un *parti de la résistance* qui s'opposait à ces deux tendances.

Louis-Philippe préférait le parti de la résistance, mais il dut tout d'abord laisser faire le parti du mouvement qui s'appuyait sur ceux des parisiens qui avaient fait la révolution de 1830.

Le parti du mouvement. — Jusqu'en mars 1831, le roi subit un ministère présidé par un banquier, Lafitte, qui était l'un des chefs du parti du mouvement.

Lafitte laissa les Parisiens manifester pour réclamer la condamnation à mort de *Polignac* et des autres ministres de Charles X, arrêtés après la Révolution; il fit juger ces ministres par la Chambre des pairs qui les condamna à la prison perpétuelle; le roi les gracia peu de temps après.

CARICATURE SUR LE CONFLIT DES CLASSIQUES ET DES ROMANTIQUES A L'ÉPOQUE DE LA RESTAURATION

Le classique est représenté sous forme d'un romain de David, le romantique porte le costume du moyen âge. Le combat est supposé se livrer à la porte du Salon ou exposition annuelle de peinture d'où les disciples de David voulaient exclure les tableaux romantiques.

Lafitte laissa se produire un mouvement *contre le clergé* qui avait soutenu Polignac. A Paris, les anticléricaux envahirent une église où les partisans de Charles X faisaient célébrer un service à la mémoire du duc de Berry, puis ils saccagèrent l'archevêché en représailles des conseils donnés à Charles X par l'archevêque de Paris partisan de Polignac. Dans plusieurs villes la foule abattit des croix et fit des manifestations contre le clergé.

A l'*extérieur*, le ministère Lafitte chercha à empêcher l'Autriche de réprimer par la force les mouvements libéraux en Italie et la Russie de réprimer l'insurrection polonaise. On craignit la guerre.

D'autre part l'agitation qui se continuait à Paris gênait la reprise des affaires arrêtées par la Révolution. Il y eut beaucoup de faillites. Lafitte dut liquider sa banque. En mars 1831 les titres de rente de 100 francs étaient tombés à 52 francs.

Le parti de la résistance. — Alors Louis-Philippe remplaça Lafitte par un riche industriel, Casimir PERIER, qui représentait le parti de la résistance. Casimir Perier annonça qu'il ferait « régner l'ordre sous l'empire de la loi ». C'était un homme autoritaire, cassant, qui imposait sa volonté même au roi et qui obligeait ses collègues à ne rien faire sans son avis.

COQ SERVANT D'ENSEIGNE AUX DRAPEAUX FRANÇAIS DE 1830 A 1848 (26e RÉGIMENT DE LIGNE)

Louis-Philippe avait adopté comme enseigne, à la place de l'aigle de Napoléon et des fleurs de lys de la Restauration, le coq, qu'on croyait avoir été l'animal préféré des Gaulois.

Il fit procéder à de nouvelles élections, les premières depuis Charles X, en ordonnant aux préfets de soutenir les candidats ministériels, et il obtint une forte majorité.

Au dehors il laissa écraser les Polonais et les Italiens, toutes les nations, tous les partis libéraux révoltés après 1830, sauf les Belges dont l'indépendance avait été reconnue par un traité franco-anglais.

Comme le roi de Hollande refusait de livrer *Anvers* aux Belges, Casimir Perier envoya une armée française qui prit la ville; en Italie, comme les Autrichiens restaient à Bologne appartenant au pape, il envoya des troupes françaises dans une autre ville papale, *Ancône*, jusqu'à ce que les Autrichiens fussent rentrés chez eux. Casimir Perier fut enlevé par une grande épidémie de choléra qui ravagea la France en 1834; mais après sa mort la politique de résistance continua.

Le parti du mouvement qui acceptait Louis-Philippe se borna à faire opposition à ses ministres dans le Parlement. Mais les adversaires de la dynastie recoururent aux armes : ils comprenaient les légitimistes ou partisans du roi légitime et les républicains.

Mouvement légitimiste. — Les légitimistes avaient leurs principales forces dans les départements de l'Ouest qui s'étaient insurgés contre la première République; ils voulaient mettre sur le trône le petit-fils de Charles X, le duc de Bordeaux

(Henri V), qui était un enfant ; sa mère, la duchesse de Berry, rentra en France et essaya de soulever la *Vendée* (1832) : ses partisans furent dispersés, la duchesse, qui se cachait à Nantes, fut livrée et mise en prison. Il y eut ensuite quelques complots légitimistes, mais plus d'insurrection.

Les légitimistes, qui comptaient beaucoup de riches ayant le droit de vote, se contentèrent d'envoyer à la Chambre des députés opposants qui formaient la *droite* et de faire paraître des journaux qui attaquaient le gouvernement.

COSTUME DE JEUNE GARÇON VERS 1844, d'après un portrait de famille.

Insurrections républicaines socialistes. — Les républicains avaient pour eux quelques ouvriers et quelques jeunes gens instruits dans les grandes villes, surtout à Paris. Les plus résolus d'entre eux se groupaient en sociétés secrètes dont les membres cachaient chez eux des armes et des munitions. Ils se plaignaient que la révolution de 1830, faite par eux, eût été « escamotée » par les partisans de Louis-Philippe. Leur projet était de profiter de toutes les occasions pour recommencer la révolution. Ils essayèrent plusieurs fois de le faire.

En juin 1832, les adversaires de la politique de résistance firent de solennelles funérailles au général Lamarque, député de l'opposition ; les membres des sociétés secrètes républicaines et des réfugiés polonais, allemands et italiens, se réunirent en un point du cortège, sortirent des armes cachées sous leurs habits et essayèrent d'entraîner la foule vers les Tuileries ; mais la garde nationale se joignit à la troupe contre eux ; ils furent refoulés, cernés dans les petites rues du quartier *Saint-Merry* et durent se rendre le lendemain. On en condamna six à la prison ou à la déportation.

A Lyon se produisit le premier *mouvement ouvrier* de notre histoire. Le tissage de la soie, qui est la grande industrie de la ville, avait été arrêté par l'effet de la révolution; les patrons réduisirent les salaires à 18 sous pour 15 heures de travail. Les ouvriers, qui avaient formé une association, firent une *grève* générale. Pour éviter des troubles, le préfet établit en leur

CURÉ DE CAMPAGNE SOUS LE RÈGNE DE LOUIS-PHILIPPE

Le curé fait sa tournée à cheval dans un village normand où les femmes portent le costume local et la grande coiffe empesée.

faveur un minimum de salaire. Les patrons refusèrent de l'accepter. Alors les ouvriers se soulevèrent en masse en arborant un drapeau noir portant cette inscription : « Vivre en travaillant, ou mourir en combattant! » Après deux jours de lutte la troupe, en nombre insuffisant, quitta la ville. Mais Casimir Perier envoya toute une armée qui reprit Lyon; le tarif minimum fut aboli, le préfet révoqué (1831). En 1834, les ouvriers, mécontents d'une nouvelle réduction de salaire, se soulevèrent encore une fois; le mouvement fut arrêté par la troupe après quatre jours de lutte.

A la nouvelle de la seconde insurrection de Lyon, les chefs des sociétés secrètes de Paris préparèrent une journée; le gouvernement, informé par ses espions, arrêta leurs chefs. Néanmoins quelques républicains descendirent en armes dans la rue; ils furent enveloppés et capturés par la troupe; pendant qu'on se battait, un officier fut blessé devant une maison de la rue

SÉANCE DU CONSEIL DES MINISTRES TENUE AU PALAIS DES TUILERIES LE 15 AOUT 1842; d'après le tableau conservé au musée de Versailles.

Louis-Philippe, assis, écoute le ministre de la guerre en costume de général. Guizot, président du conseil, est debout derrière Louis-Philippe. Les ministres portent des uniformes brodés et ont l'épée au côté.

Transnonnain : la troupe pénétra dans la maison et tua tous ses habitants, hommes, femmes et enfants (1834).

Des troubles eurent lieu dans une dizaine de villes : ils furent réprimés. Le gouvernement traduisit devant la cour des pairs 154 personnes arrêtées à Lyon et à Paris sous l'inculpation de complot : la plupart furent condamnées à la prison.

Lois de septembre 1835. — Peu de temps après, un mécontent, Fieschi, essaya de *tuer le roi* en faisant partir une machine, composée de plusieurs canons de fusils, sur son passage pendant une revue de la garde nationale. Le roi ne fut pas atteint, mais 50 personnes furent blessées, 18 mortellement. Fieschi et ses complices furent condamnés à mort et exécutés.

Sous l'impression de l'attentat, la Chambre vota en *septembre 1835* des lois d'exception contre les *associations* et la *presse*. Aux termes de ces lois, les associations ne pouvaient exister que si elles étaient autorisées; la censure devait s'exercer contre les écrits, les dessins, les caricatures: toute offense au roi, toute affirmation d'opinion républicaine ou d'opposition au principe de la propriété faisaient encourir l'emprisonnement; il était interdit de faire des souscriptions pour payer les amendes infligées par les tribunaux. Le gouvernement voulait, d'après un de ses amis, « la suppression de la presse légitimiste et républicaine ».

ZOUAVE

Le zouave bourre avec la baguette le contenu de la cartouche qu'il a vidée dans le canon du fusil.

Depuis que le parti de la résistance était au pouvoir, on avait déjà distribué 106 années de prison et 400 000 francs d'amendes aux journalistes opposants; ces condamnations étaient calculées pour tuer les journaux. La presse républicaine, qui n'était pas riche, disparut pendant quelques années. Même les journaux opposants modérés encoururent des condamnations pour des délits qui nous semblent légers, par exemple pour avoir caricaturé la tête du roi en forme de poire.

Les condamnés de 1834 restèrent *en prison* jusqu'en 1836 où une amnistie les délivra; pendant leur incarcération, ils avaient échangé leurs idées; quelques-uns connaissaient l'histoire de la conspiration communiste de Babeuf en 1795 (voir p. 81); ils répandirent les principes communistes et leurs adeptes eurent, *pour la première fois*, l'idée de s'adresser plus spécialement aux *ouvriers* mécontents, comme l'avaient été ceux de Lyon.

Ils dirent qu'il ne fallait pas faire simplement une révolution politique, pour remplacer le roi par la république, mais aussi une *révolution sociale* pour rendre plus équitable la répartition des richesses dans la société. Ils s'appelèrent les *socialistes*; le nom de *socialisme* avait été inventé par Pierre Leroux en 1832.

GRENADIER D'INFANTERIE LÉGÈRE

Le soldat déchire la pointe de la cartouche avec ses dents, avant d'en verser le contenu dans le canon.

La politique du château. — Après la répression de 1835, les insurrections s'arrêtèrent. Mais les partisans de Louis-Philippe se divisèrent à la Chambre. Le roi avait choisi, comme président du conseil, Molé, qui faisait tout ce qu'il voulait; il le maintint pendant trois ans au pouvoir (1836-39) malgré les attaques des députés qui reprochaient à Molé d'être l'agent docile de « la politique du château », c'est-à-dire des Tuileries, où le roi résidait. Molé réussit à faire voter des *dotations*, c'est-à-dire le don de propriétés importantes, aux membres de la famille royale; mais il ne put garder le pouvoir, parce que ses adversaires réussirent à coaliser contre lui la majorité de la Chambre.

Le roi resta deux mois sans pouvoir former un ministère; pendant cette crise, deux jeunes *socialistes révolutionnaires*, Blanqui et Barbès, réunirent les membres d'une société secrète qu'ils avaient fondée à Paris, pillèrent une boutique d'armurier pour se procurer des fusils et des pistolets, prirent l'hôtel de ville et marchèrent sur les Tuileries. Mais la troupe et la garde nationale arrêtèrent les insurgés et les capturèrent après une bataille dans la rue (1839). Barbès fut condamné à mort mais, à la demande de Victor Hugo, le roi le gracia. Tous les conjurés furent condamnés à la prison. Il n'y eut *plus d'insurrection* avant 1848. Mais des isolés tentèrent à cinq reprises, et sans succès, d'*assassiner* le roi.

La question d'Orient. — Louis-Philippe appela au pouvoir Thiers, qui avait déjà été plusieurs fois ministre depuis 1830 et qui était connu comme l'adversaire résolu des républicains et des socialistes.

Le roi n'aimait pas Thiers parce que ce ministre voulait diriger seul les affaires. Thiers disait : « Le roi règne et ne gouverne pas ». Il était le chef d'un parti appelé les centre-gauche, qui s'opposait à la politique personnelle du roi.

Louis-Philippe et Thiers ne purent s'entendre sur la *politique étrangère*. A cette époque, le pacha d'Égypte, Méhémet-Ali, faisait la guerre à son suzerain le sultan de Constantinople, parce que le Sultan refusait de lui donner le gouvernement héréditaire de la Syrie. En France, l'opinion était favorable à Méhémet-Ali. Le Tsar voulut intervenir sous prétexte de protéger le Sultan, en réalité pour prendre un morceau de Turquie. L'Angleterre, l'Autriche et la Prusse se joignirent à lui et formèrent une coalition qui rappelait celle du temps de Napoléon. Thiers voulait que la France intervînt en faveur de Méhémet-Ali; il envisageait sans crainte la possibilité d'une guerre contre la coalition : ses amis parlaient de profiter de l'occasion pour reprendre à la Prusse la *rive gauche* du *Rhin*, que la France avait perdue en 1814.

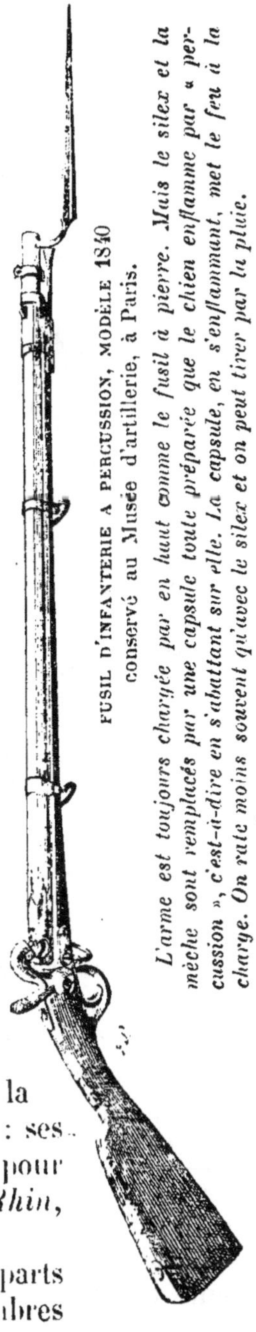

Thiers fit voter la construction des remparts et des forts de Paris; à l'ouverture des Chambres

FUSIL D'INFANTERIE A PERCUSSION, MODÈLE 1840
conservé au Musée d'artillerie, à Paris.

L'arme est toujours chargée par en haut comme le fusil à pierre. Mais le silex et la mèche sont remplacés par une capsule toute préparée que le chien enflamme par « percussion », c'est-à-dire en s'abattant sur elle. La capsule, en s'enflammant, met le feu à la charge. On rate moins souvent qu'avec le silex et on peut tirer par la pluie.

en octobre 1840, il prépara pour le roi un discours du trône qui demandait l'augmentation de l'armée. Louis-Philippe, toujours partisan de la paix, refusa de prononcer le discours préparé par le ministre. Thiers se retira.

Guizot. — Alors Louis-Philippe s'adressa au rival de Thiers, Guizot. Guizot était, comme Thiers, un écrivain et un historien connu; il faisait partie de l'Académie. Il avait été plusieurs fois ministre. Protestant fervent, conservateur, fonctionnaire sous Louis XVIII, il était devenu à la Chambre le chef du *centre droit*, parti le plus fidèle au roi.

CHASSEUR D'AFRIQUE (1845)

Longue tunique; grand képi ressemblant encore au shako, mais moins lourd.

Il s'entendit parfaitement avec Louis-Philippe; son ministère dura sept ans et demi, tandis que depuis 1830 on avait eu plus d'un ministère par année.

Pour se maintenir, Guizot, qui était personnellement d'une probité scrupuleuse, n'hésita pas à employer la corruption, d'accord avec le roi. Il gagnait les *électeurs*, alors peu nombreux, en leur donnant ou en leur promettant des places, des bureaux de tabac, des bourses pour leurs fils, des décorations, des grades dans la garde nationale; il gagnait les *députés* en leur promettant de hautes fonctions, car on pouvait alors être fonctionnaire et député; il invitait les fonctionnaires en place à se présenter à la députation et les faisait soutenir par le gouvernement. Plus de la moitié de la Chambre se composait de magistrats, de préfets, de généraux et d'autres fonctionnaires qui conservaient leurs traitements; ils votaient toujours pour le ministère.

Entente avec l'Angleterre. — Guizot faillit pourtant tomber plusieurs fois à cause de sa politique étrangère que les députés trouvaient trop pacifique et trop anglaise.

Depuis 1830, la France et l'Angleterre vivaient sous le régime de l'entente cordiale; les opposants prétendaient que l'Angleterre abusait de la bonne volonté de la France.

SAPEUR DU GÉNIE (1845)

Les soldats du génie ont, entre autres emplois, le soin de faire les travaux d'attaque et de défense des places fortes : quand ils faisaient ces travaux, ils portaient autrefois un casque et une cuirasse qui les protégeaient contre les balles : ces armes défensives ont été abandonnées parce que la force de pénétration des balles actuelles les a rendues inutiles.

Les deux pays s'étaient entendus pour donner à leurs navires de guerre le droit de visiter les navires de commerce sur la côte d'Afrique, afin d'empêcher la traite des noirs. L'opposition prétendit que le *droit de visite* était humiliant pour les navires français; on finit par le supprimer (1842-45).

Un amiral français avait mis *Tahiti* sous le protectorat de la France; *Pritchard*, missionnaire et consul anglais à Tahiti, essaya de s'y opposer, il fit abattre le drapeau français; un officier de la marine française l'arrêta. Le gouvernement anglais réclama. Guizot offrit une indemnité et des excuses; attaqué à ce sujet par les députés de l'opposition, il n'eut que 8 voix de majorité à la Chambre (1845).

Rapprochement avec Metternich. — Malgré sa bonne volonté, Guizot ne put maintenir l'entente cordiale avec l'Angleterre. Louis-Philippe voulut faire épouser à la jeune reine d'Espagne un prince espagnol; il y réussit malgré le gouvernement anglais qui présentait un prince allemand apparenté à la reine Victoria. Louis-Philippe obtint en même temps une princesse espagnole pour un de ses fils (1846). Après les *mariages espagnols*, le gouvernement anglais se montra moins bien disposé à l'égard de Guizot.

Guizot parut alors se rapprocher du ministre autrichien *Metternich*, qui personnifiait la réaction depuis

1815 (p. 204); Guizot expulsa de France plusieurs réfugiés libéraux, il encouragea les conservateurs en Suisse et en Belgique. Ses ennemis l'accusèrent de vouloir faire une nouvelle Sainte-Alliance.

Demandes de réformes électorales. — En France, Guizot se montra conservateur au sens strict du mot. Un député de

DILIGENCE FAISANT LE SERVICE ENTRE PARIS ET STRASBOURG; d'après un modèle conservé au musée Carnavalet.

Cette grosse voiture était divisée en compartiments : en avant le coupé, qui renfermait les meilleures places. Sous la bâche, en avant, quelques places supplémentaires ; en arrière les bagages.

Les voyages étaient plus longs, plus fatigants, plus coûteux qu'aujourd'hui.

l'opposition, le poète Lamartine, disait que, pour faire sa politique, « une borne aurait suffi ».

La gauche royaliste demandait qu'on *abaissât le cens* à 100 francs, qu'on donnât le droit de vote, sans condition de cens, aux *capacités*, c'est-à-dire à tous ceux qui avaient un titre ou une fonction supposant un certain degré d'instruction (magistrats, professeurs, ingénieurs, etc.). enfin qu'on interdît aux députés de rester ou de devenir fonctionnaires. Ces demandes formaient ce qu'on appelait *la réforme*. Guizot s'y opposa sur tous les points. Ce fut alors qu'il prononça un mot devenu célèbre : « *Enrichissez-vous*, améliorez la condition matérielle

LA COUR DES MESSAGERIES A PARIS EN 1839; d'après une lithographie de A. Provost, extraite de Paris au XIXe siècle.
Sous les arcades de la grande rotonde qu'on voit au fond, on remisait les diligences.

et morale de notre France : voilà les vraies innovations, voilà ce qui donnera satisfaction à cette ardeur de mouvements, à ce besoin de progrès qui caractérise cette nation. »

Les révolutionnaires, dont les chefs étaient en prison, ne se sentaient pas assez forts pour tenter de nouvelles insurrections. Quelques-uns conseillèrent d'employer les moyens légaux. L'un d'eux, Ledru-Rollin, avocat et journaliste, réussit à se faire nommer député en 1841 et fut le seul représentant des républicains à la Chambre. Il y demanda, pour la première fois,

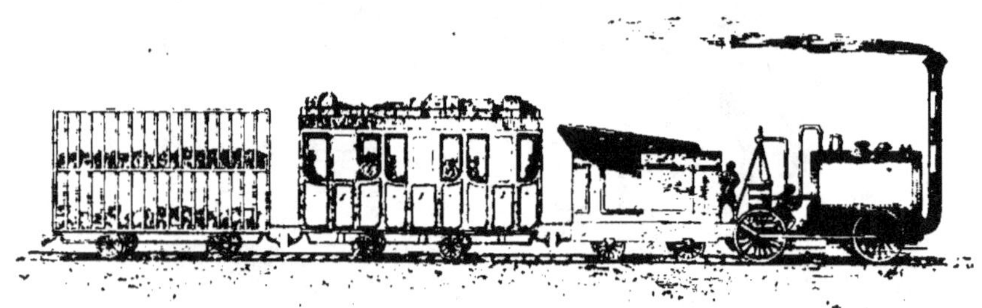

TRAIN EN 1836 SUR LA LIGNE DE SAINT-ÉTIENNE A LYON

La ligne de Saint-Etienne à Lyon fut la première construite en France. Au début, les locomotives avaient une puissance médiocre et ne pouvaient traîner que peu de wagons. On voit ici un wagon de voyageurs avec bagages en haut, comme sur les diligences, et un wagon de marchandises.

l'abolition complète du cens comme en 1792 (p. 40) et l'établissement du *suffrage universel*, qui aurait permis aux ouvriers d'être représentés à la Chambre.

Quand Ledru-Rollin parla du suffrage universel à la Chambre, Guizot répondit : « Il n'y a pas de jour pour le suffrage universel, ce système absurde qui appellerait toutes les créatures vivantes à l'exercice des droits politiques. »

L'instruction publique. — Avant Louis-Philippe l'État ne s'occupait guère que de l'enseignement supérieur et de l'Enseignement secondaire où se formaient les fonctionnaires et les électeurs : ces deux ordres d'enseignement étaient depuis Napoléon donnés exclusivement par des professeurs de l'Université, nommés par l'État. C'est ce qu'on appelait le *monopole universitaire*; il dura jusqu'en 1850.

L'enseignement *primaire* était abandonné à la bonne volonté des particuliers et des communes ; beaucoup de villages n'avaient pas d'écoles. Une enquête faite en 1832 montra que les instituteurs de campagne, là où ils existaient, étaient souvent obligés de faire un autre métier pour vivre, qu'ils avaient souvent une seule chambre pour leur logement et pour l'école, que beaucoup ne savaient rien et se contentaient de garder les enfants.

Guizot, alors ministre de l'Instruction publique, fit voter l'importante *loi de 1832*, la seule mesure de progrès à laquelle

BATEAU A VAPEUR AU DÉBUT DU XIXe SIÈCLE ; d'après une gravure anonyme représentant l'arrivée à Paris, le 29 mai 1816, de l'*Élise*.

Ce bateau est mû par deux roues à palettes, ou à aubes, placées sur ses deux bords.

son nom reste attaché. Cette loi obligeait toutes les communes à ouvrir une école, à assurer à l'instituteur un logement séparé, un traitement fixe de 200 francs au moins, une retraite. Pour les dépenses, le département et, s'il était nécessaire, l'État aidaient la commune. Les instituteurs devaient avoir le brevet ; ils furent placés sous le contrôle d'inspecteurs nommés par le ministre.

L'école restait payante ; l'instruction ne devenait pas obligatoire. Ce fut pourtant un progrès considérable. Au lieu de 1 million d'écoliers en 1830, la France en eut 3 millions et demi en 1848.

La loi n'empêchait pas les communes de confier leurs écoles

aux *frères* et aux *sœurs*, ce qui était alors le cas en beaucoup d'endroits.

Néanmoins les catholiques ne se déclarèrent pas satisfaits. Ils réclamaient la *liberté d'enseignement* à tous les degrés et la fin du monopole, pour pouvoir instruire les enfants de la classe riche. La Charte de 1830 avait promis la liberté d'enseignement, mais le gouvernement maintint le régime précédent. Il obligeait les catholiques ou les autres particuliers à demander pour chaque établissement secondaire une autorisation qu'il pouvait leur refuser.

Le parti catholique. — Sous Charles X, un groupe de catholiques se réunit autour d'un prêtre breton, Lamennais; il comprenait surtout des jeunes prêtres dont plusieurs, Lacordaire, Dupanloup, devinrent plus tard célèbres; un jeune noble, Montalembert, devint leur orateur politique. Ils demandaient la liberté d'enseignement et toutes les autres libertés; ils affectaient de combattre *avec les libéraux* contre les conservateurs. « Nous voulons, disaient-ils, l'Église libre dans l'État libre. » Ils s'appelaient *catholiques libéraux*.

Mais ils déclaraient en même temps reconnaître l'autorité absolue du pape; ils étaient donc *ultramontains* et se séparaient des *catholiques gallicans* (p. 26).

Le pape condamna leur libéralisme en 1832. Seul Lamennais refusa de se soumettre, quitta l'Église et devint républicain. Les autres restèrent catholiques et se mirent à former un parti nouveau. Ils n'avaient que peu de représentants à la Chambre, parce que la bourgeoisie, qui seule votait, était alors « voltairienne » c'est-à-dire anticléricale. Louis-Philippe et ses ministres allaient à la messe, mais ils évitaient de prendre part officiellement aux grandes cérémonies catholiques, comme l'avaient fait Charles X et Polignac.

Montalembert essaya en 1831 d'ouvrir une école sans autorisation, il fut condamné. En 1844 il présenta à la Chambre des Pairs un projet établissant la liberté de l'enseignement : le projet fut rejeté.

On accusa Montalembert et ses amis de se faire les instruments des *jésuites*, qui propagent l'ultramontanisme (*1re Année*, p. 75).

Deux professeurs démocrates du Collège de France, QUINET et MICHELET, firent leurs cours contre les jésuites et le cléricalisme; le public fit à ces leçons des manifestations en divers sens. Alors le gouvernement, qui avait laissé les jésuites ouvrir des collèges en France, les ferma pour donner satisfaction à l'opinion (1845).

Le parti catholique ne prit d'importance politique qu'après 1848, grâce au vote des paysans.

Transformation industrielle. — Vers la fin du XVIIIe siècle,

LA CORVETTE « LE SPHINX »
PREMIER NAVIRE DE GUERRE A VAPEUR, CONSTRUIT EN 1829

On appelait corvette le plus petit des trois-mâts de guerre, celui qui n'avait qu'une « batterie » ou rangée de canons. Le Sphinx *est une corvette à voiles et en bois de type ordinaire, complétée par l'addition d'une machine et de roues à aubes. Elle pouvait aller soit à la voile, soit à la vapeur.*

l'anglais James WATT avait inventé le premier moteur à vapeur applicable à l'industrie (1768). D'autres inventeurs, pour la plupart anglais, inventèrent des métiers mécaniques, surtout pour la filature et le tissage. Les conditions de l'industrie furent complètement transformées.

Au lieu de métiers à main, isolés chez l'artisan ou réunis dans une *manufacture* (*1re Année*, p. 229), on employa des machines mues par la vapeur. On put fabriquer beaucoup plus d'objets dans le même espace de temps et les livrer à bas prix. On produisit pour le marché du monde, c'est-à-dire pour l'exportation dans tous les pays.

Les usines se multiplièrent surtout dans le voisinage des houillères ou dans les régions maritimes où les voiliers apportent la houille à un prix minime.

Trois formes d'industrie surtout se développèrent : l'extraction de la houille, la métallurgie, les tissages et filatures. L'industrie textile se mit à travailler un nouveau produit, le *coton*, importé d'Amérique, qui supplanta le lin et le chanvre.

La vapeur fut appliquée aux *transports* en même temps qu'à l'industrie. Sous le Consulat, l'Américain Fulton avait fait à Paris le premier essai pratique de *navigation* à vapeur; son invention, rejetée par le Premier Consul, fut adoptée aux États-Unis (1807), puis en Angleterre. En 1838, les Anglais commencèrent à remplacer comme propulseur les roues à palettes par l'*hélice*, inventée en France.

En 1826, les Anglais construisirent le premier *chemin de fer* pratique.

L'Angleterre était déjà le premier pays commerçant du monde (*1re Année*, p. 227). Dès l'époque de Napoléon, elle devint en outre le *premier pays industriel*, grâce à la houille et aux minerais que renferme son sol, grâce aussi à l'esprit d'entreprise et aux capitaux de sa classe possédante.

L'âge de la vapeur et de la fabrication mécanique ne commence guère en France que sous la Restauration; le développement de la grande industrie s'accentue rapidement sous Louis-Philippe.

Alors les houillères, les usines métallurgiques, les filatures sont organisées ou sont reprises par de gros capitalistes ou de puissantes compagnies à des propriétaires qui végétaient et prennent un essor nouveau. Tel est le cas des charbonnage et forges de Decazeville, de la région d'Alais, du Creusot et de Saône-et-Loire. Dans le Nord, l'industrie traditionnelle de la filature et du tissage du coton et de la laine se transforme avec des machines anglaises et parfois sous la direction d'Anglais : la production du charbonnage augmente avec les demandes de l'industrie.

Rouen et Mulhouse deviennent deux centres importants de filature et tissage du coton.

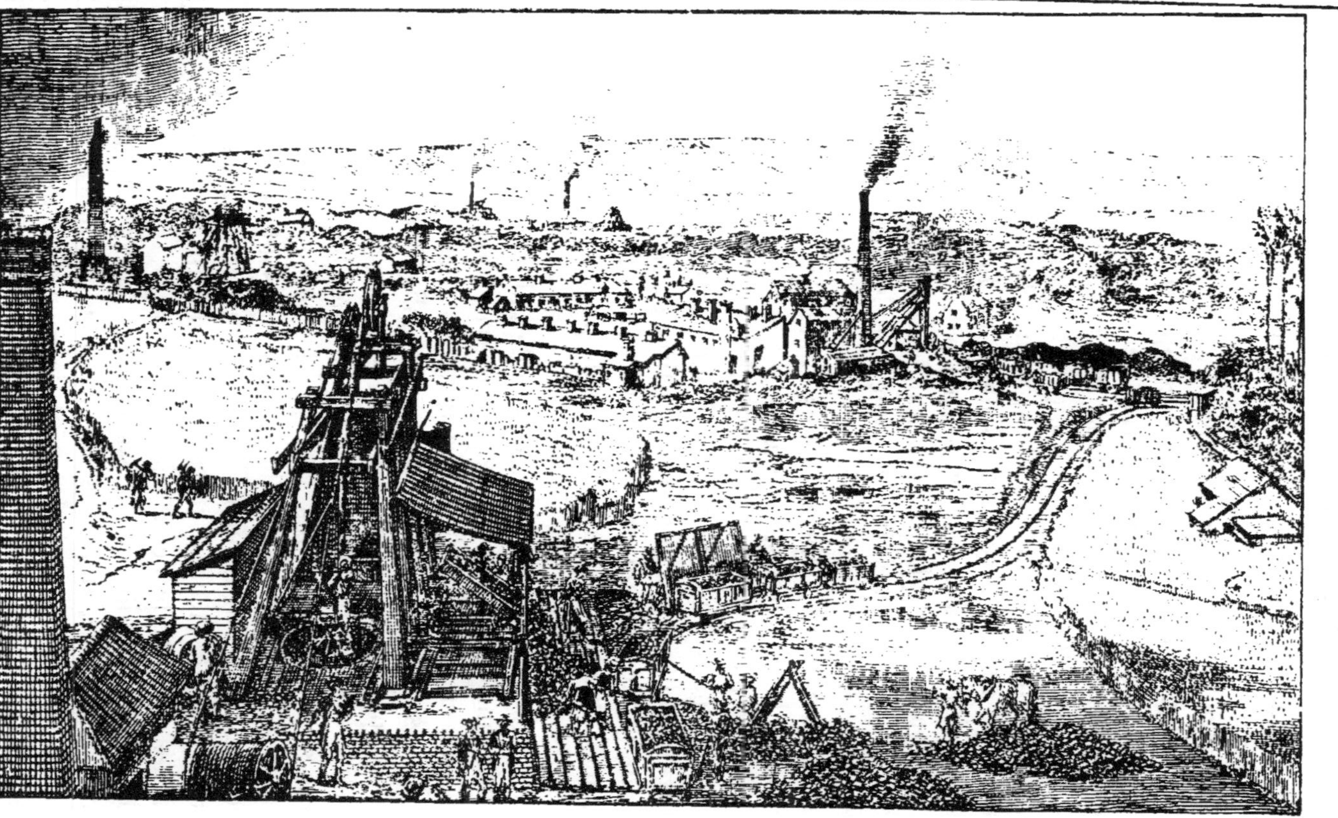

CONSTRUCTIONS A L'EXTÉRIEUR D'UNE MINE, OU JOUR, DANS UNE MINE DU CENTRE DE LA FRANCE; d'après une lithographie de Bonhommé (1809-1881) conservée au département des Estampes de la Bibliothèque nationale.

Type d'une mine primitive avec un treuil à bras pour descendre et monter les bennes.

Sous Louis-Philippe, la France est le second pays commercial et industriel du monde.

La navigation à vapeur se répand en France : dès la conquête d'Alger, la flotte de guerre compte 4 navires à vapeur auxiliaires construits en Angleterre; peu après, Marseille inaugure les premiers services à vapeur français pour les passagers.

Le premier chemin de fer français est commencé en 1832 pour unir deux villes industrielles, Saint-Étienne et Lyon. Les chemins de fer ne furent pas d'abord en faveur chez nous. Thiers déclara un jour que leurs roues patineraient sur les rails et tourneraient sur place. Les grandes concessions de voies ferrées aux Compagnies furent votées par les Chambres seulement vers la fin du règne (1845).

Transformation sociale. — Les mines, les grandes usines à vapeur et les machines, les engins de transport mécanique, ne peuvent être possédés que par de riches capitalistes ou par des Sociétés formées d'actionnaires qui ont des capitaux. Ces propriétés assurent à ceux qui savent en tirer parti de gros revenus dont une partie s'ajoute au capital, soit sous forme de valeurs, soit sous forme de nouveaux moyens de production et de transports.

Ainsi, depuis la naissance de la grande industrie, il se forme, à côté des anciens riches, les propriétaires de terre, de nouveaux riches, les capitalistes, qui possèdent soit des machines, des fabriques, soit encore des actions, des obligations, des titres, ce qu'on appelle des valeurs *mobilières*, par opposition à la terre ou propriété *foncière*. Les capitalistes heureux et bien inspirés s'enrichissent plus vite que les propriétaires. Ils ne tardent pas à former la partie la plus puissante de la classe possédante. La richesse mobilière et industrielle devient plus importante que la richesse terrienne; c'est l'un des faits caractéristiques du monde économique moderne.

A l'autre extrémité de la société, les petits artisans, les voituriers, les bateliers, tous les travailleurs propriétaires de leur instrument de travail peuvent de moins en moins lutter contre la concurrence mécanique. Leur nombre diminue.

D'autre part le nombre augmente des ouvriers de fabrique. Ces ouvriers ne peuvent espérer devenir un jour patrons parce que les instruments de production sont trop coûteux pour eux; ils restent toute leur vie des *salariés*.

Ainsi, dans les régions de grande industrie, deux classes tendent à se former, qui sont séparées par la fortune : en haut, les capitalistes peu nombreux; en bas, la masse des salariés. A l'époque de Louis-Philippe cette transformation ne faisait que commencer et sur quelques points seulement du territoire.

Les premières lois ouvrières. — A cette époque aussi, les hommes politiques français se mirent à discuter la question de savoir si l'État doit intervenir pour protéger les salariés. Les patrons répondaient non, en déclarant qu'ils étaient les maîtres chez eux et en invoquant le principe des économistes : « Laissez faire, laissez passer » (*1re Année*, p. 273).

Mais beaucoup de personnes disaient que l'État, dans l'intérêt de la nation, devait protéger au moins les personnes les plus faibles, à savoir les femmes et les enfants. Or les patrons de la grande industrie n'ayant pas besoin d'ouvriers vigoureux avec les métiers mécaniques remplaçaient partout où ils le pouvaient les hommes par des femmes et des enfants qu'ils payaient moins cher.

Les femmes étaient alors employées au fond des houillères à traîner des chariots; dans les filatures on faisait travailler les enfants depuis l'âge de six ans. La journée était de seize heures au moins.

Les femmes et les enfants de la classe ouvrière, épuisés par un travail trop pénible et trop prolongé, s'étiolaient; la race menaçait de dégénérer.

COMPAGNON DU TOUR DE FRANCE VERS 1840; d'après une lithographie de Raffet (1804-1860).

Ouvrier en blouse avec un vieux chapeau bourgeois et un sac de soldat. Il a le grand bâton auquel se reconnaissaient les compagnons. *Les ouvriers ou compagnons allaient chercher du travail de ville en ville; c'est ce qu'ils appelaient faire leur « tour de France ». Ils étaient groupés en sociétés appelées compagnonnages. Ils logeaient dans chaque ville, chez une aubergiste appelée « la mère des compagnons ».*

En Angleterre, le gouvernement intervint par une série de lois qui réduisirent le travail des enfants et élevèrent l'âge à partir duquel on pouvait les employer (1802-1852).

Le gouvernement français suivit l'exemple de l'Angleterre. En 1841 fut votée la première loi française de protection ouvrière ; elle interdisait d'employer les *enfants* au-dessous de douze ans et de les faire travailler plus de douze heures par jour.

Les réformateurs et les socialistes. — Les socialistes révolutionnaires qui tentèrent des insurrections sous Louis-Philippe (p. 217) étaient des disciples de Babeuf (p. 216). Ils rêvaient d'établir tout d'un coup la communauté des biens.

Sous l'Empire et la Restauration avaient paru d'autres réformateurs sociaux partisans de changements *pacifiques*, accomplis conformément à des lois.

Le premier en date fut un noble, le comte de SAINT-SIMON (1760-1825). Saint-Simon était un disciple des économistes du XVIIIe siècle (*1re Année*, p. 272). Il pensait que les gouvernements avaient tort de s'occuper de diplomatie et de guerre et qu'ils auraient dû se consacrer uniquement à développer les arts, la littérature, l'agriculture, l'industrie, le commerce.

Pour Saint-Simon, les nobles, les fonctionnaires, les militaires, les diplomates forment la *classe oisive* qui ne sert à rien ; Saint-Simon lui oppose la *classe industrielle* qui comprend à la fois les patrons et les ouvriers.

Dans un État bien organisé, selon Saint-Simon, le Parlement devrait se composer uniquement d'industriels (patrons et ouvriers), de savants, d'artistes. On aurait ainsi une *politique positive* au lieu de la politique actuelle dont la formule, dit Saint-Simon, est : « Tire-toi de là, que je m'y mette ».

Les disciples de Saint-Simon appartenaient tous à la bourgeoisie ; ils essayèrent de fonder une sorte de couvent laïque à Paris, la police les en chassa (1832).

Sous Louis-Philippe beaucoup de Saint-Simoniens devinrent industriels-patrons; plusieurs d'entre eux fondèrent des sociétés d'actionnaires pour l'exploitation d'affaires ou la construction de chemins de fer.

A côté de l'École Saint-Simonienne se fonda l'École phalanstérienne. Son fondateur, Fourier (1772-1837), était un employé de commerce qui avait été frappé de voir grandir côte à côte la production sans cesse croissante de l'industrie naissante et la misère de la classe ouvrière dont l'effectif augmentait chaque jour. Il essaya de faire un plan d'organisation pour que tous les hommes pussent profiter de la richesse produite sur la terre. Son projet était de grouper les hommes, femmes et enfants en *phalanges* de 1620 personnes des goûts les plus divers, qui auraient habité un groupe de bâtiments appelé *phalanstère* et qui se seraient partagé les tâches, en changeant souvent d'ouvrage et en travaillant peu de temps chaque fois, de manière que le travail parût toujours *attrayant*.

On trouve chez Fourier l'origine de l'idée des Sociétés coopératives qui furent essayées après 1848.

Ses disciples se raprochèrent des républicains et des socialistes, tout en restant partisans de l'action légale.

Après la mort de Saint-Simon et de Fourier, un disciple de Saint-Simon, Louis Blanc, issu d'une famille légitimiste et catholique, publia, en 1840, un livre intitulé l'*Organisation du Travail*, titre emprunté à Saint-Simon. Louis Blanc demandait que l'État organisât des ateliers modèles; les fabricants seraient alors obligés de l'imiter ou d'abandonner l'industrie au gouvernement.

Pour obtenir ce résultat, Louis Blanc conseillait aux ouvriers de s'allier aux républicains qui réclamaient le *suffrage universel*. C'est le premier socialiste qui ait exprimé l'espoir d'obtenir la réalisation de ses vœux par l'action d'un Parlement démocratique.

Son contemporain, Proudhon (1809-1865), commença à écrire en 1839. C'était un fils d'ouvrier, qui avait fait des études classiques grâce à une bourse. Il ne croyait guère à l'action politique, mais il fut lui aussi partisan des moyens pacifiques. Il conseilla aux ouvriers de s'organiser en sociétés, en tournant la loi de 1791 qui interdisait les coalitions (p. 28). Il est un des précurseurs du mouvement syndical. Proudhon, quoique pacifique, s'exprimait volontiers en formules violentes. Il a écrit : « La Propriété c'est le vol! » Tandis que tous les socialistes cités plus haut croyaient à la Providence comme les philosophes du XVIIIe siècle (p. 14 et 244), Proudhon était athée. Il a dit : « Dieu c'est le mal ! »

Conquête de l'Algérie. — L'Algérie était peuplée de musulmans appartenant à trois races principales. Des Berbères, dont le principal groupe est formé par les *Kabyles*, habitaient les montagnes. Des *Arabes* nomades parcouraient les plateaux et une partie de la région côtière avec leurs troupeaux. Enfin des soldats et marins *turcs* s'étaient installés dans les villes du littoral et à Constantine; ils obéissaient à des chefs intitulés deys et beys, qui étaient les vassaux du sultan.

Le gouvernement de Charles X, à la suite de difficultés avec le dey d'Alger, envoya une flotte et une armée de 37 000 hommes qui prit *Alger* et en expulsa les Turcs (1830).

Le gouvernement de Louis-Philippe, qui remplaça celui de Charles X au moment même de la prise d'Alger, maintint une partie des troupes en Afrique et enleva les villes de la côte aux *Turcs*. Il restait aux Turcs une place forte importante, *Constantine*, située sur les plateaux de l'intérieur. Le général qui commandait l'armée française d'Algérie vint attaquer Constantine en plein hiver, avec des troupes insuffisantes : il fut repoussé et fit une retraite désastreuse (1836). Mais, l'année suivante, un corps de 12 000 Français fit le siège de Constantine et enleva la place après un assaut meurtrier (1837). Constantine fut annexée au domaine de la France.

Arrivés sur les hauts plateaux de l'intérieur, les Français s'y trouvèrent en face des *Arabes*. Les Arabes de la région d'Oran avaient pris pour *émir*, c'est-à-dire pour chef militaire et religieux, un noble, Abd-el-Kader, qui prêcha la guerre *sainte* contre les Français. Les Français lui prirent sa capitale, Mascara; mais ils ne pouvaient atteindre l'émir qui vivait sous la tente et se déplaçait sans cesse avec sa smala, c'est-à-dire sa famille, ses serviteurs et ses scribes et avec ses troupes.

La guerre dura huit ans (1839-1847). Il fallut envoyer de France jusqu'à 100 000 soldats. En 1843 le duc d'Aumale, fils du roi, avec 600 cavaliers, surprit la *smala* de l'émir au campement et en enleva une partie; mais Abd-el-Kader n'y était pas. En 1844 l'émir réussit à faire intervenir l'armée *marocaine* contre les Français. Le général Bugeaud la mit en

Conquête de l'Algérie.

Alger
Oran
Mers-el-Kébir
Arzeu
Mostaganem
Mazagran
Ténès
Cherchel
Koléa
St Ferruch
Hadjoutes
Miliana
DAHBA
Orléansville
Inkermann
Médéa
Boghar
Tiaret
Teniet el Had
Nahr Ouassel
TITTERI
Perrégaux
Mascara
Sidi-bel-Abbès
Tagdemt
Chellala
Nemours
St Brahim
Tlemcen
Lalla Marnia
Sebdou
Oudjda
Saïda
Pont de l'Isser
MAROC
El Aricha
Teniet Sassi
Limite déterminée
par le traité de 1845
Chott
el Chergui
RÉGION DES HAUTS
Taguin
Zahrez Garbi
Zahrez Chergui
Djelfa
Od Berkana
Chott el Gharbi
Stitten
Laghouat
Géryville
Aïn Madhi
DJEBEL AMOUR
Aïn ben Khelil
Chellala
Brézina
Chott Tigri
Tiout
El Abiod Sidi Cheikh
Aïn Sefra
Moghar Foukani
Moghar Tahtani
Figuig
Oulad Sidi Cheikh
Larba
Ghardaïa
MZAB
ERG OCCIDENTAL
SAHARA
El Goléa
(1873)
KABYLIE
Aumale
Alger — Points occupés par la France de 1830 à 1835.
Territoire français (1837-1847).
Possessions d'Abd-El-Kader.

Bizerte
Cap Bon
Philippeville
La Calle
I. Tabarca
Djidjelli
Bougie
Collo
Bône
Kroumirs
Tunis
Carthage
La Goulette
Hammam Lif
Aïn Draham
Od Medjerda
Hammamet
Zaghouan
ENFIDA
Dj. Babor
Constantine
Mila
Sétif
Souk Ahras
El Kef
Sousse
Monastir
Ksour
Kairouan
Od el Haleb
Batna
Lambèse
Tebessa
TUNISIE
Od el Fekka
MASSIF DE L'AURÈS
Biskra
St. Okba
Feriana
Sfax
SAHEL
Iles Kerkenah
El Amri
Chegga
Négrine
Hamema
Gafsa
G. de Gabès
Chott Melghir
Chebeka
Chott el Gharsa
I. de Djerba
DJERID
Nefta
Gabès
Chott el Djerid
Kebili
Zarzis
Oued Souf
Bordj el Biban
Oued Ghir
Tougourt
Douirat
Guerrara
BAS SAHARA
Sebkha Safioun
DJEBEL DOUIRAT
Ouazzen
Ouargla
ERG ORIENTAL
Hassi Tarfaia
TRIPOLITAINE
Ghadamès

L.L.

DE L'ALGÉRIE

déroute sur les bords de l'*Isly*. Le chérif du Maroc fit la paix et expulsa Abd-el-Kader. Traqué partout, l'émir finit par se rendre aux Français en 1847.

Il ne restait plus d'indépendants que les *Kabyles* des montagnes à l'est d'Alger; ils furent soumis de 1850 à 1857.

Les troupes d'Algérie. — Pendant la conquête de l'Algérie avaient été créées de nouvelles troupes : les *chasseurs d'Afrique*, équipés plus légèrement que les chasseurs à cheval de France, les *zouaves* et les *spahis*, qui portent le costume des anciens soldats turcs.

La *légion* étrangère fut créée sous Louis-Philippe avec des anciens soldats de l'insurrection de Pologne; elle servit en Algérie. Les chasseurs de Vincennes, plus tard *chasseurs à pied*, créés sous Louis-Philippe, combattirent aussi en Algérie; leurs bataillons ont pris comme fête l'anniversaire de la journée de Sidi-Brahim où un détachement de chasseurs se défendit jusqu'à la mort contre Abd-el-Kader.

Il se forma en Algérie des généraux dont les journaux rendirent les noms populaires. Plusieurs jouèrent un rôle politique en 1848. Ils furent ordinairement des monarchistes comme Lamoricière, Changarnier, ou du moins des partisans de l'ordre comme Cavaignac. D'autres « africains », plus jeunes, comme Mac-Mahon, Canrobert, devinrent maréchaux sous Napoléon III.

On prit l'habitude, sous le soleil d'Afrique, d'alléger l'équipement des troupes. Le haut et lourd shako de toile cirée fut remplacé, en campagne, par le *képi* qu'on appela d'abord la casquette. La casquette de Bugeaud est restée longtemps célèbre.

Dans le fusil le bassinet amorcé avec de la poudre et le silex qui y mettait le feu quand le chien s'abaissait furent remplacés par une amorce en capsule qui détonait sous le choc du chien et mettait le feu à la charge.

Essais de colonisation. — Dès le temps de Louis-Philippe, le gouvernement essaya de coloniser l'Algérie. Il installa des *paysans* de France dans la plaine côtière de la *Metidja*, qui s'étend entre Alger et l'Atlas. Les fermes de la Metidja furent détruites par les Arabes pendant la guerre contre Abd-el-Kader.

Bugeaud essaya de former des villages de colons militaires, mais ils ne réussirent pas. Ce général n'aimait pas la population civile de l'Algérie parce qu'elle critiquait ses actes. « L'armée, écrivait-il en 1846, n'est pas faite pour protéger les colons, mais pour marcher à la conquête de l'Afrique et s'illustrer par des victoires. »

Questionnaire.

La monarchie bourgeoise. — Modifications à la Charte. Titre du roi. Souveraineté nationale. Chambre des pairs. Cens électoral. Nombre des électeurs.

Qu'était-ce que la Garde nationale? Prit-elle une importance politique, et pourquoi?

Caractère de Louis-Philippe. Ses préférences politiques.

Les partis et les insurrections (1831-1839). — Qu'était-ce que le parti du mouvement? Que fit-il à l'intérieur? à l'extérieur?

Casimir Perier. Sa politique intérieure, extérieure. Dans quel pays intervint-il, et pourquoi?

Qu était-ce que les légitimistes. Que voulaient-ils? Où trouvèrent-ils des partisans? Que firent-ils? Comment étaient organisés les républicains? Insurrection républicaine à Paris. Caractère de l'insurrection de Lyon. Qu'est-ce que les lois de septembre 1835? Mesure contre les sociétés, contre les journaux. Leur effet.

Qu'appelait-on la politique du château? Insurrection de Blanqui et Barbès.

La question d'Orient. Guizot (1840-48). — Thiers. Comment se posait la question d'Orient? Attitude des puissances. Pourquoi le roi renvoya-t-il Thiers?

Guizot. Son caractère. Sa politique intérieure. L'entente avec l'Angleterre. Qu'est-ce que le droit de visite? L'affaire Pritchard.

Qu'est-ce que les mariages espagnols? Le rapprochement de l'Autriche. Ses effets.

Quelles étaient les demandes de réforme électorale? Qui proposa le suffrage universel? Avait-il déjà été appliqué? Que répondit Guizot aux partisans du suffrage universel?

Partis nouveaux. — Les catholiques. Les socialistes. — Qu'était-ce que le monopole universitaire? Que fit Guizot pour l'enseignement primaire? L'école devint-elle gratuite?

De quand date le parti catholique? Qu'était-ce que le catholicisme libéral? Quelle liberté réclamait-il principalement? Pourquoi ne dura-t-il pas? Quand le parti catholique devint-il puissant à la Chambre?

Expliquez la transformation industrielle? Où commença-t-elle? Qu'est-ce que la grande industrie? Quelles industries ont été le plus transformées? Premiers navires à vapeur, premiers chemins de fer en Angleterre, en France.

La classe capitaliste. La classe ouvrière. Différence entre l'artisan d'autrefois et l'ouvrier de fabrique. A quoi tient-elle?

Objections contre les lois ouvrières. Raisons pour en faire. En faveur de quelle catégorie de travailleurs en fit-on d'abord? Dans quel pays?

Qu'était-ce que les socialistes révolutionnaires? Que proposa Saint-Simon? Que firent ses disciples? Mêmes questions pour Fourier, Louis Blanc. Quel moyen proposait-il aux socialistes? Proudhon.

La conquête de l'Algérie. — Populations de l'Algérie. Quel est leur caractère commun? Expulsion des Turcs. Guerre contre les Arabes. Soumission des Kabyles. Nouvelles troupes. Nouveaux généraux. Changement dans l'équipement. Où établit-on des colons?

SUJETS COMPLÉMENTAIRES

Lecture de pages choisies de Balzac, de Stendhal, sur la noblesse légitimiste de province, la bourgeoisie, les fonctionnaires.

Scènes de l'Algérie au temps de la conquête, d'après l'ouvrage de Léon Rocher, Trente-deux ans à travers l'Islam.

CHAPITRE XV

LA SECONDE RÉPUBLIQUE

Campagne pour la réforme électorale. — Sous le ministère conservateur Guizot, les partisans du suffrage universel étaient peu nombreux; mais un nombre croissant de Français, qui n'étaient pas électeurs, se prononçait pour la réforme électorale, c'est-à-dire l'abaissement de cens. Au commencement du ministère Guizot, la garde nationale de Paris avait crié dans une revue : « Vive la Réforme! » Mécontent d'elle, le roi avait cessé de la passer en revue. Le roi et Guizot déclaraient que l'opinion du *pays légal*, c'est-à-dire des électeurs censitaires, comptait seule pour eux; ils avaient la majorité dans la Chambre.

Les partisans de la réforme voulurent prouver que la nation les approuvait. Pour cela, ils imaginèrent, en 1847, de faire des *banquets*, car ils obtenaient l'autorisation nécessaire plus facilement que pour une réunion publique. On en fit sur tout le territoire; au dessert, les orateurs de l'opposition prononçaient des discours en faveur de la réforme.

La révolution de février 1848. — Le gouvernement interdit un grand banquet qui devait avoir lieu à Paris le 23 février 1848 : alors, les organisateurs invitèrent les adhérents à se réunir pour protester devant la Chambre; la manifestation eut lieu le 22 février; elle fut dispersée par la troupe.

Les républicains et les socialistes des sociétés secrètes

essayèrent de profiter de l'occasion pour soulever les ouvriers ; ils ne réussirent pas, mais Paris resta agité toute la nuit, on brûla les chaises du jardin des Tuileries sous les fenêtres du roi.

Le 23 février le gouvernement fit réunir la garde nationale pour rétablir l'ordre. La garde refusa de marcher en criant « Vive la Réforme ! »

Louis-Philippe n'osa plus résister. Il *renvoya* Guizot et fit annoncer sa résolution partout. Aussitôt les troubles cessèrent. On crut que tout se terminait par la victoire des réformistes.

Le soir Paris illumina et la foule se répandit dans les rues comme un soir de fête. Devant le ministère où Guizot logeait encore, un inconnu tira un coup de pistolet sur les soldats de garde. Les soldats ripostèrent par une décharge qui tua cinq personnes. Quelques républicains s'empressèrent de recueillir les morts, les placèrent sur un tombereau et les promenèrent toute la nuit dans la ville en disant que Louis-Philippe faisait tirer sur le peuple après l'avoir trompé par de fausses promesses. La révolution recommença, conduite cette fois par les républicains.

Le matin du 24, Louis-Philippe et Thiers essayèrent de réprimer l'insurrection avec les troupes, mais les troupes, fatiguées par deux jours et deux nuits de service, reculèrent et une partie d'entre elles passa au peuple. Le gouvernement espérait que la garde nationale marcherait contre les républicains : elle refusa de le faire. La foule en armes put, sans difficultés, s'avancer jusqu'aux Tuileries. Elle criait : « Vive la République ! »

Alors Louis-Philippe, sur les instances de sa famille, se décida à abdiquer en faveur de son petit-fils le comte de Paris, alors enfant ; le duc d'Orléans, fils de Louis-Philippe, était mort en 1842.

La duchesse d'Orléans se rendit aussitôt à la Chambre avec le comte de Paris, pendant que Louis-Philippe s'échappait.

Le gouvernement provisoire. — La foule envahit le palais des Tuileries, démolit le trône, détruisit les ornements royaux, puis, toujours conduite par les républicains, elle se porta sur la Chambre et l'envahit en réclamant la déchéance de la famille royale.

Le président de la Chambre leva la séance, les députés royalistes sortirent, mais les députés opposants restèrent dans la salle. Ledru-Rollin, député républicain, proposa qu'un gouvernement provisoire fût immédiatement nommé par le peuple. Le poète et député **Lamartine**, qui avait été jusque-là royaliste, prit parti pour le peuple; il donna lecture d'une liste de sept noms de députés qui avait été préparée par le journal républicain de **Ledru-Rollin** : elle comprenait Ledru-Rollin, Lamartine et cinq autres opposants. La foule les acclama membres du gouvernement provisoire.

La République. — Pendant ce temps un groupe de républicains et de socialistes réunis aux bureaux d'un journal avait complété cette liste en y ajoutant trois membres plus avancés qui n'étaient pas députés; le plus connu était le socialiste **Louis Blanc**. Ces trois membres, suivant la tradition de 1789 et de 1793, s'installèrent à l'Hôtel de Ville. *Ils proclamèrent la République.*

Les sept députés nommés à la Chambre acceptèrent la république et admirent leurs trois nouveaux collègues; ils consentirent à aller s'installer auprès d'eux à l'Hôtel de Ville. On évita ainsi pour le moment toute chance de conflit.

Le gouvernement provisoire, ainsi composé, gouverna la France, en attendant la formation d'un gouvernement régulier, du 24 février au 9 mai 1848.

Le suffrage universel. — Le gouvernement provisoire annonça dès le premier jour qu'il allait inviter les citoyens à nommer une assemblée nouvelle chargée de faire une constitution. Le 5 mars 1848 il déclara que la Constituante serait élue au *suffrage universel* : le nombre des électeurs passa brusquement de 250 000 à 9 millions; ce fut un des événements politiques les plus importants du siècle. On décida aussi que les députés recevraient une *indemnité* de 25 francs par jour, afin que les citoyens pauvres pussent remplir les fonctions de représentants. Depuis 1848, *la France a toujours conservé* le suffrage universel et l'indemnité parlementaire.

Mesures démocratiques. — Les républicains d'alors conservaient la tradition de 1789 et de 1793 : ils voulaient rétablir les libertés, les institutions, les noms mêmes de la Révolution.

Le gouvernement provisoire décida que tous les citoyens pourraient faire partie de la garde *nationale* : dès lors les ouvriers eurent des armes. A Paris, le nombre des gardes nationaux passa de 56 000 à 190 000.

Le gouvernement supprima toutes les lois contre la *liberté de la presse* : il abolit l'obligation de déposer un cautionnement pour permettre aux publicistes sans capitaux de faire paraître des journaux. On lança alors pour la première fois des *journaux* populaires *à bon marché* qu'on criait dans la rue.

Le gouvernement leva toutes les mesures contre la liberté d'association ; il se fonda, comme sous la Révolution, des *Clubs* où l'on discutait en public sur la politique.

Les chefs de parti prirent l'habitude, comme sous la Révolution, de conduire des députations de gardes nationaux armés au siège du gouvernement pour réclamer les mesures qu'ils jugeaient utiles.

Tous les prisonniers politiques avaient été mis en liberté ; les socialistes *révolutionnaires* comme Blanqui recommencèrent à conseiller à leurs amis de profiter des troubles pour s'emparer du pouvoir et appliquer leurs idées ; ils n'étaient pas *d'accord* avec Louis Blanc, partisan de la conquête du pouvoir par le suffrage universel.

Mouvement ouvrier. — Dès le 25 février une députation d'ouvriers en armes vint à l'Hôtel de Ville se plaindre du chômage, conséquence de la Révolution. Louis Blanc fit décréter que le gouvernement s'engageait à garantir du travail à tous les citoyens. C'est ce qu'on appelle le *droit au travail* ; il avait été reconnu pour la première fois par la Déclaration des droits de l'homme de 1793 (p. 53).

Puis une députation d'ouvriers vint demander qu'on remplaçât le drapeau tricolore par le *drapeau rouge*, emblème commun aux socialistes de tous les pays. Lamartine leur répondit par un discours en faveur du drapeau tricolore qui les satisfit.

Les dix membres du gouvernement n'étaient pas d'accord : on comptait parmi eux cinq modérés, anciens députés royalistes, quatre républicains avancés et socialistes, enfin l'ex-député Ledru-Rollin, qui votait tantôt avec les uns, tantôt avec les autres.

Manifestation devant l'Hôtel de Ville.

MANIFESTATION DEVANT L'HÔTEL DE VILLE DE PARIS, LE

Manifestation des ouvriers et des socialistes pour demander au gouvernement pro
conservateurs.

MARS 1848; d'après une gravure du journal l'*Illustration*.
re de retarder la date des élections par crainte de voir les paysans nommer des députés

Le 28 février, un groupe d'ouvriers vint réclamer l'*organisation du travail* par l'État, conformément aux principes de Louis Blanc. Le gouvernement consentit à former, sous la présidence de Louis Blanc, une commission chargée de préparer des réformes favorables aux ouvriers. La commission fit décider que la *journée* de travail serait *réduite* à 12 heures pour les ouvriers et qu'on supprimerait le *marchandage*, c'est-à-dire l'interposition entre ouvriers et patrons des « sous-entrepreneurs ou tâcherons » qui absorbaient une partie des sommes destinées à payer le travail. Mais ces décrets ne furent pas appliqués.

La Commission essaya aussi de créer des *sociétés coopératives de production*, où les ouvriers auraient travaillé d'un commun accord sans patrons : très peu réussirent.

Les ateliers nationaux. — Le gouvernement avait promis de créer des *ateliers nationaux* où l'État aurait fait travailler les ouvriers dans de meilleures conditions que chez les patrons. Le mot était emprunté à Louis Blanc, mais l'institution ne fut pas faite selon ses idées. Louis Blanc aurait voulu qu'on employât les ouvriers sans travail, chacun suivant son métier, dans de véritables ateliers ou usines. Les modérés du gouvernement firent exprès d'employer tous les sans-travail à des travaux de terrassements peu payés; ils finirent par les réunir au Champ de Mars où on leur faisait remuer la terre sans utilité; on les paya d'abord 2 francs par jour, puis 8 francs par semaine. Néanmoins, comme le travail ne reprenait pas à Paris, on eut jusqu'à 100 000 chômeurs qui vinrent s'employer aux ateliers nationaux. Le chef des travaux proposa de distribuer à des patrons, sous condition de rouvrir leurs ateliers, l'argent qu'on dépensait inutilement aux ateliers nationaux. Le ministre compétent, un modéré, s'y refusa. « L'intention bien arrêtée du gouvernement, dit-il, avait été de laisser s'accomplir cette expérience parce qu'elle démontrerait aux ouvriers tout le vide et la fausseté de ces théories inapplicables, qu'alors désabusés pour l'avenir, leur idolâtrie pour M. Louis Blanc s'écroulerait toute seule. » Mais le mécontentement des ouvriers se porta contre le gouvernement.

Les sociétés ouvrières et les clubs républicains vinrent

demander au gouvernement de *reculer* la date des *élections*, parce qu'ils craignaient de voir les départements élire des représentants trop modérés. Le gouvernement refusa et fit disperser les manifestants par la garde nationale (18 avril).

L'Assemblée constituante. — L'Assemblée nationale constituante se réunit le 4 mai à Paris. Elle était composée presque entièrement d'hommes nouveaux en très grande majorité républicains, mais modérés et pleins de défiance à l'égard des *parisiens*.

Le gouvernement provisoire, à court d'argent, avait augmenté les *contributions* directes de 0 fr. 45 par franc, et cette mesure avait mécontenté les électeurs paysans et bourgeois.

La Constituante remplaça le gouvernement provisoire par un *conseil exécutif* qui comprenait 5 membres modérés de l'ancien gouvernement.

A Paris, les clubs révolutionnaires et les ouvriers s'inquiétèrent; ils se plaignaient aussi que le gouvernement ne voulût pas intervenir en faveur des républicains qui s'étaient soulevés en plusieurs pays *étrangers* à la nouvelle de la révolution française (p. 245). Lamartine, ministre des affaires étrangères, avait écrit, dès le 2 mars 1848, aux gouvernements étrangers : « La République française n'intentera la guerre à personne. »

Le 15 mai 1848, les gardes nationaux ouvriers et révolutionnaires se portèrent en armes sur l'Assemblée sous prétexte de réclamer une intervention en faveur de la Pologne opprimée. Ils pénétrèrent dans la salle; leurs chefs déclarèrent l'Assemblée dissoute et proclamèrent un gouvernement provisoire socialiste.

Mais les gardes nationaux modérés et la troupe délivrèrent l'Assemblée. Les chefs du mouvement furent arrêtés et condamnés. Louis Blanc, qui avait été nommé malgré lui membre de ce gouvernement provisoire, fut menacé d'arrestation et se réfugia en Angleterre.

Les journées de juin 1848. — L'Assemblée alors décida de *fermer* les ateliers nationaux pour obliger les sans-travail à quitter Paris et à chercher de l'ouvrage en province. « Si les ouvriers ne veulent pas partir, dit un ministre à une députation, nous les y contraindrons par la force. »

Alors les gardes nationaux ouvriers de Paris prirent leurs armes et firent des barricades dans leurs quartiers, surtout autour du Panthéon et dans l'Est (faubourgs Saint-Denis, Saint-Martin, Saint-Antoine). Ils réclamaient la dissolution de l'Assemblée.

L'Assemblée proclama l'état de siège, accepta la démission des cinq membres du gouvernement et donna tous les pouvoirs

UN CLUB EN 1848, d'après une gravure du journal l'*Illustration.*

Un ouvrier prononce un discours ; à côté de lui les membres du club ; en haut, dans les tribunes, le public. — En 1848 le gouvernement laissa fonder des clubs comme ceux de 1789 à 1795 (p. 19).

au *général* Cavaignac, ministre de la guerre. Cavaignac réunit les troupes, les gardes nationaux modérés et fit venir les gardes nationaux de province : il attaqua sur tous les points les barricades et les fit enlever l'une après l'autre; tous les insurgés pris les armes à la main étaient fusillés, les insurgés furent écrasés après quatre jours de résistance (23-26 juin). 11 000 d'entre eux furent arrêtés et déportés en masse.

Le régime de l'état de siège continua. Le général Cavaignac resta chef du pouvoir exécutif : il supprima les journaux et ferma les clubs. Le parti républicain socialiste était tué; mais les ouvriers de Paris n'eurent plus que des sentiments de rancune ou d'indifférence à l'égard du gouvernement qu'ils appelaient une république « bourgeoise ».

Constitution de 1848. — L'Assemblée rédigea alors la Constitution de 1848, précédée d'une Déclaration. La Constitution était publiée « en présence de Dieu et au nom du peuple français ». Comme les gens de la première Révolution, les républicains de 1848 croyaient presque tous à la Providence.

La Déclaration promettait toutes les libertés publiques (de la presse, de manifestation, de pétition, de réunion, d'association), la *suppression de l'esclavage*, qui fut alors définitivement accomplie dans les colonies, celle de la peine de mort, l'*enseignement primaire gratuit*. Mais l'Assemblée refusa de maintenir l'affirmation du droit au travail.

La Constitution, comme celles de la Révolution, fait sortir tous les pouvoirs de la *souveraineté nationale* et les maintient strictement séparés.

Le pouvoir législatif appartient à une seule Chambre, l'*Assemblée législative*, composée de 750 membres élus au suffrage universel.

Le pouvoir exécutif appartient à un *Président de la République* élu pour 4 ans et non rééligible. Plusieurs modérés proposèrent de faire nommer le président par l'Assemblée, pour maintenir Cavaignac au pouvoir. Lamartine combattit cette idée. « Que Dieu et le peuple prononcent, s'écria-t-il! Il faut laisser quelque chose à faire à la Providence. » La majorité décida que le président serait *élu par le peuple* au *suffrage universel*.

Présidence de Louis-Napoléon. — L'élection du président eut lieu le 10 décembre 1848. Le candidat des républicains modérés était le général Cavaignac, chef du gouvernement depuis les journées de juin; on pensait qu'il aurait les voix de la droite.

Les orléanistes dirigés par Thiers, les légitimistes et les catholiques avaient fait une coalition qu'ils appelaient le Parti de l'ordre et que leurs adversaires nommaient la *Réaction*; ils proposèrent à Cavaignac de voter pour lui s'il voulait accepter leur politique, c'est-à-dire se prêter au rétablissement de la monarchie. Cavaignac refusa. Ils se tournèrent alors vers Louis-Napoléon.

Louis-Napoléon, né en 1808, était le fils du roi Louis de Hollande, frère de Napoléon Ier. Il avait commencé par conspirer avec les libéraux italiens contre le pape lors des mouvements de 1830. Puis, le fils de Napoléon étant mort à Vienne (1832), il se présenta comme le prétendant bonapartiste au trône de France. En 1836, il avait essayé de soulever la garnison de Strasbourg contre Louis-Philippe; il fut pris et banni. En 1840 il recommença une tentative à Boulogne sans le moindre succès. Condamné à la détention perpétuelle, il fut enfermé six ans, puis réussit à s'évader en Angleterre.

Revenu en 1848, il parvint à se faire nommer député à Paris et se présenta à la présidence de la République. L'appui des réactionnaires, le prestige du nom de Napoléon, l'impopularité de Cavaignac parmi les ouvriers lui valurent 5 millions et demi de suffrages contre 1 million et demi à son adversaire.

Louis-Napoléon, une fois président, prit Thiers comme conseiller et choisit ses ministres parmi les *royalistes* et les *catholiques*. Ceux-ci espéraient alors qu'il allait faire un coup d'État en leur faveur avec l'aide du général légitimiste Changarnier, qui commandait les troupes de Paris. Ils déclarèrent que la mission de la Constituante était finie.

L'Assemblée législative. — La Constituante fit place à l'*Assemblée législative* élue conformément à la constitution (mai 1849).

L'Assemblée législative, élue sous un ministère conservateur, comprenait 500 membres du parti de l'ordre et 250 républicains, dont plus des deux tiers étaient des avancés; leurs adversaires les appelaient des « rouges », eux-mêmes s'appelaient la *Montagne* en souvenir de 1792. Leur chef était Ledru-Rollin.

Les premières discussions se firent sur la politique étrangère.

Contre-coup de la révolution de 1848 en Europe. — Comme en 1830, le succès des révolutionnaires français encouragea les partis avancés des autres pays et causa des mouvements et des insurrections. Les révolutions de 1848 furent faites contre les rois absolus par des libéraux qui réclamaient des constitutions, elles furent faites aussi par des nations divisées ou opprimées qui réclamaient l'unité et l'indépendance. Ce sont des mouvements à la fois *libéraux* et *nationaux*.

A la nouvelle de la révolution de Février en France, les libéraux berlinois s'assemblèrent devant le palais du roi de *Prusse* et réclamèrent une *constitution*. Le roi la leur accorda (mars 1848).

Dans l'Allemagne du Sud, les libéraux firent des mouvements en plusieurs petits États. Puis ils invitèrent tous les Allemands sans exception, Allemands d'Autriche inclus, à se faire représenter par des députés dans un *Parlement* chargé de faire l'unité de l'Allemagne et de donner une constitution à cette Allemagne nouvelle. Ce Parlement fut élu au *suffrage universel*. Il se réunit à Francfort (1848-49).

En *Autriche*, les libéraux de Vienne firent une manifestation analogue à celle de Berlin. L'empereur renvoya Metternich qui gouvernait depuis 1809 et qui personnifiait l'absolutisme (p. 204) ; il prit des ministres libéraux et convoqua une *Assemblée constituante* élue au suffrage universel. Les droits féodaux furent supprimés en Autriche.

L'empereur d'Autriche étendait sa domination non seulement sur les Allemands d'Autriche, mais sur des peuples non allemands parlant des langues à eux. Chacun de ces peuples réclamant un parlement national où l'on discuterait en langue nationale. Les *Hongrois* réussirent à obtenir une *Assemblée constituante*. Les Tchèques de Bohême réunirent un congrès slave à Prague.

Si l'Autriche cédait en 1848, c'est que sa domination était menacée de tous côtés. En Italie, les habitants se soulevèrent dans les capitales des deux provinces qui appartenaient à l'Autriche, *Milan* et *Venise*, et chassèrent les Autrichiens. Un souverain italien, le roi de Sardaigne, dont la capitale était à *Turin*, venait d'accorder une *constitution* à ses sujets (mars 1848).

Les Italiens du Nord restaurèrent le titre de roi d'*Italie* créé par Napoléon Ier (p. 117) et proclamèrent Charles-Albert roi d'Italie.

La réaction en Europe. — L'Autriche envoya d'abord ses troupes dans le nord de l'*Italie*. L'armée autrichienne battit l'armée sarde et reprit Milan (août 1848). Venise fut assiégée par les Autrichiens.

Après avoir repris Milan, l'armée autrichienne repassa les Alpes et vint rétablir l'absolutisme en Autriche.

Vienne fut occupée par la troupe : les démocrates essayèrent de résister ; ils furent vaincus et les conseils de guerre firent fusiller leurs chefs. La constitution autrichienne fut *supprimée* (mars 1849).

Le nouvel empereur François-Joseph déclara alors qu'il ne tiendrait pas les promesses faites par son prédécesseur aux *Hongrois*. Les Hongrois se séparèrent de l'Autriche, firent de leur pays une *république* indépendante et réunirent des troupes.

L'armée autrichienne leur fit la guerre pendant 8 mois sans pouvoir les vaincre. Alors le tsar Nicolas, partisan de l'absolutisme, envoya en Hongrie une armée russe qui fit capituler l'armée hongroise. Les Autrichiens fusillèrent ou pendirent tous les chefs du mouvement hongrois. La Hongrie perdit son autonomie et sa constitution.

GARDIEN DE LA PAIX SOUS LA SECONDE RÉPUBLIQUE.

Le roi de *Prusse* imita l'exemple de l'Autriche. Il fit occuper Berlin par la troupe, déclara la nouvelle assemblée dissoute ; toutefois il ne supprima pas la constitution, il la modifia de manière à rendre au roi une partie de son autorité (1849-1850).

Le Parlement allemand réuni à Francfort décida de restaurer l'*Empire d'Allemagne* supprimé en 1806 (p. 122). Il fit offrir la couronne impériale au roi de Prusse qui la refusa en disant qu'il ne voulait pas la tenir des députés, mais de princes ses égaux. Les autres souverains allemands déclarèrent qu'ils ne voulaient pas être subordonnés à un empereur. Ils ordonnèrent à ceux de leurs sujets qui étaient députés au Parlement de rentrer chez eux. Alors les démocrates se soulevèrent contre les princes dans plusieurs États, surtout à *Bade* (1849).

L'armée *prussienne* fut envoyée au secours des princes : elle réprima les révoltes, fusilla tous les insurgés qui furent pris (1849). Les Allemands démocrates qui purent s'échapper se réfugièrent en France et en Angleterre. L'Allemagne redevint conservatrice.

Le dernier acte de la réaction se passa en Italie. Au printemps de 1849 le roi libéral de Sardaigne, voyant les Autrichiens occupés en Hongrie, recommença la guerre et essaya de reprendre Milan aux Autrichiens. Il fut battu et rejeté en Piémont.

Venise résista plus d'un an; les Autrichiens la firent capituler en août 1849.

L'expédition de Rome. — A Rome, les républicains avaient chassé le pape Pie IX et proclamé la *République romaine*. Le pape demanda du secours à toutes les puissances catholiques pour reprendre les États de l'Église aux républicains. L'Autriche lui envoya une armée qui occupa les provinces pontificales du Nord.

Les républicains italiens comptaient sur l'appui des républicains français, En 1848 la Constituante avait invité le président à secourir le roi libéral de Sardaigne contre les Autrichiens : le président Louis-Napoléon demanda des crédits en laissant croire qu'il les emploierait suivant le vœu de la Constituante, mais il envoya une expédition *contre* la *République romaine*, pour rétablir le pape.

Le 13 juin 1849, Ledru-Rollin et les Montagnards convoquèrent les Parisiens à une manifestation sans armes pour protester contre l'expédition de Rome au nom de la Constitution. Un article de la Constitution, imité de celle de 1791, disait en effet : « La République française respecte les nationalités étrangères et n'emploiera jamais ses forces contre la liberté d'aucun peuple. » Les manifestants se réunirent en petit nombre. Changarnier les fit envelopper et saisir par la troupe. Ledru-Rollin put s'enfuir en Angleterre. 32 députés furent poursuivis.

Le gouvernement proclama l'état de siège à Paris, *suspendit* la liberté de réunion et rétablit le *cautionnement* pour les journaux; on le porta à 24 000, puis à 50 000 francs. Lamennais, obligé de renoncer à publier son journal, écrivit que cette mesure signifiait : « Silence aux pauvres! »

La loi Falloux. — Les catholiques profitèrent de l'occasion pour demander le droit d'enseigner non plus seulement au nom de la liberté comme sous Louis-Philippe, mais sous prétexte de « combattre le spectre rouge! » « La majorité, dit Montalembert, membre de l'Assemblée législative, a été envoyée pour combattre le socialisme. Il faut choisir entre le socialisme et le catholicisme. » Il disait encore : « A l'armée démoralisatrice et anarchique des instituteurs, il faut opposer l'armée du clergé. »

Des bourgeois, comme Thiers, qui n'étaient pas croyants mais conservateurs, se rallièrent par intérêt à cette politique. Après la révolution de 1848, Thiers avait dit : « Courons nous jeter aux pieds des évêques. » Il disait encore que « le meilleur gendarme est le curé ». Il accusait les écoles normales d'instituteurs d'être « de véritables petits clubs silencieux, foyers des plus mauvaises passions ». Il déclarait : « J'aime mieux pour maître d'école un ancien sous-officier qu'un élève sortant de l'école normale ».

La coalition réactionnaire vota en mars 1850 la *loi Falloux*, ainsi appelée du ministre catholique qui la prépara. Dans l'enseignement primaire, cette loi permit d'établir des écoles privées à côté des écoles publiques : elle plaça l'école publique sous la surveillance du curé et ordonna d'y enseigner le catéchisme; elle fit entrer les curés et les évêques dans les conseils chargés d'administrer les écoles et de nommer les instituteurs. L'enseignement primaire ne devint pas gratuit malgré la promesse de la Constitution. « L'instruction, avait dit Thiers, est un commencement d'aisance, et l'aisance n'est pas réservée à tous. »

Dans l'enseignement secondaire, l'Assemblée abolit le monopole universitaire créé par Napoléon (p. 167).

On vit aussitôt ressusciter l'enseignement congréganiste qui était mort depuis le Consulat et les congrégations enseignantes, dont beaucoup avaient disparu de France sous la Révolution et l'Empire. Les riches, effrayés par la république et le socialisme, confièrent leurs fils aux établissements ecclésiastiques, au lieu de les envoyer au lycée. Avant 1848, la classe dirigeante était en partie libérale et incroyante. Après 1848, elle devint *cléricale* par peur du socialisme.

Continuant l'œuvre de réaction, la majorité « épura le suffrage universel » en le retirant à ceux que Thiers appelait « la vile multitude ». Une loi de mai 1850 exigea, pour être électeur, trois ans de domicile, ce qui écartait la plupart des ouvriers, et retira le droit de vote à tous ceux qui commettraient un délit politique. 3 millions de citoyens perdirent le droit de vote, au grand détriment du parti républicain. Ces mesures furent appelées par les démocrates « l'expédition de Rome à l'intérieur ».

Le coup d'État de 1851. — Louis-Napoléon montra bientôt qu'il voulait faire tourner la réaction à son profit personnel. Il renvoya ses ministres royalistes et catholiques et les remplaça par *des amis* à lui; il mit à la tête des troupes de Paris des *généraux* dévoués à sa personne.

A l'automne de 1850, on entendit pour la première fois des cris de « Vive l'Empereur! » poussés à son adresse dans des voyages qu'il fit en province et dans une revue passée près de Paris. Alors une partie des royalistes, inquiets, se séparèrent de lui ; l'Assemblée se trouva coupée en *trois groupes*: royalistes, partisans du président, républicains, qui s'accusaient réciproquement de complots; aucune mesure importante ne put être votée.

Le président demanda une revision de la Constitution afin de pouvoir se faire réélire; la majorité se prononça contre. Les royalistes, sachant qu'il recourrait à la force, proposèrent de donner au président de l'Assemblée le droit de requérir les troupes pour la défendre en cas de besoin. Mais les républicains, qui soupçonnaient les royalistes de vouloir faire un coup d'Etat, s'unirent aux amis du président pour faire repousser la mesure (17 novembre 1851).

Les amis du président le décidèrent à faire sans tarder le coup d'État qu'on préparait depuis deux ans. Louis-Napoléon choisit le 2 décembre parce que c'était le jour *anniversaire* d'Austerlitz.

Dans la nuit qui précéda le 2 décembre 1851, tous les chefs royalistes et républicains furent arrêtés par la police. En même temps les troupes occupèrent la salle de l'Assemblée et divers points de Paris.

Répression des résistances. — A Paris deux groupes de députés essayèrent de se réunir dans des mairies pour prononcer la déchéance du président; ils furent dispersés. Quelques républicains élevèrent une barricade dans le faubourg Saint-Antoine : là le député Baudin essaya de soulever les ouvriers. L'un d'eux lui répondit : « Plus souvent que nous nous ferions tuer pour vous conserver vos 25 francs par jour! »

La troupe arriva; Baudin fut tué tandis qu'il essayait de rappeler les soldats au respect de la loi : ses compagnons se dispersèrent.

Les auteurs du coup d'État avaient besoin de décapiter le parti républicain; le 4 décembre la troupe tira sur une foule de Parisiens inoffensifs qui se promenaient sur les boulevards, tua des hommes, des femmes et des enfants; aussitôt, le gou-

INTÉRIEUR D'UNE GRANDE FERME DANS LE CENTRE DE LA FRANCE EN 1849

Une seule grande pièce sert de cuisine et logement. Le sol est de terre battue. Beaucoup de maisons paysannes présentent encore ce type. Les hommes mangent dans une écuelle qui sert alternativement d'assiette à soupe et de verre à boire.

vernement, sous prétexte de complot, arrêta plusieurs milliers de républicains à Paris.

Dans une quinzaine de *départements*, des républicains ou des socialistes soulevèrent les électeurs et essayèrent de marcher sur le chef-lieu pour en chasser le préfet bonapartiste. Toutes ces tentatives furent réprimées.

Le gouvernement proclama l'état de siège dans 32 départements. Il chargea soit des conseils de guerre, soit des commissions présidées par un général de juger sans appel ceux qu'on soupçonnait de vouloir résister. Le président se donna le droit de déporter sans jugement tous ceux qui seraient soupçonnés d'appartenir à une société secrète. On arrêta dans toute la France jusqu'à 100 000 suspects. 15 000 personnes furent condamnées à des peines diverses, 10 000 déportées, principalement en Algérie. Un grand nombre de républicains durent chercher refuge à l'étranger. L'opposition n'eut plus de chef en France.

Les auteurs du coup d'État firent publier que s'ils avaient employé la force c'était pour prévenir une grande conspiration *socialiste* qui se préparait en France et en Europe. Il fallait, dit un publiscite à leur solde, choisir « entre le règne de la torche et le règne du sabre ». Le chef des *catholiques*, Montalembert, approuva le coup d'État.

L'Empire. — On n'osa pas d'abord supprimer le nom de république. Louis-Napoléon garda pendant un an le titre de prince-président.

Le gouvernement invita tous les Français à répondre par oui ou par non à cette déclaration : « Le peuple français veut le maintien de l'autorité de Louis-Napoléon Bonaparte et lui accorde les pouvoirs pour établir une constitution. » Ce fut le *plébiscite* du 10 décembre 1851. Le gouvernement déclara que les réponses se divisaient en 7 740 000 oui et 647 292 non.

Le président fit procéder à l'élection des nouveaux députés; on n'admit à siéger que ceux qui prêtèrent *serment* de fidélité au président. On exigea le même serment de tous les fonctionnaires ou officiers et on destitua ceux qui le refusèrent.

En 1852, le Président fit en France un grand voyage pour se rendre compte de l'opinion. Les préfets le firent recevoir aux cris de « Vive l'Empereur! » Revenu à Paris, il obtint sans peine du Sénat que le peuple français fût consulté sur une modification de la Constitution pour « rétablir la dignité impériale dans la personne de Louis-Napoléon Bonaparte ». Ce second *plébiscite* eut lieu : on déclara qu'il avait donné 7 839 000 oui contre 53 000 non. Le 2 décembre 1852, le prince-président se fit proclamer empereur sous le nom de Napoléon III.

Questionnaire.

Le gouvernement provisoire (24 février-9 mai 1848). — Qu'était-ce que la réforme électorale. La campagne des banquets. Journée du 23 février. Pourquoi la révolution se fit-elle le 24 février? Comment fut établi le gouvernement provisoire? De qui fut-il composé? Par qui et où la République fut-elle proclamée? Combien de temps le gouvernement provisoire dura-t-il? Établissement du suffrage universel. De quels souvenirs s'inspirèrent les républicains de 1848? Liberté de la presse, de réunion.

Que réclamaient les ouvriers? Que fit le gouvernement pour eux? Qu'est-ce que les coopératives de production? Que furent les ateliers nationaux? Pourquoi échouèrent-ils?

L'Assemblée constituante (mai 1848-mai 1849). — L'Assemblée Constituante? Qu'était-ce que la contribution des 45 centimes? Pourquoi les républicains et les Parisiens furent-ils mécontents de l'Assemblée? Journée du 15 mai.

Causes des journées de juin. Qui dirigea la répression? Conséquence des journées de juin.

Constitution de 1848. Abolition de l'esclavage. Avait-il été aboli auparavant (p. 12)? Depuis quand était-il rétabli (p. 117)? Comment appliqua-t-on le principe de la souveraineté nationale? celui de la séparation des pouvoirs?

Comment était choisi le président? Qu'était-ce que Louis-Napoléon? Pourquoi fut-il élu? Dans quel parti prit-il ses ministres?

L'Assemblée législative (1849-1851). — Quels étaient les partis en présence et leurs forces?

Mouvements de 1848 : en Prusse, en Allemagne, en Autriche, en Hongrie, dans les provinces autrichiennes d'Italie. Rôle du roi de Sardaigne. Quel gouvernement y prit le principal rôle dans la réaction? Réaction à Milan, à Vienne, en Hongrie. République hongroise. Intervention des Russes.

Réaction en Allemagne. Qui la dirigea?

Réaction de 1849 en Italie.

La République romaine. Intervention de l'Autriche, de la France. Qui protesta en France?

Politique intérieure des catholiques français. Qu'est-ce que la loi Falloux? Ses conséquences. Qu'appela-t-on l'expédition de Rome à l'intérieur?

Le coup d'État et l'Empire (1851-52). — Politique personnelle du président? Les partis en 1851. Le coup d'État. Tentative de résistance : à Paris, dans les départements. La répression. Qu'est-ce qu'un plébiscite (p. 101)? Le plébiscite de 1851. Le plébiscite de 1852. Son résultat.

SUJETS COMPLÉMENTAIRES

Épisodes de la période démocratique et sociale d'après les Mémoires de Caussidière ; la Naissance de la République, *par de la Hodde; l'Histoire des ateliers nationaux, par Thomas, publications contemporaines, et l'*Histoire de la Révolution de 1848, *par Louis Blanc.*

Lecture et commentaire de chansons républicaines et ouvrières de Pierre Dupont.

Épisodes locaux du coup d'État, d'après E. Tenot, Paris en décembre 1851 ; La province en décembre 1851.

CHAPITRE XVI

LE SECOND EMPIRE

La Constitution de 1852 et l'Empire. — La nouvelle Constitution fut inspirée de celle du Consulat (p. 101-102). L'Empereur exerçait le pouvoir exécutif sans contrôle. Le pouvoir législatif appartenait à un *Corps législatif* élu pour six ans au suffrage universel; mais cette Assemblée ne pouvait qu'accepter ou refuser les projets de lois présentés par l'empereur et les ministres, elle n'avait le droit ni de les annuler, ni d'en préparer d'autres; elle ne siégeait que trois mois par an. Un *Sénat* composé de membres nommés à vie par l'Empereur était chargé de veiller au maintien de la Constitution et de la reviser si l'Empereur le demandait.

Cette Constitution maintenait le *suffrage universel* et le principe de la *souveraineté du peuple* : en réalité, tous les pouvoirs appartenaient à l'Empereur. Napoléon III prétendait que le peuple lui avait confié la souveraineté par le *plébiscite*; il consentait à consulter le peuple par plébiscite, mais seulement quand il le jugerait à propos et sous la forme qu'il lui plairait.

Napoléon III. — L'Empereur s'installa dans les anciens palais royaux, il eut une *cour* somptueuse sur le modèle de celle de Napoléon Ier; il eut une *garde impériale*, corps d'armée composé de régiments des différentes armes avec de beaux uniformes.

Napoléon III aurait voulu épouser une princesse appartenant

à une famille régnante de l'étranger; mais il ne put y parvenir, car les souverains légitimes le considéraient comme un aventurier. Il épousa en 1853 une Espagnole, la comtesse *Eugénie* de Montijo et il en eut un fils, le prince impérial.

L'Impératrice était très catholique, très conservatrice et se prononçait pour un gouvernement autoritaire. Napoléon III qui avait été jadis conspirateur libéral en Italie, puis avait passé de longues années en Angleterre, était partisan en politique étrangère de l'affranchissement des *nationalités* latines opprimées et désirait à l'intérieur améliorer la condition *matérielle* des ouvriers. Mais il n'eut jamais la moindre énergie, il se laissait imposer les volontés de son entourage.

L'Empire autoritaire (1852-1859). — Les journaux ne pouvaient se fonder sans une *autorisation préalable* que le gouvernement accordait ou refusait à son gré; ceux qui étaient autorisés à paraître recevaient, s'ils déplaisaient, des *avertissements*; au second avertissement, le journal était suspendu, au troisième, supprimé. Avec ce régime on se débarrassa des journaux opposants.

Pendant les élections, le gouvernement présentait dans chaque circonscription un *candidat officiel* dont les affiches étaient sur papier blanc avec en-tête administratif. Les candidats opposants n'avaient pas le droit de faire des réunions publiques pour s'expliquer devant les électeurs. Les maires, nommés par le gouvernement, changeaient, en fraude, les bulletins au nom des opposants; on remaniait les circonscriptions de manière à assurer la majorité au gouvernement. Enfin les députés élus étaient obligés, comme les fonctionnaires, de prêter serment de fidélité à l'Empire.

Avec ces procédés, on n'eut pas un seul opposant dans la première législature (1851-57). Aux élections de 1857, *cinq* libéraux modérés furent élus à Paris et à Lyon; ils acceptèrent de prêter serment à l'Empereur pour pouvoir siéger; jusqu'en 1863, ils constituèrent toute l'opposition.

A la *Chambre*, les séances n'étaient pas publiques et il était défendu d'en publier le compte rendu détaillé. Les députés n'avaient pas le droit d'interpeller le gouvernement. Les ministres, pris hors de la Chambre, ne paraissaient jamais à la

Chambre. Le président de la Chambre était nommé par l'Empereur et non pas élu par les députés.

Enfin, dans tout le pays, les actes des fonctionnaires et des

L'EMPEREUR NAPOLÉON III, d'après une peinture de H. Flandrin.

L'Empereur porte le costume de général avec le grand cordon de la Légion d'honneur. Derrière lui, un buste de Napoléon Ier.

autres citoyens étaient surveillés par de nombreux agents de *police* ou informateurs secrets.

En 1858 des révolutionnaires italiens jetèrent des bombes

sur la voiture de Napoléon III. L'Empereur échappa, mais 156 personnes furent tuées ou blessées. Napoléon III, effrayé, fit voter la *loi de sûreté générale*; elle permettait d'arrêter et de déporter tous ceux qui avaient été compromis de 1848 à 1852 ou tous ceux qui commettaient un délit politique. On prit comme ministre de l'intérieur un général qui ordonna à chaque préfet de faire arrêter et déporter un certain nombre

BÉNÉDICTION DE LA LIGNE DU CHEMIN DE FER DE NANCY A PARIS, LE 17 JUIN 1852

Au premier rang, à côté de l'évêque qui bénit le train, le préfet du département : derrière lui, les autorités.

de suspects. Le général fixait un chiffre « proportionné à l'état général de l'esprit dans le département ».

Le chiffre fut de 100 à Paris, de 4 à 20 dans les départements : les préfets durent l'atteindre. A La Rochelle un contremaître fut arrêté sur une dénonciation calomnieuse due à la vengeance. Son patron réclama pour lui. Le ministre répondit : « Il est au Havre, en route pour Cayenne, nous ne pouvons revenir sur nos décisions ». 2 000 personnes furent arrêtées, 300 déportées.

La guerre de Crimée (1855-56). — Napoléon III resta

l'ami du gouvernement anglais pendant tout son règne; ainsi se continua l'*entente cordiale* franco-anglaise commencée sous Louis-Philippe (p. 219). Mais Napoléon III n'était pas comme Louis un partisan de la paix. Il désirait acquérir la gloire mili-

COSTUMES DE FEMMES A LA FIN DU SECOND EMPIRE; d'après un tableau de A. Stevens (musée de Bruxelles).

Robes de soie à jupes amples; l'une des élégantes porte encore le châle, dont la mode tire à sa fin.

taire à l'exemple de son oncle et faire la guerre pour « *déchirer les traités de 1815* » et agrandir la France.

Il commença par une guerre qu'inspiraient des raisons personnelles. Les Anglais demandèrent à Napoléon de les aider à arrêter le tsar *Nicolas* Ier qui s'apprêtait à prendre une partie de la Turquie. Or Nicolas avait tout d'abord refusé de reconnaître Napoléon et l'Empire. Napoléon, qui lui en gardait rancune, fit la guerre contre lui de concert avec les Anglais : ce fut l'expédition de Crimée, qui dura plus d'un an : on y employa pour la première fois des batteries flottantes revêtues d'une *cuirasse* d'acier et des *torpilles* dormantes ou mines.

Les Anglais et les Français furent vainqueurs ; la question d'Orient fut réglée dans un *Congrès* tenu à *Paris* (1856) où Napoléon III apparut comme l'arbitre de l'Europe ; conformément à ses idées, il fit accorder l'autonomie à une nation de

LA « GLOIRE », PREMIER CUIRASSÉ, CONSTRUIT EN 1860

La Gloire *était une frégate, c'est-à-dire appartenait au type de navire de guerre qui venait immédiatement après le « vaisseau » à trois ponts ou batteries de canons : elle pouvait aller soit à la voile, soit à la vapeur. La forme du navire et la disposition des canons étaient toujours celles de l'ancienne marine ; mais les anciennes roues à aubes ont disparu : c'est une hélice placée à l'arrière qui pousse le bateau.*

Avant la Gloire *on avait construit quelques batteries flottantes cuirassées, pour l'attaque des ports russes, pendant la guerre de Crimée ; mais ce n'étaient pas des navires rapides comme celui-ci.*

la langue latine, la *Roumanie*, qui occupe les plaines du Bas-Danube entre la Turquie et la Russie.

Prospérité matérielle. — Les premières années du second Empire furent l'époque où les capitalistes construisirent les grandes lignes de *chemin de fer*, concédées sous Louis-Philippe (p. 228), où ils développèrent les lignes de navigation à vapeur. Marseille continua ses progrès. *Le Havre*, choisi comme point de départ pour les États-Unis, devint un port de premier rang. L'industrie du *sucre de betterave*, qui avait commencé péniblement en 1809, prit un essor considérable. La soierie de Lyon, grâce au luxe de la cour et de Paris, atteignit une prospérité extraordinaire. La fabrication de rails, de locomotives, de machines industrielles, de cuirasses pour navires,

LE « NAPOLÉON III », PAQUEBOT TRANSATLANTIQUE (1863), d'après une peinture conservée à la Compagnie transatlantique.

Les premières lignes transatlantiques à vapeur, en France, furent organisées sous Napoléon III : au Havre pour les États-Unis, à Saint-Nazaire et à Bordeaux pour l'Amérique centrale et méridionale, plus tard à Marseille pour l'Extrême-Orient par le canal de Suez (inauguré en 1869). La gravure représente un des premiers paquebots à vapeur; il a conservé une haute mâture capable de porter les voiles : sa machine fait mouvoir des roues à aubes : il est construit en bois.

de bâtiments en fer au lieu de bois, développa le Creusot et les autres établissements métallurgiques de France.

L'Empire fit transformer *Paris* en ville moderne : on traça, à la place des vieilles rues étroites, de larges boulevards plantés d'arbres, on aménagea le Bois de Boulogne en parc, on créa des promenades, on creusa le réseau d'égouts, on amena l'eau potable par des aqueducs.

La première *exposition universelle* se tint à Paris en 1855 et réussit parfaitement.

Tous ces travaux donnaient de l'ouvrage aux ouvriers et permettaient aux riches de gagner de l'argent par l'achat et la vente de terrains, par la participation aux entreprises.

Le nombre des sociétés par actions s'accrut ; des banques nou-

LA « LORRAINE », PAQUEBOT TRANSATLANTIQUE LANCÉ EN 1900 (d'après une photographie).

Bâtiment en acier, sans voilure, ne conservant que des mâts à signaux, en acier. Il est mû par une hélice. Les dimensions des paquebots, leur vitesse sont le double de ce qu'elles étaient au début, sous Napoléon III. Les plus grands de tous, les derniers paquebots allemands et anglais, dépassent 200 mètres de long et parcourent environ 50 kilomètres à l'heure.

velles comme le *Crédit Lyonnais* se fondèrent alors. Le *Crédit foncier* fut organisé pour prêter sur hypothèque aux constructeurs de maisons. Une partie de la classe ouvrière, les paysans et la bourgeoisie attribuaient à l'Empire cette prospérité qui était l'effet d'un développement économique général. Proudhon disait que la bourgeoisie veut des affaires. « Des opinions et des partis, elle s'en raille... Ce que demande la bourgeoisie, c'est le bien-être, les jouissances, le luxe, c'est de l'argent. »

Les Traités de Commerce (1860). — Le prix de la vie augmenta comme il arrive dans toutes les époques où l'argent est abondant. L'Empereur voulut rendre la vie moins chère pour les ouvriers; il se laissa persuader de suivre l'exemple de l'Angleterre industrielle qui depuis 1846 avait réduit ses droits de douane.

En 1860, il conclut avec l'Angleterre un *traité de commerce* qui établissait pour les échanges des deux pays un tarif très modéré : c'était la *liberté commerciale* au lieu du protectionnisme jusqu'alors en usage. Les habitants des ports et les gens qui vivent du commerce extérieur se réjouirent de ces mesures, mais une partie des agriculteurs et les industriels en furent mécontents. Le traité n'en fut pas moins appliqué, malgré la Chambre, mais l'Empire perdit une partie de ses défenseurs. La plupart des autres pays imitèrent l'exemple de la France et de l'Angleterre.

UN PHARE SOUS LA RESTAURATION; LA TOUR DU BOUCAU (BASSES-PYRÉNÉES); d'après une lithographie.

Les phares primitifs étaient éclairés à l'huile, au bois, au charbon : leurs feux ne portaient pas loin.

La Guerre d'Italie (1859). — Les patriotes italiens avaient essayé de tuer Napoléon (p. 257) parce qu'il ne tenait pas le serment de délivrer l'Italie, qu'il avait fait dans sa jeunesse, alors qu'il conspirait avec les libéraux italiens (p. 245). Craignant un nouvel attentat, Napoléon III s'allia au roi de Sardaigne pour chasser les Autrichiens de l'Italie; ses troupes battirent les Autrichiens à Magenta, à Solferino et prirent le

Milanais, qui fut donné à la Sardaigne en échange de la *Savoie* et de *Nice*, incorporés à la France (1859-1860).

Alors les Italiens sujets des petits princes du centre et du sud se soulevèrent et appelèrent le roi de Sardaigne pour faire partie de l'Italie unifiée : le pape perdit ainsi les trois quarts de ses États. Napoléon III exigea qu'on lui laissât *Rome*. Néanmoins les catholiques français furent mécontents ; ils cessèrent de soutenir Napoléon III.

UN PHARE MODERNE (1897) : LE PHARE D'ECKMÜHL A PENMARCH (FINISTÈRE) ; d'après une photographie.

En 1822, le physicien Fresnel inventa un système de lentilles et de miroirs qui concentraient les rayons lumineux et les projetaient à de grandes distances. De nos jours on s'est mis à employer des sources de lumière plus intense : l'électricité, la gazoline, etc. Les feux des grands phares portent à plus de 100 kilomètres par temps clair.

Expédition du Mexique (1863-67).— En 1862, Napoléon III soutint au Mexique les *catholiques* contre les républicains et installa comme *empereur* dans ce pays un prince de la maison d'Autriche ; son intention était de créer un empire *latin* qui pût contrebalancer les États-Unis. Pendant près de cinq ans il maintint au Mexique les meilleures troupes françaises pour soutenir Maximilien contre la majorité des Mexicains. Mais les États-Unis obligèrent Napoléon à retirer ses soldats en 1867 ; les républicains mexicains reprirent alors le pouvoir et fusillèrent Maximilien.

Pendant que les Français étaient occupés au Mexique, les Russes écrasèrent une révolte des *Polonais* (1863). Puis la Prusse et l'Autriche battirent le *Danemark* et lui prirent deux provinces (1864).

Enfin la Prusse attaqua l'Autriche et la Confédération germanique, fut victorieuse à *Sadowa* (1866) et s'agrandit aux dépens des États allemands.

LA FORGE ET LE MARTEAU PILON DANS L'USINE CAIL, A PARIS, EN 1862; d'après une gravure de l'époque.
Le marteau pilon, mû par la vapeur, permet de forger rapidement d'énormes pièces.

Napoléon III essaya de réclamer à la Prusse des compensations en revenant sur les traités de 1815; il réclama la rive gauche du Rhin, mais la Prusse le menaça d'une guerre pour laquelle il n'était pas prêt et il ne put rien obtenir. Il songea

LES HALLES CENTRALES A PARIS SOUS LA RESTAURATION; d'après un tableau peint en 1827.

Les Halles centrales sont le marché où l'on vend en gros les produits d'alimentation envoyés à Paris par les producteurs : les marchands au détail, les restaurants, les pensions, les internats viennent s'y approvisionner. A cause des agrandissements de Paris, elles étaient devenues trop étroites vers le milieu du XIXe siècle.

à annexer la *Belgique*, mais Bismarck fit échouer ce projet en le dénonçant aux autres souverains de l'Europe. Il essaya enfin d'acheter le petit pays de *Luxembourg* à la Hollande, mais Bismarck s'y opposa.

Napoléon III cessait de jouer en Europe le rôle prépondérant qu'il avait paru tenir après la guerre de Crimée. Ses par-

LES GALERIES DES HALLES CENTRALES A PARIS EN 1905, d'après une photographie.

Sous Napoléon III on démolit les vieilles ***Halles centrales****; on agrandit l'espace qui leur était consacré, et on les reconstruisit en fer, sur les plans de l'architecte* Baltard (1851). *Sous le marché se trouvent de grands magasins en sous-sols.*

Comparez cette immense construction de fer et de verre au marché en pierres et bois construit sous Napoléon Ier et représenté p. 163.

tisans commencèrent à parler d'une guerre possible entre la Prusse et la France.

Les dépenses avaient été considérables à cause du luxe impérial, de la transformation de Paris et des guerres. Le budget était sans cesse en *déficit*. Le nombre des mécontents augmenta.

L'Empire libéral (1859-70). — Après la guerre d'Italie, qui mécontenta les catholiques, Napoléon III chercha à s'appuyer

PRISE DE LA BARRICADE DE LA RUE SAINT-MAUR, LE 16 MAI 1870; d'après une gravure du journal l'*Illustration*.

Essai d'insurrection républicaine dans un faubourg ouvrier de Paris, après le plébiscite de 1870 (p. 270). Cette émeute fut réprimée par la police et l'armée.

sur les libéraux. Il publia une *amnistie* qui permit aux déportés et exilés de rentrer en France (1859). Mais Victor Hugo et plusieurs autres déclarèrent qu'ils ne rentreraient en France qu'à la chute de l'Empire.

En 1860, l'Empereur accorda au *Corps législatif* le droit de discuter les actes du gouvernement, une fois par an, en répondant au discours du trône; il permit de publier le compte rendu complet des séances. La première réponse au discours du trône donna aux députés catholiques l'occasion de protester contre la politique italienne de l'Empereur.

Aux *élections de 1863* les opposants s'entendirent. On comptait parmi eux des républicains et des royalistes divisés en orléanistes comme Thiers et légitimistes comme Berryer ; ils formèrent une action libérale, ainsi appelée parce qu'ils réclamaient, suivant un mot de Thiers, les *libertés nécessaires* de la presse et de réunion. Ils firent passer 35 députés opposés à l'Empire.

Mais la nouvelle politique de Napoléon avait gagné quelques libéraux las d'être toujours dans l'opposition. L'un d'eux, Émile

CANON DE CAMPAGNE ADOPTÉ EN 1858

Ces canons se chargeaient encore par la bouche. Ils étaient faits de bronze.

Olivier, forma le *tiers parti* ou parti intermédiaire entre les impéralistes et les républicains. Le tiers parti acceptait le régime à condition qu'il continuât les réformes libérales.

Napoléon, toujours irrésolu, hésita plusieurs années entre le tiers parti et ses ministres qui ne voulaient pas de réformes. Il donna aux ouvriers le droit de coalition ou de *grève* par la loi de 1864, puis, après les échecs de sa politique étrangère, il se décida à faire des réformes politiques.

En 1868 une *loi sur la presse* permit de faire paraître un journal sans autorisation préalable.

Une autre loi permit de faire des *réunions publiques*, après une simple déclaration, sur des sujets politiques en temps d'élection, sur des sujets non politiques en temps ordinaire.

Les opposants en profitèrent. Un jeune journaliste parisien, Henri Rochefort, se fit connaître en publiant un pamphlet périodique, la *Lanterne*, contre l'Empereur et la Cour. Un jeune avocat originaire de Cahors, GAMBETTA, en défendant des gens poursuivis pour avoir voulu élever un monument en l'honneur d'une victime du coup d'État, fit contre le coup d'État un discours passionné qui le rendit célèbre.

Aux *élections de 1869* l'opposition républicaine et royaliste eut un tiers des députés élus. La majorité dans la Chambre appartint au parti d'Émile Ollivier appelé le centre.

CANTINIÈRE D'INFANTERIE DE LIGNE

Costume de parade des cantinières, aujourd'hui supprimé.

Le ministère Ollivier. — Jusque-là l'Empereur avait conservé ses ministres autoritaires. Il se décida à changer de régime.

Il donna au Corps législatif le droit d'élire son président, de proposer des lois, d'interpeller le gouvernement quand il le jugerait à propos. Il décida que les ministres pourraient être pris parmi les députés, qu'ils assisteraient aux séances et qu'ils devraient avoir la majorité pour gouverner. Puis il appela au pouvoir Émile Ollivier et ses amis (janvier 1870). Les républicains accusèrent Ollivier de trahison et l'attaquèrent à la tribune et dans la presse.

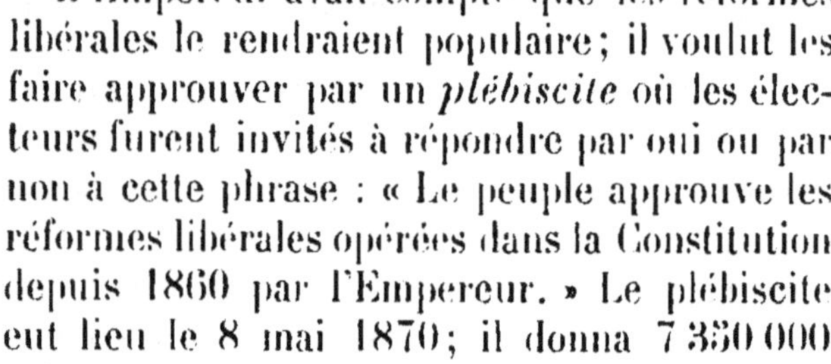

L'Empereur avait compté que les réformes libérales le rendraient populaire; il voulut les faire approuver par un *plébiscite* où les électeurs furent invités à répondre par oui ou par non à cette phrase : « Le peuple approuve les réformes libérales opérées dans la Constitution depuis 1860 par l'Empereur. » Le plébiscite eut lieu le 8 mai 1870; il donna 7 350 000 oui contre 1 450 000 non. On y vit un triomphe pour l'empire, parce que tous les opposants avaient conseillé de voter non.

Mais deux ministres libéraux, dont celui des affaires étrangères, avaient désapprouvé le plébiscite parce qu'ils pensaient que le droit d'approuver ou de désapprouver le gouvernement ne pouvait appartenir qu'au Parlement; ils donnèrent leur démission. Alors les *affaires étrangères* passèrent entre les mains d'un nouveau ministre, le duc de Gramont, qui prépara la guerre contre la Prusse, malgré l'Empereur et avec l'appui de l'Impératrice et des autoritaires.

Déclaration de guerre à la Prusse. — En 1870 les Espagnols, qui avaient chassé leur roi, offrirent la couronne à un Hohenzollern, parent éloigné du roi de Prusse et de religion catholique. Le duc de Gramont demanda au roi de Prusse d'interdire à son cousin d'accepter. Le roi de Prusse répondit qu'il ne pouvait rien faire.

Le prince de Hohenzollern refusa la couronne d'Espagne, ce qui donnait satisfaction à Napoléon III. Alors le gouvernement français fit demander au roi de Prusse par l'ambassadeur de France de s'engager à ne pas permettre au prince d'accepter s'il revenait sur la décision. Le roi refusa de prendre cet engagement.

Le ministre prussien Bismarck, qui voulait la guerre, fit publier que le roi avait refusé de recevoir l'ambassadeur de France, ce qui était faux.

Le ministre français des affaires étrangères, qui voulait aussi la guerre, prétendit que le roi de Prusse avait insulté la France; le gouvernement demanda au Corps législatif de l'argent pour faire la guerre. L'assemblée vota les crédits à une grande majorité. La France *déclara la guerre* à la Prusse le 19 juillet 1870.

L'Empereur croyait que l'Allemagne du Sud resterait neutre. Son espoir fut trompé. Le gouvernement français comptait sur l'appui du roi d'*Italie* et de l'empereur d'*Autriche*; ces souverains n'avaient pas fait de promesses précises,

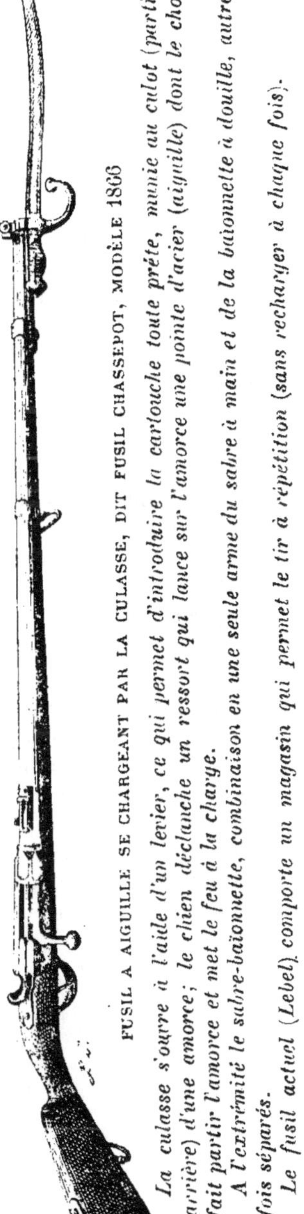

FUSIL A AIGUILLE SE CHARGEANT PAR LA CULASSE, DIT FUSIL CHASSEPOT, MODÈLE 1866

La culasse s'ouvre à l'aide d'un levier, ce qui permet d'introduire la cartouche toute prête, munie au culot (partie arrière) d'une amorce; le chien déclanche un ressort qui lance sur l'amorce une pointe d'acier (aiguille) dont le choc fait partir l'amorce et met le feu à la charge.

A l'extrémité le sabre-baïonnette, combinaison en une seule arme du sabre à main et de la baïonnette à douille, autrefois séparés.

Le fusil actuel (Lebel) comporte un magasin qui permet le tir à répétition (sans recharger à chaque fois).

mais ils avaient laissé entendre qu'ils pourraient intervenir. L'Autriche avait averti qu'elle n'était pas prête. La France ne pouvait donc avoir d'alliés que si elle était victorieuse.

Questionnaire.

L'empire autoritaire. — Comparer la Constitution de l'an VII et de 1852 : Président, Corps législatif, Sénat, Plébiscite.

Qu'était-ce que la Cour ? la garde impériale ? Différence avec les manières de Louis-Philippe. Opinions personnelles de l'Empereur.

Lois contre la presse. Qu'était-ce qu'un candidat officiel ? A quoi fut réduite l'opposition ? L'attentat de 1858. La loi de sûreté générale.

Qu'était-ce que l'entente cordiale ? Causes de la guerre de Crimée. Le Congrès de Paris. Ses conséquences.

Progrès matériel. — Les chemins de fer. Les lignes de navigation. Les usines. Transformation de Paris. La première exposition. Les banques.

Qu'est-ce que la liberté commerciale ? Quelle nation l'avait établie déjà ? Pourquoi Napoléon en fut-il partisan ? Qui en fut mécontent ?

L'empire libéral. — Guerre d'Italie. Changements territoriaux qui en résultèrent pour l'Italie, pour la France. Conséquences politiques.

Expédition du Mexique. Ses causes. Ses résultats. Sa durée. Que se passa-t-il en Europe pendant cette guerre ? Que réclama Napoléon après 1866 ? Pourquoi ne put-il rien obtenir ?

Pourquoi l'Empire devint-il libéral ? Mesures de 1859-60. Mesures de 1868. Forces de l'opposition. Le centre.

Ministère Ollivier. Le second plébiscite.

La Déclaration de guerre à la Prusse. La Prusse prit-elle seule les armes ? Napoléon eut-il des alliés ?

CHAPITRE XVII

LA GUERRE DE 1870-71

Les deux armées. — L'armée active française était très solide; elle se composait d'hommes qui faisaient sept ans de service, et comptait une forte proportion de rengagés ou d'anciens soldats revenus au régiment comme remplaçants : beaucoup avaient fait la guerre.

Le fusil Chassepot se chargeant par la culasse (p. 271) faisait de l'infanterie française la mieux armée de l'Europe : mais elle combattait encore en ligne bien ordonnées comme sur le champ de manœuvre, tandis que les Allemands faisaient commencer l'attaque par des tirailleurs qui s'abritaient derrière les obstacles pour dissimuler leur marche et pour faire feu à coup sûr.

L'artillerie française n'avait que des canons en bronze se chargeant par la bouche tandis que les Allemands avaient adopté les pièces d'*acier* se chargeant par la *culasse*, qui tirent plus vite et portent plus loin.

La cavalerie française manœuvrait en masse comme au temps où son rôle avait été surtout de charger; la cavalerie légère n'avait pas été habituée, comme les uhlans allemands, à se fractionner et à lancer de petits détachements très loin en avant et sur les flancs d'une armée, afin de l'éclairer, c'est-à-dire de renseigner ses chefs et de ne pas permettre à l'ennemi de parvenir assez près de la masse pour connaître ses forces et sa direction.

L'armée française était très inférieure en nombre aux armées allemandes; elle se trouvait dispersée dans toute la France et en Algérie; aux soldats de l'armée active devaient s'ajouter les réservistes (anciens soldats), mais les réservistes dépendaient souvent d'un corps très éloigné de leur résidence; beaucoup durent traverser la France deux fois, d'abord pour se faire habiller et armer aux magasins de leur corps, puis pour aller à la frontière.

Les transports de troupes par voie ferrée se firent au hasard, sans plan préparé à l'avance, avec des erreurs et des retards. Un général envoyé à Belfort télégraphiait qu'il n'y trouvait pas les troupes qu'on l'envoyait commander. La *mobilisation*, c'est-à-dire la mise sur pied de guerre et la concentration des troupes françaises, était loin d'être terminée quinze jours après la déclaration de guerre. Les soldats qui arrivaient continuaient à se grouper autour de sept corps (250 000 hommes) semés de Strasbourg à Châlons, sur une étendue de 250 kilomètres.

Dès le 31 juillet, les Prussiens avaient réuni 400 000 hommes près de la frontière du Nord-Est, menaçant la Lorraine (Metz) et l'Alsace (Strasbourg). A la tête des armées était le roi de Prusse Guillaume, mais le véritable chef fut le maréchal prussien de MOLTKE.

Les troupes des États allemands du Sud, alors indépendants, s'étaient jointes aux troupes prussiennes. A la nouvelle de la guerre, l'enthousiasme avait été très grand, partout en Allemagne. Les généraux étaient pleins d'une confiance que la rapidité de la mobilisation allemande et l'immobilité des Français portèrent au comble.

L'Alsace envahie. — Les armées allemandes se portèrent toutes ensemble sur le territoire français. A la frontière alsacienne, une armée prussienne surprit l'avant-garde de Mac-Mahon dans la ville française de *Wissembourg* et la mit en pièces après un combat acharné (4 août); ce fut le premier engagement sérieux.

Le reste des troupes de Mac-Mahon (45 000 h.), qui comprenait les zouaves et turcos d'Algérie, resta immobile au pied des Vosges alsaciennes; il y fut attaqué deux jours après par plus de 100 000 Allemands : ses troupes établies sur des hauteurs et dans trois villages, dont celui de *Frœschwiller*, résistèrent toute la journée avec courage; mais, au milieu de l'après-midi, elles furent écrasées par les obus de l'artillerie allemande supérieure à la française et débordées par l'adversaire qui cherchait à leur couper la retraite. Toutes les troupes avaient été engagées. Mac-Mahon fit charger en deux fois sa cavalerie composée de six régiments de cuirassiers pour arrêter l'ennemi ; les cuirassiers furent tués par les fantassins allemands barricadés dans les villages ou dissimulés dans les vignes et les houblonnières. Les restes de l'armée de Mac-Mahon, en partie débandés, s'échappèrent par les Vosges.

SOLDAT D'INFANTERIE DE LIGNE (1870)

Tenue de campagne très semblable à celle d'aujourd'hui, sauf les souliers et guêtres remplacés par les brodequins. Fusil Chassepot, sabre-baïonnette.

L'Alsace fut envahie, Strasbourg assiégé. Il ne resta pas un homme pour défendre les Vosges; dans le désarroi, on ne songea même pas à faire sauter le tunnel de Saverne par où la grande ligne Strasbourg-Paris traverse les Vosges; les voies ferrées, les gares, les wagons, le matériel étaient abandonnés intacts entre les mains des Prussiens. Personne n'avait prévu la défaite et n'avait songé à ce qu'on devrait faire en pareil cas.

Blocus de Metz. — Le jour de Frœschwiller, une autre armée allemande entrait en *Lorraine* et battait à *Forbach* le corps français de la frontière.

En Lorraine se trouvait la principale armée française, qui comprenait 200 000 hommes d'excellentes troupes, dont toute la garde impériale, et qui était groupée autour de Metz sous le commandement de Napoléon III secondé par le maréchal Bazaine.

A la nouvelle des désastres et de l'invasion, le Corps législatif renversa le ministère libéral qui avait déclaré la guerre et le remplaça par un ministère présidé par un général et formé d'amis de l'Impératrice, qui promettait de conduire plus vigoureusement les opérations et de sauver la dynastie.

Le maréchal Bazaine, que l'on croyait un habile homme de

guerre, fut nommé commandant en chef à la place de l'Empereur. Napoléon III sortit de Metz avec sa suite avant que la ville fût bloquée et rejoignit Mac-Mahon; il n'avait plus de commandement, mais le gouvernement le pria de ne pas rentrer à Paris, par crainte de manifestations populaires; il resta sans autorité, au milieu des troupes.

Bazaine essaya d'abord de ramener son armée vers Paris. Les Allemands l'attaquèrent, bien qu'en nombre inférieur, et réussirent à la rejeter dans Metz après deux grandes batailles (14 et 16 août). Dès lors Bazaine ne voulut plus risquer de perdre sa réputation de général. Il attendit les événements et resta immobile.

Le 18 août, de Moltke et le roi Guillaume réunirent 180 000 hommes contre l'armée de Metz et attaquèrent le corps du maréchal Canrobert, qui occupait une position avancée, le plateau de *Saint-Privat* : Canrobert écrasa la garde royale qui tentait un assaut contre ses positions, mais Bazaine ne le secourut pas ; Canrobert finit par être accablé et mis en déroute. 13 000 Français et 20 000 Allemands avaient été tués dans cette bataille, une des plus meurtrières. Dès lors Metz fut complètement bloqué par 160 000 hommes et les Allemands le considérèrent comme pris.

L'armée de Châlons — Une nouvelle armée française se formait au camp de Châlons où l'on recueillait les détachements et les réservistes arrivés les derniers, ainsi que les engagés volontaires. Mac-Mahon était à sa tête. Mac-Mahon proposait de barrer la route de Paris avec toutes les forces réunies. Mais l'Impératrice et le ministère ne voulurent pas avoir l'air de reculer; il fallait, disaient-ils, une victoire pour rendre à la dynastie son prestige. Ils ordonnèrent à Mac-Mahon de partir de Châlons avec les troupes disponibles pour aller rejoindre l'armée de Metz.

Mac-Mahon exécuta cet ordre à contre-cœur, avec une armée de 120 000 hommes, peu solide, et sans rien connaître de la marche des Allemands. Il avança lentement, sans ordre, et il arriva au bout de *huit jours de marche* sur les bords de la Meuse; pendant que ses divers corps échelonnés du nord au sud passaient la rivière, celui du sud se laissa surprendre par une des armées allemandes en marche sur Paris et fut mis en pleine déroute (30 août).

L'armée allemande qui venait d'attaquer était beaucoup plus faible que l'armée française. Mac-Mahon ne le savait pas. Il n'osa pas attaquer à son tour. Il abandonna la marche sur Metz et ne songea plus qu'à se dérober aux Allemands, en battant en retraite sur la place forte de Mézières, d'où il comptait revenir sur Paris.

Sedan. — Il crut pouvoir faire reposer un jour ses troupes sur les hauteurs qui dominent la petite place forte de *Sedan*, bâtie au bord de la Meuse. Il lui restait 90 000 hommes.

Une nouvelle armée allemande arriva et se joignit à celle qui poursuivait Mac-Mahon : les ennemis, au nombre de 140 000 avec 700 canons, attaquèrent de toutes parts les hauteurs ; ce fut la plus grande bataille d'artillerie de l'histoire après celle de Leipzig. L'infanterie de marine perdit Bazeilles après une résistance célèbre ; la cavalerie française chargea plusieurs fois l'infanterie allemande et fut détruite par les balles sans avoir pu l'aborder sérieusement ; le soir du 1er septembre les débris de l'armée française furent rejetés en désordre dans le creux de Sedan où les canons à longue portée allaient l'écraser. L'Empereur, qui avait suivi l'armée, et le général de Wimpffen, à qui Mac-Mahon légèrement blessé avait cédé le commandement, capitulèrent le matin du 2. Il n'y eut *plus d'armée française* en campagne.

Les Allemands dirigèrent une grande armée sur Paris, une autre vers la Somme, une autre vers Orléans ; ils ne rencontrèrent pas d'autre résistance que celle de quelques places fortes mal armées, à peu près sans garnison, qui se rendirent presque toutes à la première attaque.

Les Allemands occupèrent les lignes de chemin de fer, utilisèrent les wagons et les locomotives, firent administrer les départements par des fonctionnaires allemands et levèrent partout d'énormes contributions en argent et en nature. Quelques Français, peu nombreux, essayèrent de résister à main armée, soit seuls, soit organisés en bandes de *francs-tireurs*, distinctes de l'armée régulière. Tous ceux qui se laissèrent prendre par les Allemands furent fusillés. Les Allemands prirent de notables habitants comme otages en menaçant de se venger sur eux des actes des francs-tireurs. Ils brûlèrent des maisons dans les villages soupçonnés d'avoir donné asile aux francs-tireurs.

La République. — Le désastre de Sedan fut connu à Paris le soir du 3 septembre. Le Corps législatif discuta toute la nuit. Le 4 septembre, une foule de Parisiens envahit la salle des séances en criant : « Déchéance! Vive la République! » Les députés républicains se laissèrent entraîner par les manifestants à l'Hôtel de Ville de Paris. Ils proclamèrent la République et proposèrent de former un gouvernement provisoire composé des *députés républicains* de Paris ; la foule acclama les noms de ces députés. Les membres du gouvernement voulaient être assurés du concours de l'armée, dont ils avaient besoin pour défendre la France ; ils demandèrent au gouverneur de Paris, le général Trochu, breton catholique et royaliste, de se joindre à eux. Trochu accepta, à condition d'avoir la présidence, qu'on lui accorda. Le vice-président fut un républicain modéré, Jules Favre, avocat célèbre, membre de l'Académie française ; il prit le ministère des affaires étrangères, qui était alors le plus important avec celui de la guerre : la plupart de ses collègues étaient des républicains modérés, dont beaucoup avaient joué un rôle en 1848 ; à côté d'eux, un jeune avocat, élu député en 1869, GAMBETTA, fut le principal représentant des républicains radicaux.

L'Impératrice s'enfuit en Angleterre ; le ministère impérial, le Corps législatif, le Sénat cédèrent la place ; ils n'auraient pu se maintenir qu'avec l'aide des généraux, et toute l'armée de l'empire était en partie bloquée à Metz, en partie prisonnière. Dans les départements, Lyon, Marseille et plusieurs grandes villes s'étaient soulevées à le nouvelle de Sedan et avaient proclamé la République.

Le gouvernement de la Défense nationale. — La République fut bien accueillie, et la nation, en attendant l'élection d'une Assemblée constituante, parut accepter d'être dirigée par le gouvernement provisoire formé à Paris le 4 septembre.

Ce gouvernement prit le titre de *gouvernement de la Défense nationale* ; il resta au pouvoir pendant toute la durée de la guerre, du 4 septembre 1870 aux élections de février 1871. Il siégea à l'Hôtel de Ville de Paris. Il se laissa enfermer dans Paris assiégé; mais il avait *délégué* dans les départements son ministre de la marine qui avait les mêmes opinions que Trochu et deux de ses membres civils; le 9 octobre, Gambetta, qui s'était échappé de Paris en ballon, rejoignit ses collègues des départements.

GARDE MOBILE (1870)

Même équipement que pour le soldat d'infanterie. Costume improvisé: blouse, pantalon bleu à bande rouge.

La *Délégation*, composée de 4 membres, siégea à Tours, puis, après les défaites qui amenèrent la perte de cette ville, à Bordeaux. Elle fut en réalité dirigée par Gambetta qui voulait l'établissement de la République et la guerre à outrance. Gambetta nomma des fonctionnaires républicains à la place des bonapartistes; il fit réunir et équiper les armées improvisées qui résistèrent dans les départements.

Les armées improvisées. — Le gouvernement de la Défense n'avait à sa disposition que de faibles débris des corps actifs; de tous les régiments d'infanterie, deux seulement demeuraient intacts; avec les restes des autres et les engagés volontaires on fit des régiments provisoires appelés *régiments de marche*, commandés par des échappés de captivité et de vieux officiers revenus au service.

Comme les Prussiens n'avaient qu'une très petite flotte de guerre, la France n'avait pas besoin de toute une escadre; on débarqua 30 000 fusiliers et canonniers marins qui servirent sous des officiers de marine dans l'armée de la Loire et à Paris.

A la fin de l'Empire, on avait créé une garde nationale *mobile*, composée de jeunes gens exemptés du service militaire ou rachetés; on ne l'avait pas exercée. Le gouvernement demanda à chaque département un bataillon de *mobiles*, portant l'uniforme bleu avec bande rouge au pantalon, qui furent commandés par des officiers choisis parmi les notables du pays.

Puis on mobilisa les célibataires valides de la garde nationale. Ce furent les *mobilisés*, dont on ne se servit guère.

Le reste de la garde nationale, comprenant tous les citoyens valides qui ne servaient pas dans l'armée et commandée par des officiers élus, concourut au service des places fortes et fut chargée de maintenir l'ordre dans les villes.

Plusieurs *républicains* étrangers, des Polonais, l'Italien Garibaldi, vinrent se mettre au service de la République : autour d'eux se réunirent plusieurs de leurs anciens soldats ; les plus connus sont les Garibaldiens à blouse rouge.

Il fut très difficile d'armer les nouvelles armées : le gouvernement n'avait *pas d'argent* ; il en emprunta en France et à l'étranger, il dut payer des intérêts élevés. On manquait de chassepots et de canons, car l'Empire n'avait pas constitué de réserves en France ; on en fit fabriquer, et, pour les besoins immédiats, on acheta tous les lots d'armes de guerre à vendre, notamment celles qui provenaient de la guerre de sécession américaine ; on eut des armes et des munitions de toutes sortes et cette diversité contribua à rendre plus difficile l'instruction militaire des recrues.

Capitulation de Metz. — Le gouvernement comptait que Bazaine forcerait le blocus de Metz et reparaîtrait avec une partie de ses soldats aguerris, une centaine de mille hommes dans lesquels on pourrait encadrer les nouvelles recrues ; en attendant, le blocus de Metz immobilisait la moitié de l'armée allemande, celui de Paris l'autre moitié, et l'on pouvait préparer la défense dans les départements.

A Metz, Bazaine et la plupart de ses officiers étaient hostiles à la République ; ils méprisaient les armées imprivisées et croyaient que la France allait se résigner à traiter. Le maréchal résolut d'attendre ce moment qui lui permettait de devenir avec son armée le maître de la situation. Il resta immobile.

Enfin, comme la guerre continuait, il écouta un aventurier que Bismarck avait laissé entrer dans Metz et qui proposait à Bazaine de traiter avec les Prussiens au nom de l'Impératrice ; le maréchal comptait que Bismarck s'intéresserait à ce qu'il appelait le rétablissement de l'ordre, c'est-à-dire de la dynastie impériale. Bismarck se prêta à des négociations, mais pour gagner du temps. Au bout de deux mois les vivres s'épuisaient, les chevaux mouraient faute de fourrage, les troupes, en plein air, bivouaquant sur les plateaux voisins de Metz, souffraient beaucoup par l'effet de pluies continuelles.

Le 7 octobre Bazaine livra une dernière grande bataille à *Ladonchamps*, sans résultats. Il ne poursuivit pas sa tentative de sortie, mais il envoya son aide de camp au roi de Prusse pour lui demander à sortir de Metz avec son armée pour restaurer l'empire et faire la paix. Bismarck fit encore une fois traîner les négociations.

L'armée de Metz n'avait plus de chevaux ni de vivres. Bazaine *capitula* sans condition le 27 octobre 1870, livrant 173000 hommes campés autour de Metz, tout le matériel de guerre réuni à Metz et la place forte elle-même. 200000 Allemands retenus jusque-là par le blocus de Metz purent être jetés sur les armées improvisées de la Loire.

Tentatives de négociations. — Dès le 4 septembre, la plupart des hommes de la Défense nationale ne croyaient pas la résistance possible. Ils auraient souhaité traiter en payant une indemnité de guerre, mais ils ne voulaient céder aucune partie du territoire : « Ni un pouce de notre territoire, ni une pierre de nos forteresses », avait écrit Jules Favre quelques jours après le 4 septembre.

Jules Favre obtint, grâce à l'Angleterre, une entrevue avec Bismarck au château de Ferrières, près de Paris. Bismarck exigea la cession de l'Alsace; on ne put traiter (19 septembre). Le lendemain le *blocus de Paris* commençait.

Le gouvernement français avait envoyé auprès des cours étrangères Thiers, chargé de solliciter leur intervention pour faire conclure la paix.

L'*Angleterre* avait eu Napoléon III pour allié. Thiers s'adressa d'abord au cabinet anglais, qui ne voulut rien faire. Il trouva les mêmes dispositions à Vienne et à Saint-Pétersbourg. Enfin il essaya de décider *Victor-Emmanuel* à envoyer son armée au secours de la France. Le roi hésita, mais il se préparait à prendre Rome que les Français avaient évacué; ses ministres comptaient sur l'appui de l'Allemagne pour garder les États du pape : ils refusèrent d'intervenir.

Thiers obtint seulement par l'entremise de l'Angleterre et de la Russie, un sauf conduit pour aller à Versailles trouver le roi de Prusse et Bismarck, puis à Paris porter leurs conditions au gouvernement.

Thiers demandait un armistice pour permettre à la France de nommer une Assemblée qui traiterait de la paix; Bismarck exigea en échange un fort de Paris et déclara qu'il demanderait l'Alsace et deux milliards.

La nouvelle de la capitulation de Metz arriva sur ces entrefaites. Un journal révolutionnaire l'annonça à Paris, le gouvernement la démentit, puis fut obligé de l'avouer le lendemain; en même temps il laissait surprendre et enlever aux portes de Paris le village du Bourget qu'il avait pris aux Prussiens.

A ces nouvelles les gardes nationaux des quartiers ouvriers, conduits par les révolutionnaires, prirent l'Hôtel de Ville, arrêtèrent les membres du gouvernement et en établirent un de leur choix, qui fut chargé de faire la guerre à outrance; mais les mobiles bretons et les gardes nationaux des quartiers bourgeois reprirent l'Hôtel de Ville au bout de douze heures et le gouvernement fut rétabli (*31 octobre 1870*).

Le gouvernement français craignant d'être accusé de trahison rompit les négociations; d'autre part, Bismarck déclara qu'il ne voulait pas traiter avec un pouvoir si peu stable. La guerre continua.

L'armée de la Loire. — Les Bavarois (15000 hommes) avaient occupé Orléans où passent les routes directes de Paris vers le centre et le sud-ouest. Ils s'étaient avancés jusqu'au Loir et avaient pris *Châteaudun* après une résistance courageuse des gardes nationaux et des francs-tireurs. Gambetta réunit contre les Allemands d'Orléans une armée improvisée de 60000 hommes. Les Bavarois évacuèrent Orléans et furent repoussés du village de *Coulmiers* (9 novembre). Ce fut la première victoire et la seule importante des nouvelles armées.

L'armée française de la Loire fut portée à 250000 hommes. Gambetta aurait voulu la lancer sur Paris pour débloquer la ville avant l'arrivée des Allemands de Metz. Mais le général en chef d'Aurelles de Paladines ne croyait pas pouvoir attaquer avec ses soldats dont beaucoup ne savaient ni manœuvrer, ni

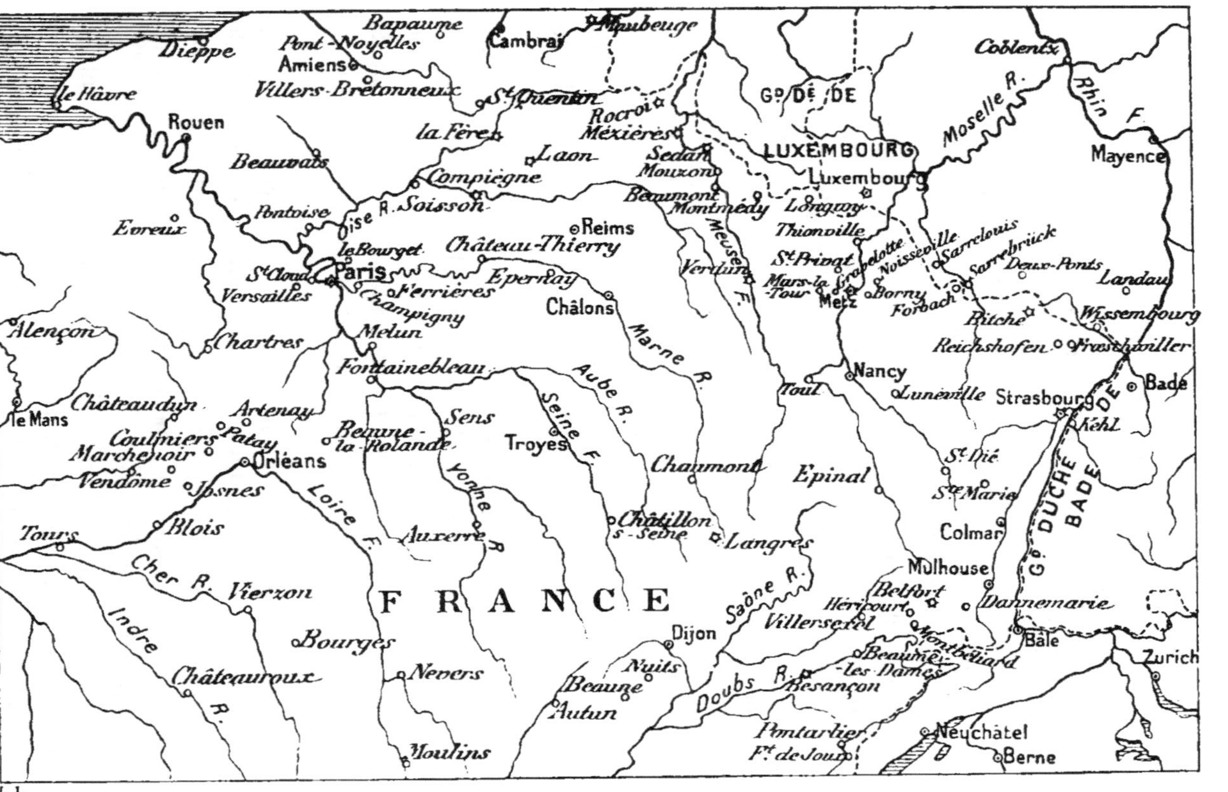

Guerre de 1870-71.

tirer; il voulait les garder et les exercer derrière des retranchements de campagne. D'abord la Délégation laissa faire le général. Mais elle apprit que Paris allait tenter une sortie. Elle ordonna d'attaquer. Les Allemands renforcés repoussèrent les Français à *Loigny*, reprirent Orléans (4 décembre) et coupèrent l'armée en deux. La Délégation quitta Tours pour Bordeaux.

La partie principale de l'armée de la Loire restait sur la rive nord : elle eut pour chef un général républicain partisan de la guerre à outrance, Chanzy, qui remplaça d'Aurelles destitué. Chanzy eut à supporter l'effort de toutes les troupes allemandes de la Loire qui cherchaient à l'écarter de Paris. L'hiver était très rigoureux. Les troupes de Chanzy en majeure partie formées de mobiles et mobilisés étaient peu solides; plusieurs corps se débandèrent. Seuls les marins étaient de véritables soldats. Chanzy dut reculer toujours plus loin vers l'ouest. Il résista quatre jours dans la forêt de Marchenoir, puis défendit pendant deux jours la ligne du Loir à Vendôme, enfin pendant une semaine celle de la Sarthe autour du Mans (6-12 janvier 71). Il fut alors rejeté derrière la Mayenne, en Bretagne. Les échecs de l'armée de la Loire enlevaient au gouvernement tout espoir de débloquer Paris.

L'armée de l'Est. — L'autre tronçon de l'armée de la Loire s'était replié sur Bourges; les Allemands occupés contre Chanzy ne purent l'attaquer. La délégation en donna le commandement à Bourbaki, l'ancien commandant de la garde impériale, et résolut de l'employer à faire une diversion dans l'est.

Les Allemands avaient occupé, le 30 octobre, après un combat, *Dijon*, où passent les routes de Paris vers l'est et le sud-est: mais les petits corps de Garibaldi et de Cremer protégeaient Lyon et Besançon. La place de *Belfort*, seule en Alsace, continuait à se défendre.

L'armée de Bourges fut chargée de rallier ces corps et de débloquer Belfort. L'hiver était rigoureux: le mouvement qui n'avait pas été préparé se fit dans un désordre et avec une lenteur extraordinaires. Néanmoins de Moltke ne put renforcer le corps de Dijon, qui évacua la ville et recula sans combattre devant les 130 000 hommes de Bourbaki.

A une journée de Belfort les Allemands s'arrêtèrent derrière l'Ognon. Bourbaki les chassa de *Villersexel* (9 janvier), mais il hésita quatre jours pendant lesquels les Allemands se fortifièrent sur des collines derrière la Lisaine: ils avaient mis en ligne tout ce qu'on pouvait distraire du corps qui bloquait Belfort: ils présentaient en tout 45 000 hommes.

La bataille s'engagea à 10 kilomètres de Belfort. Pendant trois jours Bourbaki s'obstina à attaquer de front *Héricourt*, sans essayer de profiter de sa supériorité numérique pour tourner la ligne ennemie (15-18 janvier). Il fut toujours repoussé; ses troupes se découragèrent. Il battit en retraite sur la place forte de Besançon avec une armée démoralisée par la défaite, le froid et le manque de vivres.

Plusieurs corps prussiens vinrent lui fermer toutes les routes. Bourbaki tenta de se suicider.

Le général Clinchant prit le commandement et essaya de battre en retraite sur Lyon le long de la frontière suisse. A Pontarlier il trouva le chemin coupé; alors il fit passer son armée (80 000 hommes) en *Suisse*, où elle fut désarmée et internée jusqu'à la fin des hostilités.

Belfort tint jusqu'aux derniers jours de la guerre; la garnison ne capitula qu'après l'armistice, sortit avec les honneurs de la guerre et ne fut pas prisonnière.

L'armée du Nord. — Les Allemands avaient occupé, le 25 octobre, Saint-Quentin sur la ligne de Paris à Bruxelles, le 30 novembre Amiens, le 5 décembre Rouen. Les Français gardaient toutes les places fortes d'Artois et de Flandre. A l'abri de ces places on forma l'armée du Nord qui devait contribuer à *débloquer Paris*; elle était bien moins nombreuse que l'armée de la Loire; elle ne compta que 35 000 hommes au plus et n'eut jamais de cavalerie; ses troupes étaient aussi peu solides que celles des autres armées. Elle eut pour chef un général républicain, Faidherbe. Faidherbe se proposait d'aguerrir ses troupes sans les risquer dans une action décisive. En décembre, il partit des places fortes, marcha sur la Somme et fut repoussé: le 3 janvier, il reparut, enleva le bourg de *Bapaume*, mais recula sans tenter de débloquer Péronne qui capitula le 10.

Faidherbe fit une troisième pointe, cette fois sur la route de Paris; la garnison allemande de *Saint-Quentin*, qui n'était pas nombreuse, lui céda la ville sans résistance, mais 30 000 Allemands vinrent l'attaquer dans la ville, coupèrent son armée en deux tronçons qui se réfugièrent dans les places fortes en abandonnant 9 000 prisonniers (19 janvier).

Le siège de Paris. — Paris avait été bloqué le 20 septembre. Le gouvernement s'y laissa enfermer. Pendant quatre mois la place ne communiqua avec la délégation et les armées de province qu'au moyen de *ballons* et de *pigeons* voyageurs.

La ville était défendue par ses remparts et par une ceinture de forts; mais ces forts, sauf un seul, le Mont-Valérien, établi sur la plus haute colline des environs immédiats de Paris, étaient dominés par les plateaux qui entourent Paris à l'est et au sud-ouest. On avait commencé à garnir ces plateaux d'ouvrages de campagne, mais on n'eut pas le temps de les achever et on les abandonna aux Prussiens. Ceux-ci purent ainsi resserrer le cercle d'investissement; ils disposèrent autour de la ville 235 000 hommes et les abritèrent par des retranchements à la fois contre la place et contre les tentatives du dehors. Les chemins de fer de la grande ceinture qui entourent Paris leur permettaient de porter rapidement des troupes et de l'artillerie sur les points menacés.

Les assiégés avaient pour se défendre : 1° l'armée active représentée par 14 000 marins et par deux régiments d'infanterie échappés à Sedan; 2° les régiments de marche et 90 bataillons de mobiles du bassin de la Seine, de Paris et de l'Ouest, composés en très grande partie de recrues sans instruction; 3° la garde nationale parisienne qui formait le gros des forces, mais aussi la partie la plus incohérente; 4° plusieurs corps de francs-tireurs. Le total faisait 500 000 hommes armés, souvent assez mal; la garde nationale n'avait que de vieux fusils transformés pour être chargés par la culasse (fusils à tabatière). On fabriqua des fusils, des canons, des munitions.

Le général Trochu et les autres généraux n'avaient aucune confiance dans la valeur militaire de l'armée de Paris: ils ne voyaient pas d'autre solution que la capitulation, mais ils ne l'avouaient pas de crainte de mécontenter l'opinion.

La population était en majorité républicaine et voulait la

guerre à outrance; elle avait été surexcitée par les défaites, par l'armement, les préparatifs de défense. Elle souffrit bientôt du manque de viande, de pain et de combustible; les autorités n'avaient pas établi de rationnement au début du siège, parce qu'elles ne croyaient pas qu'il durerait.

Pendant les deux premiers mois Trochu ne fit entreprendre que de petites opérations; il disait qu'il voulait simplement « chicaner l'ennemi ».

Après l'échec des négociations, et le soulèvement populaire du 31 octobre, le gouvernement résolut de faire un effort. Il avait appris que l'armée de la Loire allait se porter en avant; il décida de percer la ligne allemande au sud-est: on devait pour cela franchir la Marne, puis enlever le plateau de *Champigny* sur lequel les Prussiens étaient retranchés. Le général Ducrot, qui commandait la sortie, promit dans une proclamation de ne rentrer que mort ou victorieux. Mais on perdit un jour parce que les ponts ne purent être jetés sur la Marne en temps utile; les Allemands purent se renforcer. Après deux jours de combat séparés par une journée d'armistice, les Français ne purent escalader le plateau; les troupes qui bivouaquaient en plein air par un froid terrible étaient épuisées et démoralisées. Ducrot les ramena dans Paris : il avait perdu 10 000 hommes des meilleures troupes sur 100 000 engagés (30 novembre-2 décembre).

Jusqu'à la fin de décembre les Prussiens n'avaient fait aucune tentative d'attaque, comptant simplement sur la famine. Trouvant la résistance trop longue, ils commencèrent le 27 décembre à *bombarder* la ville avec de grosses pièces de siège placées sur les plateaux dont ils étaient maîtres. Ils ne tiraient pas seulement sur les forts et les remparts, mais aussi sur les maisons de la ville pour épouvanter la population civile. Les quartiers de l'ouest reçurent de 300 à 400 obus par jour.

Le gouvernement fit une dernière tentative dans laquelle il employa la garde nationale en même temps que l'armée. 100 000 Français escaladèrent les hauteurs de *Buzenval* à l'ouest pour marcher sur Versailles, qui se trouve à six kilomètres plus loin. 20 000 Allemands, retranchés derrière des murs crénelés et des ouvrages de campagne, les arrêtèrent. A la nuit les Français rentrèrent dans Paris (19 janvier).

Il n'y avait plus de vivres que pour quinze jours avec le rationnement le plus strict.

L'armistice. — Le gouvernement ne voulut plus retarder la capitulation; les révolutionnaires soulevèrent encore une fois contre lui les gardes nationaux des quartiers ouvriers, mais le soulèvement fut réprimé (22 janvier). Le lendemain Jules Favre se rendit à Versailles et conclut un armistice.

L'armistice donnait aux Allemands les forts de Paris, tous les fusils et les canons de l'armée; une division seulement restait armée ainsi que toute la garde nationale qu'on n'avait pas voulu mécontenter. L'armistice s'appliquait à toutes les armées de province, excepté celle de l'Est; mais Jules Favre oublia de prévenir l'armée de l'Est qu'elle ne bénéficiait pas de l'armistice; cela fut cause que l'armée de l'Est en retraite sur Pontarlier crut que l'armistice était pour elle comme pour les autres et s'arrêta quelque temps, tandis que les Prussiens achevaient de l'acculer à la Suisse.

L'Assemblée nationale. — L'armistice était conclu pour donner à la France le temps de nommer une Assemblée chargée de faire la paix.

Gambetta, qui continuait à inspirer la Délégation de Bordeaux, aurait voulu continuer la guerre et retarder les élections. Ses collègues de Paris l'obligèrent à céder; il donna sa démission. Bientôt tout le gouvernement provisoire remit ses pouvoirs à la nouvelle Assemblée.

Elle se réunit le 12 février 1871 à *Bordeaux*. Elle était en grande majorité pour la paix à tout prix; la France ne voulait plus de la guerre.

Vingt-sept départements étaient occupés et administrés par les Allemands; plus de 800 000 soldats étrangers cantonnaient en France; la France ne pouvait leur opposer que 250 000 soldats mal armés, mal équipés, démoralisés. 139 000 soldats français avaient été tués, 143 000 blessés, 300 000 étaient prisonniers, 80 000 internés en Suisse. Les dépenses dépassaient les recettes de 8 millions par jour.

Thiers, qui voulait la paix et avait accusé Gambetta de faire une « politique de fou furieux », venait d'être élu dans 26 départements. Ses collègues le nommèrent *chef du pouvoir* exécutif et le chargèrent d'aller à Versailles négocier les préliminaires de paix.

Le traité de Francfort. — Bismarck demanda et obtint une indemnité de guerre de 5 milliards et demi de francs. Il exigea non seulement l'*Alsace*, mais un morceau de *Lorraine* avec Metz. Thiers, pressé de conclure, ne disputa peut-être pas assez Metz : Bismarck ne tenait pas à annexer un morceau de Lorraine de langue française parce qu'il craignait que les résistances nationales y fussent plus longues qu'en Alsace ; c'étaient de Moltke et les militaires qui voulaient que la frontière fît un crochet offensif englobant Metz pour qu'il fût plus facile d'envahir la France en cas d'une guerre de revanche. Ils voulaient aussi pour la même raison garder Belfort qui barre la trouée unissant la Franche-Comté à l'Alsace. Thiers réussit à garder Belfort, le seul morceau d'Alsace qui reste français. Il accorda en échange au roi de Prusse une satisfaction d'amour-propre, l'occupation d'un quartier de Paris, les Champs-Élysées, par des troupes allemandes jusqu'à la ratification de la paix.

L'occupation ne dura que deux jours, car les préliminaires de paix furent ratifiés très vite par l'Assemblée de Bordeaux.

La France perdit un million d'Alsaciens et 600 000 Lorrains.

Les députés de l'Alsace et de la Lorraine annexée déposèrent sur la tribune la déclaration suivante :

« Livrés au mépris de toute justice et par un odieux abus de la force à la domination de l'étranger, nous déclarons, encore une fois, nul et non avenu un pacte qui dispose de nous sans notre consentement. Vos frères d'Alsace-Lorraine, séparés en ce moment de la famille commune, conserveront à la France, absente de leurs foyers, une affection fidèle, jusqu'au jour où elle viendra y reprendre sa place. »

Les députés des pays annexés donnèrent leur démission ; ils furent imités par quelques républicains partisans de la guerre à outrance.

Les détails du traité furent réglés à Francfort le 10 mai 1871. Il fut complété par un traité de *commerce* qui assurait aux Allemands le traitement de la nation la plus favorisée.

La libération du territoire. — Les troupes allemandes devaient évacuer le territoire français progressivement au fur et à mesure que la France paierait l'indemnité. Thiers emprunta 5 milliards à 5 p. 100 : le public, rassuré par la paix, offrit plus d'argent que l'État n'en demandait. Le dernier paiement fut fait en septembre 1873, un an plus tôt qu'on ne l'espérait ; les derniers soldats allemands repassèrent la frontière. Thiers fut surnommé le Libérateur du territoire. L'Assemblée décréta qu'il avait bien mérité de la patrie.

Questionnaire.

Destruction des armées impériales (juillet-septembre 1870). — Le recrutement. L'armement. Qu'est-ce que la mobilisation ? Quelle armée fut prête la première. Comparaison des effectifs.

Perte de l'Alsace. Destruction de l'armée de Mac-Mahon. L'armée de Metz. Le blocus de Metz. Que fit Bazaine ? L'armée de Châlons. Sedan. Conséquences militaires de la capitulation.

Conséquences politiques. Le 4 septembre. Le gouvernement de la Défense nationale. La Délégation de Tours.

Les armées de province. — Les régiments de marche. Les marins. Les mobiles et mobilisés. Difficultés financières.

Que voulait Bazaine ? Que fit Bismarck ? Conséquences militaires de la capitulation de Metz. Mission de Thiers en Europe. Eut-elle un résultat ? Conditions de Bismarck. Journée du 31 octobre. Ses causes. Ses conséquences. L'armée de la Loire. Reprise d'Orléans. Perte définitive d'Orléans. Jusqu'où recula l'armée de la Loire ?

L'armée de l'Est. Où se forma-t-elle ? Où fut-elle envoyée ? Son échec. Sa retraite en Suisse.

L'armée du Nord. Où fut-elle organisée ? Quelle tentative fit-elle ? Son échec ?

Le siège de Paris. — Forces réunies à Paris. Que pensait Trochu de la résistance ? Tentative de Champigny. En quoi consista le bombardement ? Tentative de Buzenval. L'armistice.

Le traité de Francfort. — L'Assemblée nationale. Situation de la France. Qui était pour la guerre à outrance ? pour la paix ? Clauses du traité de Francfort : financières, territoriales, commerciales.

Quand fut évacué le territoire ?

SUJETS COMPLÉMENTAIRES

Épisodes locaux de la guerre, d'après La guerre de 1870-71 *par M. A. Chuquet.*

Modifications de l'équipement, de l'armement depuis 1870.

CHAPITRE XVIII

LA TROISIÈME RÉPUBLIQUE

Conflit entre l'Assemblée et Paris. — L'Assemblée de Bordeaux avait été élue au scrutin de liste et au suffrage universel. Les paysans voulaient la paix avant tout; ils avaient écarté les républicains parce qu'ils les croyaient tous décidés à continuer la guerre. Aussi la majorité des représentants étaient-ils monarchistes et catholiques. Mais les monarchistes se divisaient en *légitimistes* qui voulaient faire régner un descendant des Bourbons, le comte de Chambord, en *orléanistes* qui voulaient donner le pouvoir à la famille de Louis-Philippe, et en *bonapartistes* d'abord peu nombreux.

Thiers fut nommé *chef du pouvoir exécutif*; il fit ajouter : « de la République française ». Il dit : « La République est le gouvernement qui nous divise le moins », et annonça à la majorité qu'il voulait d'abord réorganiser le pays et qu'on discuterait ensuite si la république devait être maintenue ou non.

Thiers fit transférer l'Assemblée et le gouvernement à *Versailles*; la majorité monarchiste ne voulait pas siéger dans Paris qui était républicain (10 mars 1871).

Les républicains de Paris se plaignirent qu'on voulût « décapitaliser » leur ville. Ils accusèrent les députés de la majorité, qu'ils appelaient les *ruraux*, de préparer une restauration monarchique. La République de Thiers, disaient-ils, « c'est la république sans les républicains ».

Deux mesures achevèrent d'exaspérer les Parisiens. Les échéances des effets de commerce et des loyers avaient été suspendues à Paris pendant la guerre; l'Assemblée leva la suspension. Les gardes nationaux, qui étaient tous restés sous les armes, touchaient 1 fr. 50 par jour; c'était la seule ressource des ouvriers, car le travail n'avait pas repris. L'Assemblée supprima la solde sauf pour les indigents inscrits au bureau de bienfaisance.

Les gardes nationaux républicains de Paris formèrent une

INCENDIE EN 1846, d'après une gravure du temps.

Les pompes sont à bras; les volontaires passent les seaux d'eau à la pompe en faisant « la chaîne ».

fédération républicaine (de là le nom de *fédérés*) et élurent un Comité central. Thiers chargea un détachement de l'armée d'enlever pendant la nuit des canons que les fédérés gardaient. Les soldats passèrent du côté des fédérés et fusillèrent deux généraux (18 mars).

Thiers n'avait que quelques milliers de soldats, les autres étant désarmés par suite de l'armistice. Il les fit immédiatement diriger sur Versailles et ordonna à tous les ministres et fonctionnaires de s'y rendre en abandonnant Paris. Le Comité central s'installa le même jour à l'Hôtel de Ville. Ce fut le premier acte du soulèvement.

La commune de Paris. — Les républicains modérés firent une tentative de conciliation. L'Assemblée consentit, sur leur

UN INCENDIE A PARIS A LA FIN DU XIXe SIÈCLE, d'après le tableau de M. Detaille (musée de Versailles).

Pompe à vapeur : tuyaux servant à amener l'eau des bouches aux pompes. Échelles extensibles.

demande, à suspendre les échéances et à laisser Paris élire une municipalité.

Cette municipalité reçut le nom de *Commune* par souvenir de 1792 (p. 39). La Commune fut élue le 26 mars; sa majorité fut formée de radicaux et de quelques socialistes, adversaires irréconciliables de l'Assemblée. Tout fut rompu entre Paris et Versailles.

La Commune ne se considéra pas comme une simple municipalité, mais comme une Assemblée qui disputait le droit de gouverner à celle de Versailles. Elle était composée d'hommes peu connus, qui n'avaient pas d'autorité et qui ne s'attendaient pas à exercer le pouvoir. Ils adoptèrent le *drapeau rouge* socialiste, mais ils ne changèrent rien à l'organisation sociale; ils se bornèrent à quelques mesures démocratiques: ainsi ils

POMPE A VAPEUR ET ÉCHELLE EXTENSIBLE SUR AUTOMOBILES ÉLECTRIQUES.

La pompe et l'échelle sont montées sur automobile. Ce matériel perfectionné permet de combattre le feu sans retard, en employant le moins de temps possible pour arriver sur le lieu du sinistre.

réduisirent les traitements à 6 000 francs au maximum, remplacèrent les ministres par de simples délégués, dégagèrent les objets sur lesquels le Mont-de-Piété avait prêté moins de 20 francs. Ils décrétèrent encore la séparation des Églises et de l'État.

Enfin, au bout d'un mois, ils proposèrent un plan de *constitution*. Ils invitaient toutes les communes à suivre leur exemple, à se déclarer autonomes; la France serait devenue une fédération de communes démocratiques, une république décentralisée et sans armée.

La répression. — A ce moment la Commune était déjà isolée du reste de la France; elle était bloquée entre les Allemands qui occupaient les forts de l'Est et l'armée de Versailles.

Thiers avait demandé aux Allemands de lui rendre 100 000 soldats français prisonniers et, avec eux, il avait commencé le siège de Paris. La Commune ne disposait que de 12 à 15 000 gardes nationaux commandés par des généraux de rencontre. Le 21 mai l'armée de Versailles franchit sans difficulté les remparts de l'Ouest qui n'étaient pas gardés; les derniers fédérés résistèrent derrière des barricades sans plan

INTÉRIEUR D'UNE GRANDE FERME DANS LE CENTRE DE LA FRANCE EN 1878

Même maison qu'à la page 251, remaniée et transformée. Le sol est carrelé. A gauche, une cloison a été élevée séparant de la salle une chambre à coucher. Des assiettes et des verres remplacent les écuelles sur la table.

d'ensemble, chacun dans son quartier. Dans la bataille plusieurs édifices publics furent incendiés par les insurgés. La lutte dura 8 jours, qu'on a appelés la *semaine sanglante*. Depuis le début des hostilités, les soldats de Versailles fusillaient les prisonniers. La Commune avait arrêté des *otages* qu'elle menaçait de passer par les armes en représailles. Une soixantaine d'entre eux furent en effet exécutés à la fin de la guerre des rues.

La répression militaire à laquelle Paris fut soumis est la plus terrible de l'histoire. Il y eut 6 000 exécutions d'après les chiffres officiels, 25 à 30 000 tués et fusillés suivant les républicains. Après la bataille on arrêta plus de 30 000 personnes et dans le nombre des femmes et des enfants. 13 700 furent condamnés à diverses peines, plus de la moitié à la *déportation* en Nouvelle-Calédonie.

Les finances et l'armée. — La guerre coûtait à la France

BATTAGE AU FLÉAU, VERS LE MILIEU DU XIXe SIÈCLE

Le blé coupé est étendu sur une « aire », surface dure et plate, en plein air. Les coups de fléau des batteurs font sortir le grain de son enveloppe : la paille est recueillie et mise en meules aux deux extrémités de l'aire.

15 milliards en tout. La France devint et resta la plus *endettée* des grandes puissances.

Le gouvernement établit de nouveaux impôts; des républicains proposaient l'impôt *direct* sur le revenu. Thiers et les conservateurs le firent repousser : on établit des impôts *indirects* sur les allumettes, le droit de timbre sur les quittances et les billets de chemin de fer qui existent toujours.

Le gouvernement reconstitua l'armée. En 1871, il établit le service militaire obligatoire sur le modèle allemand; le service était de cinq ans; il n'y avait *plus de remplacement*, mais les jeunes gens aisés ou instruits ne servaient qu'un an sous le nom de *volontaires*. Cette loi a été remplacée par celle de 1889 qui établit le service de 3 ans avec dispenses de 2 ans pour certaines catégories. Enfin la loi de 1904 a établi le *service de deux ans* pour tous, sans dispenses.

Le service est dû de 21 à 45 ans. La loi de 1872 a créé les divisions actuelles, où les citoyens sont répartis suivant l'âge,

BATTAGE A LA MACHINE AU DÉBUT DU XXe SIÈCLE, DANS LA RÉGION DU NORD DE LA FRANCE (d'après une photographie).

Mue par une machine à vapeur, la batteuse mécanique sépare le grain qu'elle verse à droite de la paille qu'elle rejette à gauche sur la meule. Le travail se fait plus rapidement et avec moins de peine que par le battage au fléau.

armée active et sa réserve, armée territoriale et sa réserve. La garde nationale fut définitivement supprimée.

Le gouvernement de Thiers. — Pendant plus de deux ans, Thiers gouverna avec les républicains modérés ou *Centre gauche* et les royalistes modérés ou *Centre droit*. Il prenait ses ministres dans ces deux groupes; il disait pour la gauche : « La République existe, elle est le gouvernement légal du pays ». Il disait aussi, pour la droite : « La République sera conservatrice ou elle ne sera pas. » Les Centres lui firent donner le titre de *Président de la République française*

(21 août 1871) : on décida que ses pouvoirs auraient la même durée que ceux de l'Assemblée.

Deux groupes se prononçaient contre Thiers. 1° L'*extrême gauche* républicaine, dirigée par Gambetta, soutenait que l'Assemblée avait été élue exclusivement pour la paix, qu'elle n'avait pas le droit de rester au pouvoir une fois la paix conclue. Thiers et ses amis prétendaient au contraire que l'Assemblée était chargée de donner une nouvelle constitution à la France. Gambetta fit une campagne de conférences pour demander la dissolution de l'Assemblée. Il dit : « J'annonce la venue dans la politique d'une couche sociale nouvelle ».

2° La *droite* monarchiste reprochait à Thiers de prolonger l'existence de la République. Les monarchistes pensaient que le temps était venu de restaurer la royauté. Mais, répondait Thiers, comme il y a trois partis monarchistes, en servant l'un, je trahirais les deux autres.

D'autre part les monarchistes réclamaient une intervention armée de la France pour reprendre Rome à l'Italie et la rendre au *pape*. Thiers refusait de risquer une guerre avec l'Italie.

La droite se plaignait aussi des progrès de la libre pensée ; elle avait fait échouer un projet d'enseignement laïque : elle voulait une politique catholique. Pendant la Commune l'un de ses membres fit décréter par l'Assemblée « que des prières seraient dites dans toute la France pour supplier Dieu d'apaiser nos discordes et de mettre un terme aux maux qui nous affligent ».

Thiers, sans cesse attaqué, sauva son gouvernement plusieurs fois en menaçant de donner sa démission ; à chaque fois, les modérés qui le jugeait indispensable se groupaient pour le défendre.

Le 24 mai 1873. — Les élections partielles montrèrent que les électeurs revenaient aux *républicains* depuis que la paix était assurée. Paris nomma député un républicain gambettiste contre un modéré, soutenu par Thiers. Quelques députés du centre droit effrayés abandonnèrent le président. Le 24 mai 1873 l'Assemblée, à la majorité de 14 voix, invita le président à « rassurer le pays en faisant prévaloir dans le gouvernement une politique résolument conservatrice » et à prendre des ministres plus conservateurs. Le ministère était renversé.

Thiers, froissé, donna sa démission qui, cette fois, fut immédiatement acceptée.

Les monarchistes nommèrent *président* un des leurs, le *Maréchal de Mac-Mahon*, qui prit des ministres monarchistes. Le président du Conseil fut le *duc de Broglie*, qui avait beau-

ÉCOLE PRIMAIRE DANS UNE COMMUNE DU JURA, EN 1872, d'après une gravure du journal *l'Illustration*.

La classe se fait dans l'unique chambre d'une maison paysanne, qui sert aussi de cuisine et de logement au maître : les filles et les garçons sont réunis dans la même classe : ils sont peu nombreux, car l'école n'est ni obligatoire ni gratuite.

coup contribué à la chute de Thiers. Il avait annoncé qu'il ferait régner l'*ordre moral*. Il commença par révoquer les préfets et autres fonctionnaires républicains et libéraux et les remplaça par des royalistes catholiques.

Il fit voter par la majorité royaliste une loi qui ordonnait l'érection sur la colline de Montmartre, à Paris, d'une basilique consacrée au *Sacré Cœur*.

Tentative de restauration monarchique. — Le Maréchal et ses ministres se considéraient comme chargés provisoirement du pouvoir en attendant la *restauration de la monarchie*.

Il y avait alors deux prétendants à la royauté : le *comte de*

Chambord, petit-fils de Charles X, qui résidait en Autriche et qui voulait régner avec le *drapeau blanc*; le *comte de Paris*, petit-fils de Louis-Philippe, qui était rentré en France après la chute de l'Empire et qui acceptait le *drapeau tricolore*. Ces deux prétendants étaient brouillés. Après l'arrivée de Mac-Mahon au pouvoir, ils se réconcilièrent ; le comte de Paris se rendit auprès du comte de Chambord et le reconnut comme le futur roi de France ; le comte de Chambord n'ayant pas d'enfants, son successeur naturel était le comte de Paris.

Après cette réconciliation, les royalistes crurent la restauration certaine : ils firent préparer les carrosses pour l'entrée du roi à Paris. En septembre 1873, plusieurs députés royalistes se rendirent auprès du comte de Chambord pour régler définitivement les détails de la Restauration.

A leur retour en France, les députés monarchistes laissèrent entendre que Henri V (le comte de Chambord) accepterait le drapeau tricolore. Mais le comte de Chambord leur écrivit qu'il restait fidèle au *drapeau blanc* et il publia sa lettre (27 octobre 1873). Cette prétention fit échouer la Restauration. Le comte de Chambord vint en secret à Versailles pour essayer de se faire proclamer. Mac-Mahon menaça de le faire arrêter s'il ne sortait immédiatement de France. Le prétendant partit pour ne jamais revenir. Il mourut à l'étranger en 1883.

La Constitution de 1875. — Après l'échec de la Restauration, la majorité royaliste essaya d'éviter l'établissement définitif de la République en prolongeant le régime provisoire qui durait depuis 1871. Elle nomma Mac-Mahon *président pour sept années* (1873). Elle élut un comité de Constitution, mais ce Comité ne fit rien pendant plus d'un an. Le ministère, plusieurs fois changé, se composa toujours de royalistes, de catholiques ou de républicains très modérés. Mais les élections partielles tournaient en faveur des amis de Gambetta qui réclamaient la Constitution parce qu'elle devait amener la fin de l'Assemblée. En même temps le parti bonapartiste se reconstitua et fit élire à l'Assemblée plusieurs de ses chefs.

Enfin, au commencement de 1875, le comité de constitution se décida à présenter un projet d'où le nom de République était soigneusement exclu. Un modéré, Wallon, présenta un amendement où l'on parlait de président de la *République* : il fut voté à une voix de majorité. C'est ainsi que le nom de République fut conservé. Les lois relatives à l'organisation du gouvernement furent votées péniblement de janvier à novembre 1875.

Elles laissaient subsister le septennat du président établi

ÉCOLE PRIMAIRE DE FILLES A PARIS, EN 1905, d'après une photographie.
Type d'école nouvelle, avec de larges fenêtres, des portes vitrées, de l'air, de la lumière, des cartes et des gravures aux murs.

en 1873 ; elles n'ont jamais été réunies en une seule Constitution. Néanmoins on a pris l'habitude de les appeler la *Constitution de 1875*.

Les Chambres. — Ces lois donnent le pouvoir législatif à deux Assemblées, la Chambre des députés et le Sénat.

Les députés sont élus au suffrage universel, chacun isolément dans une circonscription : c'est ce qu'on appelle *scrutin uninominal* ou, moins exactement, le scrutin d'arrondissement. Il y a au moins une circonscription par arrondissement et dans les arrondissements qui dépassent 100 000 habitants une par

100 000 ou fraction au-dessus de 100 000. La Chambre est tout entière soumise à réélection tous les quatre ans.

Les sénateurs sont élus au *scrutin de liste*, c'est-à-dire tous ensemble pour chaque département. Leur nombre est fixé à 300, tandis que celui des députés augmente ou diminue avec la population; les députés sont aujourd'hui 580. Les sénateurs sont élus pour neuf ans. Le tiers d'entre eux est soumis à réélection tous les trois ans.

En 1875 les trois quarts des sénateurs seuls étaient élus : l'autre quart se composait de sénateurs *inamovibles*, c'est-à-dire à vie, élus au début par l'Assemblée nationale, puis après 1875 par le Sénat. En 1884, les républicains ont fait décider que chaque inamovible après sa mort serait remplacé par un sénateur élu et que son siège serait attribué par le sort à un département.

Les Sénateurs sont élus : 1° par les députés, conseillers généraux et conseillers d'arrondissement du département; 2° par des délégués nommés par chaque conseil municipal du département. En 1875 chaque commune nommait un seul délégué, ce qui était au désavantage des villes, plus républicaines que les campagnes. En 1884, on a décidé que le nombre des délégués élus par les communes serait proportionnel à leur population.

Chaque député ou sénateur reçut une *indemnité* de 9 000 francs par an qui a été portée à 15 000 en 1906.

Le pouvoir législatif. — La Chambre et le Sénat votent les lois et le budget; ils interpellent (questionnent) les ministres pour contrôler leur politique. Le budget doit être voté *d'abord* par la Chambre. Le Président peut *dissoudre la Chambre*, s'il est d'accord avec le Sénat.

La Chambre et le Sénat se réunissent à Versailles en une seule Assemblée appelée *Congrès* : 1° quand il y a lieu de reviser la Constitution; 2° pour élire le Président de la République.

Le pouvoir exécutif. — Le *Président de la République* est élu pour sept ans. Il exerce le pouvoir exécutif de concert avec les ministres.

Il nomme les ministres. Mais les ministres sont *responsables* devant les Chambres, c'est-à-dire qu'ils doivent se retirer si la majorité se prononce contre eux. Aussi le Président les choisit-il habituellement dans la majorité. C'est donc en réalité le pouvoir législatif formé des élus de la nation qui a en France le pouvoir *prépondérant*.

Le président promulgue, c'est-à-dire publie les lois, votées par les Chambres, et fait des *décrets* relatifs à leur application.

Tout décret du président doit être contresigné par un ministre, afin que le contrôle de la Chambre puisse s'exercer. Chaque ministre peut faire des *arrêtés* pour l'application des lois qui concernent son ministère.

Les ministres forment un Conseil dirigé par le principal d'entre eux, appelé *Président du Conseil*. Le Président du Conseil dirige la politique française; lui ou plusieurs des ministres assistent aux séances de chacune des Chambres.

Le Conseil d'État. — Le Conseil d'État se compose de fonctionnaires. Son nom date de l'Ancien Régime. Il avait été rétabli par Bonaparte (p. 102) pour préparer les lois. Cette attribution a été restreinte parce qu'elle porte atteinte au pouvoir législatif des Chambres élues.

Le Conseil d'État, aujourd'hui, donne des avis sur les lois quand le pouvoir exécutif ou le pouvoir législatif lui en demandent; il aide le pouvoir exécutif à préparer les *décrets* importants. Enfin il sert de Tribunal supérieur d'appel pour les procès entre les particuliers et l'administration (contentieux administratif), procès qui sont, en première instance, portés devant les Conseils de préfecture.

Questionnaire.

La Commune de Paris. — De quoi se composait la majorité de l'Assemblée? Pouvoirs de Thiers. Sa politique.

Pourquoi l'Assemblée et les Parisiens entrèrent-ils en conflit? Pourquoi les gardes nationaux furent-ils mécontents? Premier acte de violence.

Qu'était-ce que la Commune? Sens de ce mot. Politique de la Commune : à Paris, en France. Que fit Thiers contre la Commune? La répression.

Le gouvernement de Thiers. — La dette. Les nouveaux impôts. La loi militaire de 1872. Ses modifications successives.

Avec qui Thiers gouverna-t-il? Contre qui? L'extrême-gauche. Son chef. La droite. Que voulait-elle?

Causes du 24 mai. Ses conséquences. Quels étaient les prétendants royalistes? Causes de l'échec du comte de Chambord.

Lois constitutionnelles de 1875. — Le septennat. Comment fut votée la République? De quand date la Constitution?

Conserve-t-elle la souveraineté nationale? La séparation des pouvoirs. Scrutin de liste et scrutin d'arrondissement. Mode d'élection de la Chambre, du Sénat. Attributions des Chambres, spéciales du Sénat, de la Chambre. Qu'est-ce que le Congrès? Pourquoi le réunit-on?

Le président de la République. Son élection. Durée de ses pouvoirs. Ses attributions. Les ministres. Comment sont-ils choisis? Le Président du conseil. Qu'est-ce que la responsabilité ministérielle? Prépondérance du Parlement. Qu'est-ce qu'un décret? un arrêté?

COMPLÉMENT

RÉSUMÉ DE L'HISTOIRE INTÉRIEURE DE LA FRANCE DEPUIS 1875

Le 16 mai. — Après le vote de la Constitution, l'Assemblée nationale se sépara à la fin de 1875. Elle fut remplacée au commencement de 1876 par le premier Sénat et la première Chambre. Le Sénat avait une petite majorité monarchiste, la Chambre une *majorité républicaine*. Le président Mac-Mahon dut, malgré lui, former un ministère de républicains très modérés. En 1877, la Chambre eut à se prononcer sur une pétition de catholiques demandant qu'on rétablit le pape dans ses États. La majorité républicaine, dirigée par Gambetta, déclara qu'elle désapprouvait cette pétition. Ce fut alors que Gambetta déclara : « *Le cléricalisme, voilà l'ennemi !* » Mac-Mahon écrivit au président du Conseil pour le blâmer de n'avoir pas protesté contre ces paroles. Tous les ministres donnèrent leur démission.

Aussitôt le maréchal forma un cabinet de royalistes, présidé par le duc de Broglie (16 mai 1877). Ce fut le *gouvernement du 16 mai*. Il ajourna la Chambre, puis la fit *dissoudre* par le Sénat et le Président. Il révoqua les fonctionnaires et les maires républicains, empêcha la vente des journaux républicains, interdit les réunions publiques républicaines. Pendant les élections qui suivirent la dissolution, le Président adressa aux électeurs des manifestes qui furent imprimés et affichés et qui leur recommandaient de voter pour les candidats royalistes et catholiques. Mais les *363* députés qui formaient la majorité républicaine dans la Chambre dissoute s'entendirent : chacun se représenta dans sa circonscription comme seul candidat de tous les républicains. Gambetta, devenu le chef du parti opposé au maréchal, déclara que si les républicains faisaient leur devoir d'électeurs, le Président devrait « se soumettre ou se démettre ». Les élections donnèrent la *majorité aux républicains* (14 octobre 1877). Mac-Mahon n'osa pas tenter une seconde dissolution. Il essaya de prendre un ministère royaliste, mais la Chambre déclara qu'elle ne voulait pas entrer en relations avec lui. Mac-Mahon se soumit et prit un ministère républicain très modéré.

L'année 1878 fut occupée par une Exposition universelle, que tous les partis considérèrent comme un événement heureux, prouvant que la France était, malgré sa défaite, une nation prospère, toujours digne de l'estime des autres peuples.

Les républicains au pouvoir. — En janvier 1879 eut lieu le premier renouvellement triennal du Sénat. Les républicains gagnèrent pour la première fois la *majorité* au Sénat. Mac-Mahon donna aussitôt sa démission. Il fut remplacé par Grévy, le premier président *républicain* de la République. Gambetta remplaça Grévy comme président de la Chambre.

Les républicains, une fois au pouvoir, firent voter le retour des Chambres à Paris, la fête nationale du 14 juillet, l'amnistie pour les condamnés de la Commune (1879). Puis ils établirent l'*instruction primaire* obligatoire, gratuite et laïque, les lycées et collèges laïques de jeunes filles (1880). Les républicains voulaient diminuer l'influence du clergé, qui soutenait les monarchistes. Ils firent *expulser* les *congrégations* non autorisées. A ces mesures pour l'instruction et contre le cléricalisme reste attaché le nom du ministère de *Jules Ferry*. Les républicains votèrent aussi des lois établissant la *liberté de réunion* et la *liberté de la presse* (1881). Les électeurs approuvèrent cette politique. Après le renouvellement de la Chambre en 1881, les royalistes furent réduits à 90 contre 467 républicains.

Division des républicains. — Tant qu'ils étaient dans l'opposition, les républicains avaient réclamé des réformes *radicales*, c'est-à-dire changeant les institutions complètement : (mot à mot depuis la *racine*). Après l'arrivée des républicains au pouvoir, quelques-uns continuèrent à demander l'impôt sur le revenu, le rachat des chemins de fer, la suppression du Sénat, la séparation des Églises et de l'État. Ils s'appelèrent les *radicaux*. Les autres écoutèrent Gambetta, qui conseillait de gouverner avec prudence et de faire les réformes lentement pour ne pas effrayer la masse des électeurs. L'un d'eux, Jules Ferry, dit qu'il voulait seulement les réformes opportunes. Les radicaux appelèrent *opportunistes* les partisans de Gambetta et de Ferry. La division des républicains eut pour effet les chutes fréquentes de ministères. En décembre 1881, Gambetta forma un cabinet que ses amis surnommaient d'avance le *grand ministère* : il dura deux mois seulement. Gambetta mourut peu après (décembre 1882).

La politique coloniale fut encore une cause de divisions. Jules Ferry en était le principal représentant. Il fit occuper la Tunisie (1881), puis, dans un second ministère, commencer la guerre du Tonkin (1883) et la première guerre de Madagascar (1884). Les radicaux firent une opposition continue à la politique coloniale. En 1885 arriva la nouvelle d'un échec grave au Tonkin. La droite, qui ne pardonnait pas à Ferry la loi scolaire et les mesures anti-cléricales, vota contre lui en même temps que les radicaux; il fut renversé après avoir gardé le pouvoir pendant plus de deux ans (30 mars 1885).

Concentration ou apaisement. — Après la chute de Ferry, le Président forma un *ministère de concentration*, c'est-à-dire formé en partie d'opportunistes, en partie de radicaux. Mais les élections de 1885 furent beaucoup plus favorables à la droite que les précédentes. Elles se firent au *scrutin de liste* par département, qui remplaça en 1885 le scrutin uninominal par arrondissement. En face des républicains divisés, les monarchistes de toute espèce s'entendirent sous le nom de *conservateurs*, moins suspect aux électeurs que celui de royalistes; ils n'eurent qu'une liste par département. Ils firent passer 202 conservateurs contre 382 opportunistes et radicaux.

Les républicains inquiets votèrent l'*expulsion des princes* appartenant à des familles ayant régné sur la France. Mais plusieurs républicains modérés jugèrent que la meilleure politique était de s'entendre avec les membres de la droite qui étaient surtout catholiques et qui pouvaient accepter la forme républicaine. Ils opposèrent cette politique, appelée *politique d'apaisement*, à la *politique de concentration*. Le premier cabinet formé en vue d'une politique d'apaisement fut renversé par les radicaux (1887). On essaya ensuite tantôt l'une, tantôt l'autre des deux politiques, mais sans succès.

Les conservateurs déclarèrent alors que la Constitution républicaine ne permettait pas d'établir un gouvernement solide, et ils profitèrent de divers incidents pour essayer de la discréditer.

En 1887, un député, gendre du président Grévy, fut convaincu d'avoir vendu son influence. Grévy dut donner sa démission; il fut remplacé par un républicain modéré, *Carnot*, petit-fils du conventionnel (3 décembre).

La crise boulangiste. — Quelques mois auparavant, le *général Boulanger*, que les radicaux avaient porté au ministère de la Guerre, avait été écarté par les modérés, qui l'envoyèrent en province commander un corps d'armée. Boulanger quitta sa résidence pour venir s'entendre avec des hommes politiques. Il fut révoqué. Alors il abandonna les radicaux, s'entendit avec les conservateurs, qui lui donnèrent de l'argent, et se présenta à toutes les élections sous prétexte de protester contre le régime parlementaire qui affaiblissait la France. Il demandait une revision de la Constitution, où les monarchistes espéraient trouver une occasion de restaurer la royauté. Boulanger fut élu successivement dans plusieurs départements (1888), puis à Paris (janvier 1889). Pour arrêter cette campagne, les républicains de la Chambre votèrent une loi qui retablissait le *scrutin uninominal* et interdisait aux candidats de se présenter dans plus d'une circonscription. Puis le ministère fit un procès au général Boulanger et à ses amis pour complot contre l'État. Boulanger s'enfuit hors de France. Aux élections de 1889, les républicains eurent la majorité contre les conservateurs et les boulangistes alliés. Le parti boulangiste se disloqua. Son chef se suicida à Bruxelles (1891).

L'esprit nouveau. — Les conservateurs se divisèrent, les uns restèrent monarchistes, les autres suivirent la direction du pape Léon XIII qui leur conseillait d'accepter la forme républicaine, afin de pouvoir prendre part au gouvernement et faire révoquer les lois anti-cléricales. Les catholiques républicains s'appelèrent les *ralliés* (1892). A l'approche des élections, les conservateurs essayèrent encore une fois de passionner l'opinion contre la République en se servant des *affaires du Panama*. Une compagnie organisée par M. de Lesseps pour percer l'isthme de Panama avait fait faillite, ruinant les actionnaires et obligataires, presque tous français, ce qui avait causé un grand mécontentement. Les conservateurs accusèrent plusieurs députés influents, opportunistes et radicaux, d'avoir extorqué de l'argent à la compagnie de Panama. Il y eut trois crises ministérielles en trois mois. Plusieurs députés furent poursuivis, un ancien ministre condamné pour corruption. Cependant les élections de 1893 furent favorables aux républicains, mais elles augmentèrent le nombre des radicaux et firent entrer pour la première fois à la Chambre un groupe important de *socialistes*.

Alors les opportunistes recommencèrent à se rapprocher de la droite. Le ministre de l'Instruction publique déclara qu'un *esprit nouveau* animait l'État à l'égard de l'Église. Le rapprochement, fait contre les socialistes, s'accentua pendant la crise causée par les anarchistes (1893-94). Les anarchistes n'admettent pas l'action parlementaire, ils veulent faire la révolution immédiatement par la force. Plusieurs d'entre eux lancèrent des bombes, dont une à la Chambre. Un d'eux poignarda le président Carnot à Lyon (juin 1894). Au Congrès, les opportunistes et la droite élurent pour le remplacer un partisan de l'ordre, *Casimir-Perier*, petit-fils du ministre de Louis-Philippe. Les Chambres votèrent des lois d'exception contre les anarchistes.

Casimir-Perier donna sa démission (janvier 1895); il fut remplacé par *Félix Faure*, élu par les opportunistes et la droite.

Les ministères homogènes. — Après plusieurs ministères qui ne durèrent pas, vint le premier cabinet *radical*, présidé par M. Léon Bourgeois (nov. 1895-avril 1896). Il présenta un projet d'impôt sur le revenu, fut soutenu à la Chambre par les radicaux, les socialistes, ministériels pour la première fois, et une partie des opportunistes, mais fut renversé par le Sénat. Alors le président forma un cabinet modéré *homogène*, présidé par M. Méline, qui dura jusqu'aux élections de 1898. Il gouverna avec les *progressistes* (républicains modérés) et la droite contre les radicaux et les socialistes. Les élections de 1898 augmentèrent le nombre des radicaux. Le cabinet Méline se retira. Le pays fut alors agité par l'*affaire Dreyfus*, qui avait commencé sous le ministère Méline. Un groupe d'hommes de tous les partis demanda la revision du procès de l'ex-capitaine Dreyfus, condamné en 1895 pour trahison, en alléguant qu'il avait été victime d'une erreur judiciaire. Après les élections de 1898, le ministre de la Guerre essaya de prouver que Dreyfus était coupable, en apportant à la Chambre un document qui fut bientôt reconnu faux. Alors le gouvernement dut proposer la revision. L'affaire devint politique, la droite prenant parti contre Dreyfus qui était juif, les socialistes et une partie des radicaux et modérés se prononçant pour la revision. Deux cabinets furent renversés l'un après l'autre. Le président Félix Faure mourut subitement, et la majorité républicaine élut à sa place M. Loubet (février 1899).

M. Loubet forma un cabinet présidé par un républicain modéré, Waldeck-Rousseau, et composé de modérés, de radicaux et d'un socialiste, le premier ministre de son parti; c'était un cabinet de concentration, mais le parti progressiste s'étant coupé en deux, le ministère s'appuya constamment sur les progressistes de gauche, les radicaux et les socialistes, et adopta une *politique radicale*. Il arrêta l'affaire Dreyfus par une amnistie générale. Il fit voter la *loi sur les associations* de 1901, qui donne la liberté aux associations civiles et soumet les congrégations religieuses à l'autorisation. La politique radicale, appuyée sur une coalition de gauche appelée le *Bloc* républicain, a continué après les élections de 1902, puis après celles de 1906. A chaque élection la majorité s'est déplacée vers la gauche.

Réformes politiques depuis 1879. — Le parti républicain a le pouvoir depuis 1879 (p. 306). Il a donné à la France la liberté de la presse, la liberté de réunion en 1880-81 (p. 306), la liberté d'association en 1901.

Il a créé l'enseignement primaire, il a laïcisé les écoles publiques, les hôpitaux publics, c'est-à-dire qu'il y a remplacé les congréganistes par des gens qui n'appartiennent pas à une Église. Il a fait voter et appliquer les mesures prises en 1901 pour obliger les congrégations à se faire autoriser et il a dissous toutes celles qui n'ont pas demandé ou n'ont pu obtenir l'autorisation.

Enfin il a abrogé le Concordat et *séparé les Églises de l'État* par la loi de 1906 : désormais la République ne salarie plus aucun prêtre. La religion, les cultes sont libres, mais ils deviennent affaire des particuliers. L'État est rigoureusement laïque, il ne fait aucun acte religieux, et n'impose aucune croyance déiste.

Tout l'ensemble du mouvement laïque n'a pas été dirigé contre les croyances, auxquelles la République accorde la liberté, mais *contre le clergé* catholique, qui avait pris parti pour les monarchistes et qui soutint ensuite les républicains conservateurs (p. 307). Pour cette raison, on appelle ce mouvement l'*anti-cléricalisme*.

Réformes sociales depuis 1884. — La République a favorisé le développement des sociétés coopératives; elle a voté une loi qui facilite la formation de sociétés de secours mutuels destinées à assurer aux membres cotisants des secours en cas de maladie et une retraite pour la vieillesse.

Le gouvernement républicain s'est occupé aussi des réformes sociales. Pour les ouvriers, il a complété le droit de grève, reconnu sous Napoléon III (p. 269) par le droit de former des associations permanentes ou *syndicats ouvriers* (1884).

Le droit de se syndiquer appartient aussi aux patrons, industriels et commerçants, et aux cultivateurs.

La République a créé tout un code de lois pour la protection des ouvriers. Elle a réduit la journée de travail à dix heures pour les femmes et enfants (1892), puis pour tous les ouvriers (1900-1906). Elle a supprimé le travail de nuit pour les femmes et les enfants. Elle a établi la journée de huit heures dans les arsenaux de la marine et dans plusieurs autres ateliers de l'État. Elle a décidé le repos hebdomadaire pour les ouvriers et employés (1906). Elle a imposé des conditions d'hygiène et de sécurité dans les ateliers et usines; elle complète et étend ces mesures. Un corps d'inspecteurs et d'inspectrices de travail en assure l'application.

Elle a garanti une indemnité à l'ouvrier victime d'un accident dans son travail (1898). Elle prépare un projet assurant des *retraites ouvrières* d'un franc par jour à tous les ouvriers au-dessus de soixante ans.

Elle a créé un ministère du Travail qui s'occupe exclusivement de tout ce qui intéresse les sociétés de secours mutuels, les sociétés coopératives, les retraites et les institutions de prévoyance, les syndicats ouvriers, les lois de protection ouvrière.

Le parti socialiste. — Le parti socialiste s'est reconstitué en France après la Commune. Il est représenté au Parlement par plus de cinquante députés : le nombre de ses députés augmente depuis 1893.

Le parti socialiste cherche à coordonner ses efforts avec ceux des syndicats ouvriers groupés dans toute la France sous le nom de *Confédération générale du Travail.*

Le parti socialiste a pris comme programme : 1° L'adhésion à une transformation qui établirait la propriété commune ou *collective* de tous les instruments de production et d'échange (terres, usines, chemins de fer, etc.); par là il se distingue du parti radical, qui s'appuie sur les petits propriétaires.

2° L'entente internationale des travailleurs, c'est-à-dire le droit pour les syndicats ouvriers et les partis socialistes de se concerter. L'emblème de cet accord est le drapeau rouge adopté dès 1848 (p. 240) par les internationalistes à la place des divers drapeaux nationaux. Le parti socialiste français s'intitule « Section française de l'Internationale ouvrière ». Tous les partis socialistes réclament la paix par le desarmement. Leurs députés refusent de voter les crédits militaires.

3° La conquête des pouvoirs publics. Les socialistes espèrent en effet réaliser leurs vœux en se servant du suffrage universel : ils ont contre eux une partie des syndicats ouvriers et les anarchistes qui conseillent l'*action directe* et la révolution par la grève générale.

Partisans de l'action parlementaire, les députés socialistes votent presque toujours avec la majorité radicale, sauf sur les questions diplomatiques, coloniales et militaires. Ils ont soutenu la politique anticléricale et se sont prononcés pour les réformes sociales et ouvrières, qu'ils considèrent comme un acheminement vers le socialisme.

TABLE DES MATIÈRES

CHAPITRE I

LES DÉBUTS DE LA RÉVOLUTION

CHAPITRE II

LA CONSTITUTION DE 1791

CHAPITRE III

L'ASSEMBLÉE LÉGISLATIVE

CHAPITRE IV

LA CONVENTION NATIONALE
(PREMIÈRE PARTIE)
(1792-1793).

CHAPITRE V

LA CONVENTION NATIONALE
(DEUXIÈME PARTIE)
(1794-1795).

CHAPITRE VI

LE DIRECTOIRE

CHAPITRE VII

LE CONSULAT

CHAPITRE VIII

L'EMPIRE JUSQU'AU TRAITÉ DE TILSIT

CHAPITRE IX

LE BLOCUS CONTINENTAL.
LES RÉSISTANCES NATIONALES

CHAPITRE X

LA CHUTE DE NAPOLÉON

CHAPITRE XI

LA FRANCE SOUS LE PREMIER EMPIRE

CHAPITRE XII

LA PREMIÈRE RESTAURATION ET LES CENT JOURS

CHAPITRE XIII

LA SECONDE RESTAURATION

CHAPITRE XIV

GOUVERNEMENT DE LOUIS-PHILIPPE

CHAPITRE XV

LA SECONDE RÉPUBLIQUE

CHAPITRE XVI

LE SECOND EMPIRE

CHAPITRE XVII

LA GUERRE DE 1870-71

CHAPITRE XVIII

LA TROISIEME RÉPUBLIQUE

COMPLÉMENT

RÉSUMÉ DE L'HISTOIRE INTÉRIEURE DE LA FRANCE DEPUIS 1875

CARTES

25-07. — Coulommiers. Imp. Paul BRODARD. — 9-07.

3 2. — Paris. — Imp. Hemmerlé et Cie. — 8-07. (N° 243)

www.ingramcontent.com/pod-product-compliance
Lightning Source LLC
LaVergne TN
LVHW011944220826
846092LV00001B/76
9782329372792